U0517220

〔漢〕司馬遷 撰
〔宋〕裴　駰 集解
〔唐〕司馬貞 索隱
〔唐〕張守節 正義

點校本
二十四史
修訂本

史記

第十册

卷一一八至卷一三〇

中華書局

2013 年 9 月第 1 版　2024 年 6 月第 11 次印刷

ISBN 978-7-101-09501-2

史記卷一百一十八

淮南衡山列傳第五十八

淮南厲王長者，高祖少子也，其母故趙王張敖美人。高祖八年，從東垣過趙，【一】趙王獻之美人。厲王母得幸焉，有身。趙王敖弗敢内宫，爲築外宫而舍之。及貫高等謀反柏人事發覺，并逮治王，盡收捕王母兄弟美人，繫之河内。厲王母亦繫，告吏曰：「得幸上，有身。」吏以聞上，上方怒趙王，未理厲王母。厲王母弟趙兼因辟陽侯言吕后，吕后妒，弗肯白，辟陽侯不彊爭。及厲王母已生厲王，恚，即自殺。吏奉厲王詣上，上悔，【二】令吕后母之，而葬厲王母真定。真定，厲王母之家在焉，父世縣也。【三】

【一】正義趙，張耳所都，今邢州也。

【二】正義悔不理厲王母。

【三】索隱案：漢書曰「母家縣」。案：謂父祖代居真定也。

高祖十一年七月〔一〕，淮南王黥布反，立子長爲淮南王，王黥布故地，凡四郡。〔二〕上自將兵擊滅布，厲王遂即位。厲王蚤失母，常附呂后，孝惠、呂后時以故得幸無患害，而常心怨辟陽侯，弗敢發。及孝文帝初即位，淮南王自以爲最親，驕蹇，數不奉法。上以親故，常寬赦之。三年，入朝。甚横。從上入苑囿獵，與上同車，常謂上「大兄」。厲王有材力，力能扛鼎，乃往請辟陽侯。辟陽侯出見之，即自袖鐵椎椎辟陽侯，〔三〕令從者魏敬剄之。〔三〕厲王乃馳走闕下，肉袒謝曰：「臣母不當坐趙事，其時辟陽侯力能得之呂后，弗爭，罪一也。趙王如意子母無罪，呂后殺之，辟陽侯弗爭，罪二也。呂后王諸呂，欲以危劉氏，辟陽侯弗爭，罪三也。臣謹爲天下誅賊臣辟陽侯，報母之仇，謹伏闕下請罪。」孝文傷其志，爲親故，弗治，赦厲王。當是時，薄太后及太子諸大臣皆憚厲王，厲王以此歸國益驕恣，不用漢法，出入稱警蹕，稱制，自爲法令，擬於天子。

【一】集解徐廣曰：「九江、廬江、衡山、豫章也。」

【二】索隱案：漢書作「褎金椎椎之」。案：魏公子無忌使朱亥袖四十斤鐵椎槌之也。

【三】正義剄，古鼎反。剄謂刺頸。

六年，令男子但等七十人與棘蒲侯柴武太子奇謀，以輂車四十乘〔一〕反谷口，〔二〕令人使閩越、匈奴。事覺，治之，使使召淮南王。淮南王至長安。

【一】集解徐廣曰：「大車駕馬曰輂。音己足反。」

【二】集解漢書音義曰：「谷口在長安北，故縣也，處多險阻。」正義括地志云：「谷口故城在雍州醴泉縣東北四十里，漢谷口縣也。」

「丞相臣張倉、典客臣馮敬行御史大夫事、宗正臣逸、廷尉臣賀、備盜賊中尉臣福昧死言：淮南王長廢先帝法，不聽天子詔，居處無度，爲黄屋蓋乘輿，出入擬於天子，擅爲法令，不用漢法及所置吏，以其郎中春爲丞相，聚收漢諸侯人及有罪亡者，匿與居，爲治家室，賜其財物爵禄田宅，爵或至關内侯，奉以二千石【一】所不當得【二】，【三】欲以有爲。大夫但、【三】士五開章等七十人【四】與棘蒲侯太子奇謀反，【五】欲以危宗廟社稷。使開章陰告長，與謀使閩越及匈奴發其兵。開章之淮南見長，長數與坐語飲食，爲家室娶婦，以二千石俸奉之。開章使人告但，已言之王。春使使報但等。吏覺知，使長安尉奇等往捕開章。長匿不予，與故中尉蕑忌【六】謀，殺以閉口。【七】爲棺槨衣衾，葬之肥陵邑，【八】謾吏曰【九】『不知安在』。【一〇】又詳聚土，樹表其上，曰『開章死，埋此下』。及長身自賊殺無罪者一人；令吏論殺無罪者六人；爲亡命弃市罪詐捕命者以除罪；【一一】擅罪人，罪人無告劾繫治城旦舂以上十四人；赦免罪人，死罪十八人，城旦舂以下五十八人；賜人爵關内侯以下九十四人。前日長病，陛下憂苦之，使使者賜書、棗脯。長不欲受賜，不肯見拜使者。

南海民處廬江界中者反，淮南吏卒擊之。陛下以淮南民貧苦，遣使者賜長帛五千匹，以賜吏卒勞苦者。長不欲受賜，謾言曰『無勞苦者』。南海民王織上書獻璧皇帝，忌擅燔其書，不以聞。【三】吏請召治忌，長不遣，謾言曰『忌病』。春又請長，願入見，長怒曰『女欲離我自附漢』。長當弃市，臣請論如法。」

【一】集解如淳曰：「賜亡畔來者如賜其國二千石也。」瓚曰：「奉以二千石之秩祿。」

【二】索隱案：謂有罪之人不得關內侯及二千石。

【三】集解張晏曰：「大夫，姓也。上云『男子但』，明其姓大夫也。」瓚曰：「官爲大夫，名但者也。」索隱張晏曰大夫姓，非也〔三〕。案：上云「男子但」，此云「大夫但」及「士伍開章」，則知大夫是官也。

【四】集解如淳曰：「律『有罪失官爵稱士五』者也。開章，名。」

【五】集解徐廣曰：「棘蒲侯柴武以文帝後元年卒，謚剛。嗣子謀反，不得置後，國除。」

【六】索隱蕑，姓也，音姦。嚴助傳則作「閒忌」，亦同音姦。

【七】正義謀殺開章，以閉絕謀反之口也。

【八】正義括地志云：「肥陵故縣在壽州安豐縣東六十里，在故六城東北百餘里。」

【九】索隱上音慢。慢，詐也。

【一〇】索隱按：實葬肥陵，譙云不知處。肥陵，地名，在肥水之上也。

【一一】集解晉灼曰：「亡命者當棄市，而王藏之，詐捕不命者而言命，以脱命者之罪。」

【一二】集解文穎曰：「忌，蔄忌。」

制曰：「朕不忍致法於王，其與列侯二千石議。」

「臣倉、臣敬、臣逸、臣福、臣賀昧死言：臣謹與列侯吏二千石臣嬰等四十三人議，皆曰『長不奉法度，不聽天子詔，乃陰聚徒黨及謀反者，厚養亡命，欲以有爲』。臣等議：論如法。」

制曰：「朕不忍致法於王，其赦長死罪，廢勿王。」

「臣倉等昧死言：長有大死罪，陛下不忍致法，幸赦，廢勿王。臣請處蜀郡嚴道邛郵，【一】遣其子母從居，【二】縣爲築蓋家室，皆廩食給薪菜鹽豉炊食器席蓐。臣等昧死請，請布告天下。」

【一】集解徐廣曰：「嚴道有邛僰九折阪，又有郵置。」駰案：張晏曰「嚴道，蜀郡縣」。索隱按：嚴道，蜀郡之縣也。縣有蠻夷曰道。嚴道有邛萊山，有郵置，故曰「嚴道邛郵」也。

【二】索隱案：樂産云【四】「妾媵之有子者從去也」。

制曰：「計食長給肉日五斤，酒二斗。令故美人才人得幸者十人從居。他可。」【一】

【一】索隱按：謂他事可其制也。

盡誅所與謀者。於是乃遣淮南王，載以輜車，令縣以次傳。是時袁盎諫上曰：「上素驕淮南王，弗爲置嚴傅相，以故至此。且淮南王爲人剛，今暴摧折之，臣恐卒逢霧露病死，陛下爲有殺弟之名，柰何！」上曰：「吾特苦之耳，今復之。」縣傳淮南王者皆不敢發車封。【一】淮南王乃謂侍者曰：「誰謂乃公勇者？【二】吾安能勇！吾以驕故不聞吾過至此。人生一世閒，安能邑邑如此！」乃不食死。至雍，【三】雍令發封，以死聞。上哭甚悲，謂袁盎曰：「吾不聽公言，卒亡淮南王。」盎曰：「不可柰何，願陛下自寬。」上曰：「爲之柰何？」盎曰：「獨斬丞相、御史以謝天下乃可。」【四】上即令丞相、御史逮考諸縣傳送淮南王不發封餽侍者，皆弃市。乃以列侯葬淮南王於雍，守冢三十户。

【一】集解漢書音義曰：「檻車有檻封也。」

【二】索隱乃，汝也。汝公，淮南王自謂也。

【三】正義今岐州雍縣也。

【四】索隱案：劉氏云「袁盎此言亦大過也」。

孝文八年，上憐淮南王，淮南王有子四人，皆七八歲，乃封子安爲阜陵侯，子勃爲安陽侯，子賜爲陽周侯，子良爲東成侯。

孝文十二年，民有作歌歌淮南厲王曰：「一尺布，尚可縫；一斗粟，尚可舂。兄弟二人不能相容。」【一】上聞之，乃歎曰：「堯舜放逐骨肉，【二】周公殺管蔡，天下稱聖。何者？不以私害公。天下豈以我爲貪淮南王地邪？」乃徙城陽王王淮南故地，【三】而追尊謚淮南王爲厲王，【四】置園復如諸侯儀。

【一】集解漢書音義曰：「尺布斗粟猶尚不棄，況於兄弟而更相逐乎。」瓚曰：「一尺布尚可縫而共衣，一斗粟尚可舂而共食也，況以天下之廣而不能相容。」

【二】正義帝系云堯，黄帝之後；舜，顓頊之後。四凶之内，有承黄帝、顓頊者，而堯舜竄之，故放逐骨肉耳。四凶者，共工、三苗、伯鯀及驩兜，皆堯舜之同姓，故云骨肉也。

【三】集解徐廣曰：「景王章之子。」

【四】正義謚法云：「暴慢無親曰厲。」

孝文十六年，徙淮南王喜【一】復故城陽。上憐淮南厲王廢法不軌，自使失國蚤死，乃立其三子：阜陵侯安爲淮南王，安陽侯勃爲衡山王，陽周侯賜爲廬江王，皆復得厲王時地，參分之。東城侯良前薨，無後也。

【一】索隱故城陽景王之子也。

孝景三年，吴楚七國反，吴使者至淮南，淮南王欲發兵應之。其相曰：「大王必欲發兵應吴，臣願爲將。」王乃屬相兵。淮南相已將兵，因城守，不聽王而爲漢；漢亦使曲城侯〔一〕將兵救淮南：淮南以故得完。吴使者至廬江，廬江王弗應，而往來使越。吴使者至衡山，衡山王堅守無二心。孝景四年，吴楚已破，衡山王朝，上以爲貞信，乃勞苦之曰：「南方卑溼。」徙衡山王王濟北，所以褒之。及薨，遂賜謚爲貞王。廬江王邊越，數使使相交，故徙爲衡山王，王江北。淮南王如故。

〔一〕集解徐廣曰：「曲城侯姓蟲名捷，其父名逢，高祖功臣。」

淮南王安爲人好讀書鼓琴，不喜弋獵狗馬馳騁，亦欲以行陰德拊循百姓，流譽天下。時時怨望厲王死，時欲畔逆，未有因也。及建元二年，淮南王入朝。素善武安侯，武安侯時爲太尉，乃逆王霸上，與王語曰：「方今上無太子，大王親高皇帝孫，〔一〕行仁義，天下莫不聞。即宫車一日晏駕，非大王當誰立者！」淮南王大喜，厚遺武安侯金財物。陰結賓客，〔二〕拊循百姓，爲畔逆事。建元六年，彗星見，淮南王心怪之。或説王曰：「先吴軍起時，彗星出，長數尺，然尚流血千里。今彗星長竟天，天下兵當大起。」王心以爲上無太子，天下有變，諸侯並爭，愈益治器械攻戰具，積金錢賂遺郡國諸侯游士奇材。諸辨士爲方略者妄作妖言，謟諛王，王喜，多賜金錢，而謀反滋甚。

【一】正義 漢書云：「武帝以安屬爲諸父。」

【二】索隱 淮南要略云安養士數千，高才者八人，蘇非、李尚、左吳、陳由、伍被、毛周〔五〕、雷被、晉昌，號曰「八公」也。

淮南王有女陵，慧，有口辯。王愛陵，常多予金錢，爲中詗【一】長安，約結上左右。元朔三年，上賜淮南王几杖，不朝。淮南王王后荼，王愛幸之。王后生太子遷，遷取王皇太后外孫修成君女爲妃。【二】王謀爲反具，畏太子妃知而內泄事，乃與太子謀，令詐弗愛，三月不同席。王乃詳爲怒太子，閉太子使與妃同內三月，太子終不近妃。妃求去，王乃上書謝歸去之。王后荼、太子遷及女陵得愛幸王，擅國權，侵奪民田宅，妄致繫人。【三】

【一】集解 徐廣曰：「詗，伺候采察之名也〔六〕。音空政反。安平侯鄂千秋玄孫伯與淮南王女陵通而中絕〔七〕，又遺淮南王書稱臣盡力，故棄市。」索隱 鄧展曰：「詗，捕也〔八〕。」徐廣曰：「伺候探察之名。」孟康曰：「詗音偵。西方人以反間爲偵。」劉氏及包愷並音丑政反。服虔云：「偵候也。」

【二】集解 應劭曰：「王太后先適金氏女也。」

【三】集解 徐廣曰：「一云『毆擊』。」

元朔五年，太子學用劍，自以爲人莫及，聞郎中靁被巧，〔一〕乃召與戲。被一再辭讓，〔二〕誤中太子。太子怒，被恐。此時有欲從軍者輒詣京師，被即願奮擊匈奴。太子遷數惡被於王，王使郎中令斥免，欲以禁後，〔三〕被遂亡至長安，上書自明。詔下其事廷尉、河南。〔四〕河南治，逮淮南太子，〔五〕王、王后計欲無遣太子，遂發兵反，計猶豫，十餘日未定。會有詔，即訊太子。〔六〕當是時，淮南相怒壽春丞留太子逮不遣，〔七〕劾不敬。王以請相，相弗聽。王使人上書告相，事下廷尉治。蹤跡連王，王使人候伺漢公卿，公卿請逮捕治王。王恐事發，太子遷謀曰：「漢使即逮王，王令人衣衞士衣，持戟居庭中，王旁有非是，則刺殺之，臣亦使人刺殺淮南中尉，乃舉兵，未晚。」是時上不許公卿請，而遣漢中尉宏〔八〕即訊驗王。王聞漢使來，即如太子謀計。漢中尉至，王視其顏色和，訊王以斥靁被事耳，王自度無何，〔九〕不發。中尉還，以聞。公卿治者曰：「淮南王安擁閼奮擊匈奴者靁被等，廢格明詔，〔一〇〕當弃市。」詔弗許。公卿請廢勿王，詔弗許。公卿請削五縣，詔削二縣。使中尉宏赦淮南王罪，罰以削地。中尉入淮南界，宣言赦王。王初聞漢公卿請誅之，未知得削地，聞漢使來，恐其捕之，乃與太子謀刺之如前計。及中尉至，即賀王，王以故不發。其後自傷曰：「吾行仁義見削，甚恥之。」然淮南王削地之後，其爲反謀益甚。諸使道從長安來〔九〕，〔一一〕爲妄妖言，言上無男，漢不治，即喜；即言漢廷治，有男，王怒，以爲妄言、非也。

【一】索隱案：巧，言善用劍也。

【二】索隱樂産云：「初一讓，至二讓，後遂不讓，故云一再讓而誤中。」

【三】正義言屏斥免郎中令官，而令後人不敢效也。

【四】正義雷被告章下廷尉及河南共治之。

【五】正義逮謂追赴河南也。

【六】索隱案：樂産云「即，就也。訊，問也。就淮南案之，不逮詣河南也」。

【七】集解如淳曰：「丞主刑獄囚徒，丞順王意，不遣太子應逮書。」

【八】索隱案：百官表姓殷也。

【九】集解如淳曰：「無何罪。」

【一〇】索隱崔浩云：「詔書募擊匈奴，而雍遏應募者，漢律所謂廢格。」案：如淳注梁孝王傳云「攱閣不行也。音各也」。

【一一】索隱道長安來。如淳曰：「道猶言路。由長安來。」姚承云：「道，或作『從』。」

王日夜與伍被、【一】左吳等案輿地圖，【二】部署兵所從入。王曰：「上無太子，宮車即晏駕，廷臣必徵膠東王，不即常山王，【三】諸侯並爭，吾可以無備乎！且吾高祖孫，親行仁義，陛下遇我厚，吾能忍之；萬世之後，吾寧能北面臣事豎子乎！」

【一】集解漢書曰：「伍被，楚人。或言其先伍子胥後。」

【二】集解蘇林曰：「輿猶盡載之意。」索隱按：志林云「輿地圖漢家所畫，非出遠古也」。

【三】集解徐廣曰：「皆景帝子也。」

王坐東宮，召伍被與謀，曰：「將軍上。」被悵然曰：「上寬赦大王，王復安得此亡國之語乎！臣聞子胥諫吳王，吳王不用，乃曰『臣今見麋鹿游姑蘇之臺也』。今臣亦見宮中生荆棘，露霑衣也。」王怒，繫伍被父母，囚之三月。復召曰：「將軍許寡人乎？」被曰：「不，直來爲大王畫耳。臣聞聰者聽於無聲，明者見於未形，故聖人萬舉萬全。昔文王一動而功顯于千世，列爲三代，此所謂因天心以動作者也，故海内不期而隨。此千歲之可見者。夫百年之秦，近世之吳楚，亦足以喻國家之存亡矣。臣不敢避子胥之誅，願大王毋爲吳王之聽。昔秦絶聖人之道，殺術士，燔詩書，弃禮義，尚詐力，任刑罰，轉負海之粟致之西河。當是之時，男子疾耕不足於糟糠，女子紡績不足於蓋形。遣蒙恬築長城，東西數千里，暴兵露師常數十萬，死者不可勝數，僵尸千里，流血頃畒，百姓力竭，欲爲亂者十家而五。又使徐福入海求神異物，還爲僞辭曰：『臣見海中大神，言曰：「汝西皇之使邪？」臣答曰：

「然。」「汝何求?」曰:「願請延年益壽藥。」神曰:「汝秦王之禮薄,得觀而不得取。」即從臣東南至蓬萊山,見芝成宮闕,有使者銅色而龍形,光上照天。於是臣再拜問曰:「宜何資以獻?」海神曰:「以令名男子若振女〔一〕與百工之事,即得之矣。」』秦皇帝大說,遣振男女三千人,資之五穀種種百工而行。徐福得平原廣澤,止王不來。〔二〕於是百姓悲痛相思,欲爲亂者十家而六。又使尉佗踰五嶺攻百越。尉佗知中國勞極,止王不來〔一〇〕,使人上書,求女無夫家者三萬人,以爲士卒衣補。秦皇帝可其萬五千人。於是百姓離心瓦解,欲爲亂者十家而七。客謂高皇帝曰:『時可矣。』高皇帝曰:『待之,聖人當起東南。』閒不一年,陳勝、吴廣發矣。高皇始於豐沛,一倡天下不期而響應者不可勝數也。此所謂蹈瑕候閒,因秦之亡而動者也。百姓願之,若旱之望雨,故起於行陳之中而立爲天子,功高三王,德傳無窮。今大王見高皇帝得天下之易也,獨不觀近世之吴楚乎?夫吴王賜號爲劉氏祭酒,〔三〕復不朝,王四郡之衆,地方數千里,内鑄消銅以爲錢,東煑海水以爲鹽,上取江陵木以爲船,一船之載當中國數十兩車,國富民衆。行珠玉金帛賂諸侯宗室大臣,獨竇氏不與。計定謀成,舉兵而西。破於大梁,敗於狐父,〔四〕奔走而東,至於丹徒,越人禽之,身死絶祀,爲天下笑。夫以吴越之衆,不能成功者何?誠逆天道而不知時也。方今大王之兵衆不能十分吴楚之一,天下安寧有萬倍於秦之時,願大王從臣之計。大王不從臣之計,今見大王事必不成而語先泄也。臣聞微子過故國而悲，於是作麥秀之歌，是痛紂之不用王子比干也。故孟子曰『紂貴爲天子，死曾不若匹夫』。是紂先自絶於天下久矣，非死之日而天下去之。今臣亦竊悲大王弃千乘之君，必且賜絶命之書，爲羣臣先，死於東宮也。」〔五〕於是王氣怨結而不揚〔一〕，涕滿匡而横流，即起，歷階而去。

〔一〕集解徐廣曰：「西京賦曰『振子萬童』〔二〕。」駰案：薛綜曰「振子，童男女」。

〔二〕正義括地志云：「亶州在東海中，秦始皇遣徐福將童男女〔三〕，遂止此州。其後復有數洲萬家，其上人有至會稽市易者。」闕文〔四〕。

〔三〕集解應劭曰：「禮『飲酒必祭，示有先也』，故稱祭酒，尊也。」

〔四〕集解徐廣曰：「在梁碭之閒。」

〔五〕集解如淳曰：「王時所居也。」

王有孽子不害，最長，王弗愛，王、王后、太子皆不以爲子兄數。〔一〕不害有子建，材高有氣，常怨望太子不省其父；〔二〕又怨時諸侯皆得分子弟爲侯，而淮南獨二子，一爲太子，建父獨不得爲侯。建陰結交，欲告敗太子，以其父代之。太子知之，數捕繫而榜笞建。建具知太子之謀欲殺漢中尉，即使所善壽春莊芷〔三〕以元朔六年上書於天子曰：「毒藥苦於口利於病，忠言逆於耳利於行。今淮南王孫建，材能高，淮南王王后荼、荼子太子遷常疾害建。建父不害無罪，擅數捕繫，欲殺之。今建在，可徵問，具知淮南陰事。」書聞，上以其事下廷尉，廷尉下河南治。是時故辟陽侯孫審卿善丞相公孫弘，怨淮南厲王殺其大父，乃深購淮南事於弘，弘乃疑淮南有畔逆計謀，深窮治其獄。河南治建，辭引淮南太子及黨與。淮南王患之，欲發，問伍被曰：「漢廷治亂？」伍被曰：「天下治。」王意不説，謂伍被曰：「公何以言天下治也？」被曰：「被竊觀朝廷之政，君臣之義，父子之親，夫婦之別，長幼之序，皆得其理，上之舉錯遵古之道，風俗紀綱未有所缺也。重裝富賈，周流天下，道無不通，故交易之道行。南越賓服，羌僰入獻，東甌入降，廣長榆，【四】開朔方，匈奴折翅傷翼，失援不振。雖未及古太平之時，然猶爲治也。」王怒，被謝死罪。王又謂被曰：「山東即有兵，漢必使大將軍將而制山東，公以爲大將軍何如人也？」被曰：「被所善者黄義，從大將軍擊匈奴，還，告被曰：『大將軍遇士大夫有禮，於士卒有恩，衆皆樂爲之用。騎上下山若蜚，材幹絶人。』被以爲材能如此，數將習兵，未易當也。及謁者曹梁使長安來，言大將軍號令明，當敵勇敢，常爲士卒先。休舍，穿井未通，須士卒盡得水，乃敢飲。軍罷，卒盡已度河，乃度。皇太后所賜金帛，盡以賜軍吏。雖古名將弗過也。」王默然。

【一】集解如淳曰：「不以爲子兄秩數。」

【二】集解服虔曰：「不省録著兄弟數中。」

【三】索隱漢書作「嚴正」也。

【四】集解如淳曰：「廣謂拓大之也。長榆，塞名，王恢所謂『樹榆爲塞』。」

淮南王見建已徵治，恐國陰事且覺，欲發，被又以爲難，乃復問被曰：「公以爲吴興兵是邪非也？」被曰：「以爲非也。吴王至富貴也，舉事不當，身死丹徒，頭足異處，子孫無遺【一】類。臣聞吴王悔之甚。願王孰慮之，無爲吴王之所悔。」王曰：「男子之所死者一言耳。【二】且吴何知反，【三】漢將一日過成臯者四十餘人。【四】今我令樓緩【五】先要成臯之口，【六】周被下潁川兵塞轘轅、伊闕之道，【七】陳定發南陽兵守武關，【八】河南太守獨有雒陽耳，何足憂。然此北尚有臨晉關、河東、上黨與河内、趙國。人言曰『絶成臯之口，天下不通』。據三川之險，【九】招山東之兵，舉事如此，公以爲何如？」被曰：「臣見其禍，未見其福也。」王曰：「左吴、趙賢、朱驕如皆以爲有福，什事九成，公獨以爲有禍無福，何也？」被曰：「大王之羣臣近幸素能使衆者，皆前繫詔獄，餘無可用者。」王曰：「陳勝、吴廣無立錐之地，千人之聚，起於大澤，奮臂大呼而天下響應，西至於戲而兵百二十萬。今吾國雖小，然而勝兵者可得十餘萬，非直適戍之衆，鐖鑿【一〇】棘矜也，公何以言有禍無福？」被曰：「往者秦爲無道，殘賊天下。興萬乘之駕，作阿房之宫，收太半之賦，發閭左之戍，【一一】

父不寧子，兄不便弟，政苛刑峻，天下熬然若焦，【一二】民皆引領而望，傾耳而聽，悲號仰天，叩心而怨上，故陳勝大呼，天下響應。當今陛下臨制天下，一齊海内，汎愛蒸庶，布德施惠。口雖未言，聲疾雷霆，令雖未出，化馳如神，心有所懷，威動萬里，下之應上，猶影響也。而大將軍材能不特章邯、楊熊也。大王以陳勝、吴廣諭之，被以爲過矣。」王曰：「苟如公言，不可徼幸邪？」被曰：「被有愚計。」王曰：「柰何？」被曰：「當今諸侯無異心，百姓無怨氣。朔方之郡田地廣，水草美，民徙者不足以實其地。臣之愚計，可僞爲丞相御史請書，徙郡國豪桀任俠及有耐罪以上，【一三】赦令除其罪，産五十萬以上者，皆徙其家屬朔方之郡，益發甲卒，急其會日。又僞爲左右都司空上林中都官詔獄逮書【一五】，以逮諸侯太子幸臣【一六】。【一四】如此則民怨，諸侯懼，即使辯武【一五】隨而説之，儻可徼幸什得一乎？」王曰：「此可也。雖然，吾以爲不至若此。」於是王乃令官奴入宮，作皇帝璽，丞相、御史、大將軍、軍吏、中二千石、都官令、丞印，及旁近郡太守、都尉印，漢使節法冠，【一六】欲如伍被計。使人僞得罪而西，【一七】事大將軍、丞相；一日發兵，【一八】使人即刺殺大將軍青，而説丞相下之，如發蒙耳。【一九】

【一】集解徐廣曰：「一作『噍』，音寂笑反。」

【二】集解徐廣曰：「一本無此『言』字。」駰案：張晏曰「不成則死，一計耳」。瓚曰「或有一言之交，以死報之矣」。

【三】集解瓚曰：「言吳王不知舉兵反。」索隱案：知猶解。

【四】集解如淳曰：「言吳不塞成皋口，而令漢將得出之。」

【五】集解漢書直云「緩」，無「樓」字。樓緩乃六國時人，疑此後人所益也。李奇曰：「緩，似人姓名。」韋昭曰：「淮南臣名。」

【六】正義成皋故城在河南氾水縣東南二里〔一七〕。

【七】正義轘轅故關在河南緱氏縣南四十里。伊闕故關在河南縣南十九里。

【八】正義故武關在商州商洛縣東九十里。春秋時。闕文〔一八〕。

【九】正義即成皋關也。

【一〇】集解徐廣曰：「大鐮謂之剴，音五哀反。或是鐖乎？」索隱劉氏音上吾裹反，下自洛反。又鐖，鄒音機也。注「大鎌謂之剴」，鎌音廉，剴音五哀反。

【一一】正義閭左邊不役之民，秦則役之也。

【一二】索隱若燋。音即消反。

【一三】集解應劭曰：「輕罪不至於髡，完其耏鬢，故曰耏。古『耏』字從『彡』，髮膚之意。杜林以為法度之字皆從『寸』，後改如是。耐音若能。」如淳曰：「律『耐為司寇，耐為鬼薪、白粲』。耐猶任也。」蘇林曰：「一歲為罰作，二歲刑已上為耐。耐，能任其罪。」

【一四】集解晉灼曰：「百官表宗正有左右都司空，上林有水司空，皆主囚徒官也。」

【一五】集解徐廣曰：「淮南人名士曰武。」

【一六】集解蔡邕曰：「法冠，楚王冠也。秦滅楚，以其君冠賜御史。」索隱崔浩云：「一名獬廌冠。」按：蔡邕云「楚王冠也。秦滅楚，以其君冠賜御史」者也。

【一七】集解蘇林曰：「詐作罪人而西也。」

【一八】集解如淳曰：「發淮南兵也。」索隱崔浩云：「一日猶一朝，卒然無定時也。」

【一九】集解如淳曰：「以物蒙覆其頭，而爲發去，其人欲之耳。」韋昭曰：「如蒙巾，發之甚易。」

王欲發國中兵，恐其相、二千石不聽。王乃與伍被謀先殺相、二千石；僞失火宮中，相、二千石救火，至即殺之。計未決，又欲令人衣求盜衣，【一】持羽檄，從東方來，呼曰「南越兵入界」，欲因以發兵。乃使人至廬江、會稽爲求盜，未發。王問伍被曰：「吾舉兵西鄉，諸侯必有應我者；即無應，柰何？」被曰：「南收衡山以擊廬江，有尋陽之船，守下雉之城，【二】結九江之浦，絕豫章之口，【三】彊弩臨江而守，以禁南郡之下，東收江都、會稽，【四】南通勁越，屈彊江淮閒，猶可得延歲月之壽。」王曰：「善，無以易此。急則走越耳。」

【一】集解漢書音義曰：「卒衣也。」

【二】集解徐廣曰：「在江夏。」駰案：蘇林曰「下雉，縣名」。索隱雉音徐爾反。案：縣名，在江夏。

【三】正義即彭蠡湖口，北流出大江者。

【四】正義江都，揚州也。會稽，蘇州也。

於是廷尉以王孫建辭連淮南王太子遷聞。上遣廷尉監因拜淮南中尉，逮捕太子。至淮南，淮南王聞，與太子謀召相、二千石，欲殺而發兵。召相，相至；内史以出爲解。中尉曰：「臣受詔使，不得見王。」王念獨殺相而内史、中尉不來，無益也，即罷相。王猶豫，計未決。太子念所坐者謀刺漢中尉，所與謀者已死，以爲口絶，乃謂王曰：「羣臣可用者皆前繫，今無足與舉事者。王以非時發，恐無功，臣願會逮。」王亦偷欲休，【一】即許太子。太子即自剄，不殊。【二】伍被自詣吏，因告與淮南王謀反，反蹤跡具如此。

【一】集解徐廣曰：「偷，苟且也。」

【二】集解晉灼曰：「不殊，不死。」

吏因捕太子、王后，圍王宫，盡求捕王所與謀反賓客在國中者，索得反具以聞。上下公卿治，所連引與淮南王謀反列侯二千石豪傑數千人，皆以罪輕重受誅。衡山王賜，淮南王弟也，當坐收，有司請逮捕衡山王。天子曰：「諸侯各以其國爲本，不當相坐。與諸侯王列侯會肄丞相諸侯議。」【一】趙王彭祖、列侯臣讓等四十三人議，皆曰：「淮南王安甚大逆無道，謀反明白，當伏誅。」膠西王臣端議曰：「淮南王安廢法行邪，懷詐僞心，以亂天下，熒惑百姓，倍畔宗廟，妄作妖言。春秋曰『臣無將，將而誅』。安罪重於將，謀反形已定。臣端所見其書節印圖及他逆無道事驗明白，甚大逆無道，當伏其法。而論國吏二百石以上及比者，【二】宗室近幸臣不在法中者，不能相教，當皆免官削爵爲士伍，毋得宦爲吏。其非吏，他贖死金二斤八兩。【三】以章臣安之罪，使天下明知臣子之道，毋敢復有邪僻倍畔之意。」丞相弘、廷尉湯等以聞，天子使宗正以符節治王。未至，淮南王安自剄殺。【四】王后荼、太子遷諸所與謀反者皆族。天子以伍被雅辭多引漢之美，欲勿誅。廷尉湯曰：「被首爲王畫反謀【一九】，被罪無赦。」遂誅被。國除爲九江郡。【五】

【一】集解徐廣曰：「詣都座就丞相共議也。」索隱會肄丞相者。案：肄，習也，音異。

【二】集解徐廣曰：「比吏而非真。」

【三】集解蘇林曰：「非吏，故曰他。」

【四】集解徐廣曰：「即位凡四十二年，元狩元年十月死。」

【五】集解徐廣曰：「又爲六安國，以陳縣爲都。」

衡山王賜，王后乘舒【一】生子三人，長男爽爲太子，次男孝，次女無采。又姬徐來生子男女四人，美人厥姬生子二人。衡山王、淮南王兄弟相責望禮節，閒不相能。衡山王聞淮南王作爲畔逆反具，亦心結賓客以應之，恐爲所并。

【一】正義衡山王后名也。

元光六年，衡山王入朝，其謁者衞慶有方術，欲上書事天子，王怒，故劾慶死罪，彊榜服之。衡山内史以爲非是，卻其獄。王使人上書告内史，内史治，言王不直。王又數侵奪人田，壞人冢以爲田。有司請逮治衡山王。天子不許，爲置吏二百石以上。【一】衡山王以此恚，與奚慈、張廣昌謀，求能爲兵法候星氣者，日夜從容王密謀反事。【二】

【一】集解如淳曰：「漢儀注吏四百石以下，自調除國中。今王惡，天子皆爲置之。」

【二】集解徐廣曰：「密，豫作計校。」

王后乘舒死，立徐來爲王后。厥姬俱幸。兩人相妒，厥姬乃惡王后徐來於太子曰：「徐來使婢蠱道殺太子母。」太子心怨徐來。徐來兄至衡山，太子與飲，以刃刺傷王后兄。王后怨怒，數毀惡太子於王。太子女弟無采，嫁弃歸，與奴姦，又與客姦。太子數讓無采，無采怒，不與太子通。王后聞之，即善遇無采。無采及中兄孝少失母，附王后，王后以計愛之，與共毀太子，王以故數擊笞太子。元朔四年中，人有賊傷王后假母者，【一】王疑太子使人傷之，笞太子。後王病，太子時稱病不侍。孝、王后、無采惡太子：「太子實不病，自言病，有喜色。」王大怒，欲廢太子，立其弟孝。王后知王決廢太子，又欲并廢孝。王后有侍者，善舞，王幸之，王后欲令侍者與孝亂以汙之，欲并廢兄弟而立其子廣代太子。太子爽知之，念后數惡己無已時，欲與亂以止其口。王后飲，太子前爲壽，因據王后股，求與王后臥。王后怒，以告王。王乃召，欲縛而笞之。太子知王常欲廢己立其弟孝，乃謂王曰：「孝與王御者姦，無采與奴姦，王彊食，請上書。」即倍王去。王使人止之，莫能禁，乃自駕追捕太子。太子妄惡言，王械繫太子宮中。孝日益親幸。王奇孝材能，乃佩之王印，號曰將軍，令居外宅，多給金錢，招致賓客。賓客來者，微知淮南、衡山有逆計，日夜從容勸之。王乃使孝客江都人救赫、【二】陳喜作輣車鏃矢，【三】刻天子璽、將相軍吏印。王日夜求壯士如周丘等，數稱引吳楚反時計畫，以約束。衡山王非敢效淮南王求即天子位，畏淮南起并其國，以爲淮南已西，發兵定江淮之閒而有之，望如是。

【一】集解漢書音義曰：「傅母屬。」

【二】索隱救，漢書作「枚」。劉向別録云「易家有救氏注」也。

【三】集解徐廣曰：「輣車，戰車也。音扶萌反。」

元朔五年秋，衡山王當朝，六年，過淮南〔三〇〕，淮南王乃昆弟語，除前郤，約束反具。衡山王即上書謝病，上賜書不朝。

元朔六年中〔三一〕，衡山王使人上書請廢太子爽，立孝爲太子。爽聞，即使所善白嬴【一】之長安上書，言孝作輣車鏃矢，與王御者姦，欲以敗孝。白嬴至長安，未及上書，吏捕嬴，以淮南事繫。王聞爽使白嬴上書，恐言國陰事，即上書反告太子爽所爲不道弃市罪事。事下沛郡治。元朔七年冬〔三二〕，有司公卿下沛郡求捕所與淮南謀反者未得，得陳喜於衡山王子孝家。吏劾孝首匿喜。孝以爲陳喜雅數與王計謀反，恐其發之，聞律先自告除其罪，又疑太子使白嬴上書發其事，即先自告，告所與謀反者救赫、陳喜等。廷尉治驗，公卿請逮捕衡山王治之。天子曰：「勿捕。」遣中尉安、【二】大行息【三】即問王，王具以情實對。吏皆圍王宮而守之。中尉、大行還，以聞，公卿請遣宗正、大行與沛郡雜治王。王聞，即自剄殺。孝先自告反，除其罪；坐與王御婢姦，弃市。王后徐來亦坐蠱殺前王后乘舒，及太子爽坐王告不孝，皆弃市。諸與衡山王謀反者皆族。國除爲衡山郡。

【一】索隱音盈。人姓名也。

【二】索隱案：漢書表司馬安也。

【三】索隱案：漢書表李息也。

太史公曰：詩之所謂「戎狄是膺，荆舒是懲」，信哉是言也。淮南、衡山親爲骨肉，疆土千里，列爲諸侯，不務遵蕃臣職以承輔天子，而專挾邪僻之計，謀爲畔逆，仍父子再亡國，各不終其身，爲天下笑。此非獨王過也，亦其俗薄，臣下漸靡使然也。夫荆楚僄勇輕悍，好作亂，乃自古記之矣。

【索隱述贊】淮南多横，舉事非正。天子寬仁，其過不更。轞車致禍，斗粟成詠。王安好學，女陵作詗。兄弟不和，傾國殞命。

校勘記

〔一〕七月　原作「十月」。梁玉繩志疑卷三四：「『十月』當作『七月』。」按：本書卷八高祖本紀、卷五一荆燕世家、卷一〇六吴王濞列傳黥布反在高祖十一年秋。今據改。

〔二〕奉以二千石所不當得　王念孫雜志史記第六：「『所不當得』，衍『不』字。漢書作『奉以二千石所當得』，如淳曰：『賜亡畔來者，如賜其國二千石也。』薛瓚曰：『奉畔者以二千石之秩禄也。』集解引此二説爲解，則正文内本無『不』字明矣。」

〔三〕張晏曰大夫姓非也　「張晏」，原作「張揖」，據耿本、黃本、彭本、柯本、凌本、殿本改。按：集解引張晏曰「大夫，姓也」，索隱正對此而言。

〔四〕樂産　耿本、黃本、彭本、柯本、殿本作「樂彥」，凌本作「樂諺」。

〔五〕毛周　耿本、黃本、彭本、柯本、凌本、殿本作「毛被」，疑是。按：高誘淮南子敍：「於是遂與蘇飛、李尚、左吳、田由、雷被、毛被、伍被、晉昌等八人，及諸儒大山、小山之徒，共講論道德，總統仁義，而著此書。」

〔六〕采察　張文虎札記卷五：「下索隱引作『探察』，此『采』字疑譌。」

〔七〕玄孫伯　「伯」，本書卷一八高祖功臣侯者年表作「但」，與卷五三蕭相國世家「封爲安平侯」集解引徐廣説合。疑「伯」字誤。

〔八〕捕也　耿本作「伺也」。

〔九〕道從長安來　索隱本作「道長安來」，注引姚承云「道，或作從」。王念孫雜志史記第六：「道，即從也。漢書作『諸使者道長安來』，顏師古曰『道，從也』。今本史記作『道從長安來』者，一本作『道』，一本作『從』，而後人誤合之耳。」

〔一〇〕尉佗知中國勞極止王不來　梁玉繩志疑卷三四：「『不來』二字當依漢書作『南越』，此因上文徐福『止王不來』之言而誤耳。」

〔一一〕王氣怨結　王念孫雜志史記第六：「『王』字，衍文也。漢書伍被傳作『被因流涕而起』，是其證。」

〔二〕西京賦曰振子萬童　「西京賦」，疑當作「東京賦」。按：文選卷三東京賦云「振子萬童」，西京賦無其文。

〔三〕秦始皇遣徐福將童男女　本書卷六秦始皇本紀正義引括地志「男女」下有「入海求仙人」五字。

〔四〕闕文　張文虎札記卷五：「警云此及後『武關』正義皆有『闕文』二字，蓋後人所記。」按：此下所闕疑爲「吴人外國圖云亶洲去琅邪萬里」十三字。本書卷六秦始皇本紀「於是遣徐市發童男女數千人，入海求僊人」正義引括地志：「亶洲在東海中，秦始皇使徐福將童男女入海求仙人，止在此洲，共數萬家。至今洲上人有至會稽市易者。吴人外國圖云亶洲去琅邪萬里。」

〔五〕詔獄逮書　梁玉繩志疑卷三四：「『逮』字當在『書』下，屬下句。此譌倒。」按：梁説誤。「逮書」猶今之逮捕令也。

〔六〕以逮諸侯太子幸臣　「以逮」二字原無，據景祐本、殿本補。張文虎札記卷五：「舊刻、毛本、凌引一本『逮書』下有『以逮』二字。」

〔七〕汜水縣東南　「汜水」，原作「澠水」。錢大昕考異卷五：「『澠水』蓋『汜水』之訛。」按：元和志卷五河南道一河南府汜水縣云「成皋故關，在縣東南二里」。張守節史記正義發字例：

「汜，音祀，水在成皋。又音凡，邑名，在襄城。」今據改。

〔一八〕故武關在商州商洛縣東九十里春秋時闕文　「闕文」二字當爲後人所加。本書卷六秦始皇本紀「由武關歸」正義引括地志：「故武關在商州商洛縣東九十里，春秋時少習也。杜預云：少習，商縣武關也。」據此，知正義文本於括地志，疑所闕之文爲「少習也杜預云少習商縣武關也」十三字。

〔一九〕首爲王畫反謀　張文虎札記卷五：「中統、舊刻、游、毛本『謀』作『計』。」按：景祐本、紹興本、耿本作「計」，漢書卷四五伍被傳同。

〔二〇〕六年過淮南　沈家本諸史瑣言卷三：「『六年』二字疑衍。」按：漢書卷四四衡山王傳亦有「六年」二字。漢初以十月爲歲首朝會諸侯，故衡山王於五年秋往京師，而十月過淮南，則已入六年。

〔二一〕元朔六年中　漢書卷四四衡山王傳無此五字。梁玉繩志疑卷三四：「五字衍，上已書元朔六年也。」

〔二二〕元朔七年　梁玉繩志疑卷三四：「元朔安得有七年，乃『元狩元年』之誤。」按：漢書卷四四衡山王傳作「元狩元年」，疑是。本書卷一七漢興以來諸侯王年表淮南王謀反自殺亦在元狩元年。

史記卷一百一十九

循吏列傳第五十九

索隱案：謂本法循理之吏也〔一〕。

太史公曰：法令所以導民也，刑罰所以禁姦也。文武不備，良民懼然身修者，官未曾亂也。奉職循理，亦可以爲治，何必威嚴哉？

孫叔敖者，〔一〕楚之處士也。虞丘相進之於楚莊王以自代也。三月爲楚相，施教導民，上下和合，世俗盛美，政緩禁止，吏無姦邪，盜賊不起。秋冬則勸民山採，春夏以水，〔二〕各得其所便，民皆樂其生。

〔一〕正義說苑云：「孫叔敖爲令尹，一國吏民皆來賀。有一老父衣麤衣，冠白冠，後來，弔曰：『有身貴而驕人者，民亡之；位已高而擅權者，君惡之；禄已厚而不知足者，患處之。』叔敖再拜，敬受命，願聞餘教。父曰：『位已高而意益下，官益大而心益小，祿已厚而慎不取。君謹守此三者，足以治楚。』」

【三】集解徐廣曰：「乘多水時而出材竹。」

莊王以爲幣輕，更以小爲大。百姓不便，皆去其業。市令言之相曰：「市亂，民莫安其處，次行不定。」相曰：「如此幾何頃乎？」市令曰：「三月頃。」相曰：「罷，吾今令之復矣。」後五日，朝，相言之王曰：「前日更幣，以爲輕。今市令來言曰『市亂，民莫安其處，次行之不定』。臣請遂令復如故。」王許之，下令三日而市復如故。

楚民俗好庳車，【一】王以爲庳車不便馬，欲下令使高之。相曰：「令數下，民不知所從，不可。王必欲高車，臣請教閭里使高其梱。【二】乘車者皆君子，君子不能數下車。」王許之。居半歲，民悉自高其車。

【一】索隱庳，下也，音婢。

【二】索隱音口本反。梱，門限也。

此不教而民從其化，近者視而效之，遠者四面望而法之。故三得相而不喜，知其材自得之也；三去相而不悔，知非己之罪也。【一】

【一】集解皇覽曰：「孫叔敖冢在南郡江陵故城中白土里。民傳孫叔敖曰『葬我廬江陂，後當爲萬户邑』。去故楚都郢城北三十里所〔二〕。或曰孫叔敖激沮水作雲夢大澤之池也。」

子産者，鄭之列大夫也。【一】鄭昭君之時，以所愛徐摯爲相，【二】國亂，上下不親，父子不和。大宫子期言之君，以子産爲相。【三】爲相一年，豎子不戲狎，斑白不提挈，僮子不犂畔。二年，市不豫賈。【四】三年，門不夜關，【五】道不拾遺。四年，田器不歸。五年，士無尺籍，【六】喪期不令而治。治鄭二十六年而死，丁壯號哭，老人兒啼，曰：「子産去我死乎！民將安歸？」【七】

【一】索隱按：有管晏列傳，其國僑、羊舌肸等亦古之賢大夫，合著在管晏之下，不宜散入循吏之篇〔三〕。

【二】索隱案：鄭系家云子産，鄭成公之少子。事簡公、定公。簡公封子産以六邑，子産受其半。子産不事昭君，亦無徐摯作相之事。蓋別有所出，太史記異耳。

【三】索隱子期亦鄭之公子也。左傳、國語亦無其説。案：系家鄭相子駟、子孔與子産同時，蓋亦子期之兄弟也。

【四】索隱下音價。謂臨時評其貴賤，不豫定也。

【五】集解徐廣曰：「一作『閉』。」

【六】正義言士民無一尺方板之籍書。什伍，什伍相保也〔四〕。

【七】集解皇覽曰：「子產冢在河南新鄭，城外大冢是也。」索隱案：左傳及系家云子產死，孔子泣曰「子產，古之遺愛也」。又韓詩稱子產卒，鄭人耕者輟耒，婦人捐其佩玦也。

公儀休者，魯博士也。以高弟爲魯相。奉法循理，無所變更，百官自正。使食祿者不得與下民爭利，受大者不得取小。

客有遺相魚者，相不受。客曰：「聞君嗜魚，遺君魚，何故不受也？」相曰：「以嗜魚，故不受也。今爲相，能自給魚；今受魚而免，誰復給我魚者？吾故不受也。」

食茹而美，拔其園葵而弃之。見其家織布好，而疾出其家婦〔五〕，燔其機，云「欲令農士工女安所讎【一】其貨乎」？

【一】索隱音售。

石奢者，楚昭王相也。堅直廉正，無所阿避。行縣，道有殺人者，相追之，乃其父也。縱其父而還自繫焉。使人言之王曰：「殺人者，臣之父也。夫以父立政，不孝也；廢法縱罪，非忠也；臣罪當死。」王曰：「追而不及，不當伏罪，子其治事矣。」石奢曰：「不私其父，非孝子也；不奉主法，非忠臣也。王赦其罪，上惠也；伏誅而死，臣職也。」遂不受令，自刎〔一〕而死。

〔一〕索隱音亡粉反。

李離者，晉文公之理也。〔一〕過聽殺人，自拘當死。文公曰：「官有貴賤，罰有輕重。下吏有過，非子之罪也。」李離曰：「臣居官爲長，不與吏讓位；受祿爲多，不與下分利。今過聽殺人，傳其罪下吏，非所聞也。」辭不受令。文公曰：「子則自以爲有罪，寡人亦有罪邪？」李離曰：「理有法，失刑則刑，失死則死。公以臣能聽微決疑，〔二〕故使爲理。今過聽殺人，罪當死。」遂不受令，伏劍而死。

〔一〕正義理，獄官也。

〔二〕索隱言能聽察微理，以決疑獄。故周禮司寇以五聽察獄，詞、氣、色、耳、目也。又尚書曰「服念五六日，至于旬時」是也。

太史公曰：孫叔敖出一言，郢市復。子産病死，鄭民號哭。公儀子見好布而家婦逐。石奢縱父而死，楚昭名立。李離過殺而伏劍，晉文以正國法。

【索隱述贊】奉職循理，爲政之先。恤人體國，良史述焉。叔孫、鄭產，自昔稱賢。拔葵一利，赦父非僁。李離伏劍，爲法而然。

校勘記

〔一〕本法循理　殿本作「奉法循理」，疑是。按：本書卷一三〇太史公自序云「奉法循理之吏，不伐功矜能，百姓無稱，亦無過行」，本篇云公儀休「奉法循理，無所變更，百官自正」，是其證。

〔二〕郢城北三十里　「三十里」，景祐本、紹興本、黄本、殿本作「二十里」。

〔三〕此條索隱原無，據耿本、黄本、彭本、索隱本、柯本、凌本、殿本、會注本補。

〔四〕什伍什伍相保也　王繼如、陳冰梅史記校讀札記：「玉海卷八十五引史記及正義不重『什伍』，可爲『什伍』衍出之證。」

〔五〕而疾出其家婦　瀧川資言會注：「楓、三本『疾』作『逐』。」水澤利忠校補：「疾，南化、棭：遂。」按：本篇贊語曰「公儀子見好布而家婦逐」。

史記卷一百二十

汲鄭列傳第六十

索隱 右不宜在西夷之下〔一〕。

汲黯字長孺，濮陽人也。其先有寵於古之衞君。〔一〕至黯七世〔二〕，世爲卿大夫。黯以父任，孝景時爲太子洗馬，以莊見憚。〔二〕孝景帝崩，太子即位，黯爲謁者。東越相攻，上使黯往視之。不至，至吳而還，報曰：「越人相攻，固其俗然，不足以辱天子之使。」河內失火，延燒千餘家，上使黯往視之。還報曰：「家人失火，屋比〔三〕延燒，不足憂也。臣過河南，河南貧人傷水旱萬餘家，或父子相食，臣謹以便宜，持節發河南倉粟以振貧民。臣請歸節，伏矯制之罪。」上賢而釋之，遷爲滎陽令。黯恥爲令，病歸田里。上聞，乃召拜爲中大夫。以數切諫，不得久留內，遷爲東海太守。黯學黃老之言，治官理民，好清靜，擇丞史而任之。〔四〕其治，責大指而已，不苛小。黯多病，臥閨閤內不出。歲餘，東海大治。稱之。上聞，召以爲主爵都尉，列於九卿。治務在無爲而已，弘大體〔三〕，不拘文法。

〔一〕集解文穎曰：「六國時，衛但稱君。」

〔二〕索隱按：莊者，嚴也，謂嚴威也。按：自漢明帝諱莊，故已後「莊」皆云「嚴」。

〔三〕索隱音鼻。

〔四〕集解如淳曰：「律，太守、都尉、諸侯内史史各一人，卒史書佐各十人。今總言『丞史』，或以爲擇郡丞及史使任之。鄭當時爲大農，推官屬丞史，亦是也。」

黯爲人性倨，少禮，面折，不能容人之過。合己者善待之，不合己者不能忍見，士亦以此不附焉。然好學，游俠，任氣節，内行脩絜，好直諫，數犯主之顔色，常慕傅柏、袁盎之爲人也。〔一〕善灌夫、鄭當時及宗正劉弃。〔二〕亦以數直諫，不得久居位。

〔一〕集解應劭曰：「傅柏，梁人，爲孝王將，素伉直。」索隱傅，音付，人姓；柏，名。爲梁將也。

〔二〕集解徐廣曰：「一云名弃疾。」索隱漢書名弃疾。

當是時，太后弟武安侯蚡爲丞相，中二千石來拜謁，蚡不爲禮。然黯見蚡未嘗拜，常揖之。天子方招文學儒者，上曰吾欲云云，〔一〕黯對曰：「陛下内多欲而外施仁義，奈何欲效唐虞之治乎！」上默然，怒，變色而罷朝。公卿皆爲黯懼。上退，謂左右曰：「甚矣，汲黯之戇也！」〔二〕羣臣或數黯，黯曰：「天子置公卿輔弼之臣，寧令從諛承意，陷主於不義乎？且已在其位，縱愛身，柰辱朝廷何！」

【一】集解張晏曰：「所言欲施仁義也。」

【二】索隱戇，愚也，音陟降反也。

黯多病，病且滿三月，上常賜告者數，【一】終不愈。最後病，莊助爲請告。【二】上曰：「汲黯何如人哉？」助曰：「使黯任職居官，無以踰人。【三】然至其輔少主，守城深堅，招之不來，麾之不去，雖自謂賁育亦不能奪之矣。」上曰：「然。古有社稷之臣，至如黯，近之矣。」

【一】集解如淳曰：「杜欽所謂『病滿賜告詔恩』也。數者，非一也。或曰賜告，得去官歸家；與告，居官不視事。」索隱數音所角反。按：注「賜告，得去官家居；予告，居官不視事」也。

【二】集解徐廣曰：「最，一作『其』也。」

【三】索隱踰音庾。案：漢書作「瘉」，瘉猶勝也。此作「踰」，踰謂越過人也。

大將軍青侍中，上踞廁而視之。【一】丞相弘燕見，上或時不冠。至如黯見，上不冠不見也。上嘗坐武帳中，【二】黯前奏事，上不冠，望見黯，避帳中，使人可其奏。其見敬禮如此。

【一】集解如淳曰：「廁音側，謂牀邊。踞牀視之。一云溷廁也〔四〕。」廁，牀邊側〔五〕。

【二】集解應劭曰：「武帳，織成爲武士象也。」孟康曰：「今御武帳，置兵蘭五兵於帳中。」韋昭曰：「以武名之，示威。」

張湯方以更定律令爲廷尉，黯數質責湯於上前，曰：「公爲正卿，上不能褒先帝之功業，下不能抑天下之邪心，安國富民，使囹圄空虛，二者無一焉。非苦就行，放析就功，何乃取高皇帝約束紛更之爲？【一】公以此無種矣。」黯時與湯論議，湯辯常在文深小苛，黯伉厲守高不能屈，忿發罵曰：「天下謂刀筆吏不可以爲公卿，果然。必湯也，令天下重足而立，側目而視矣！」

【一】集解如淳曰：「紛，亂也。」

是時，漢方征匈奴，招懷四夷。黯務少事，乘上閒，常言與胡和親，無起兵。上方向儒術，尊公孫弘。及事益多，吏民巧弄。【一】上分別文法，湯等數奏決讞【二】以幸。而黯常毁儒，面觸弘等徒懷詐飾智以阿人主取容，而刀筆吏專深文巧詆，【三】陷人於罪，使不得反其真，以勝爲功。上愈益貴弘、湯，弘、湯深心疾黯，唯天子亦不説也，欲誅之以事。弘爲丞相，乃言上曰：「右内史界部中多貴人宗室，難治，非素重臣不能任，請徙黯爲右内史。」爲右内史數歲，官事不廢。

【一】索隱音路洞反。

【二】索隱音魚列反。

【三】索隱音丁禮反。

大將軍青既益尊，姊爲皇后，然黯與亢禮。人或説黯曰：「自天子欲羣臣下大將軍，大將軍尊重益貴，君不可以不拜。」黯曰：「夫以大將軍有揖客，反不重邪？」大將軍聞，愈賢黯，數請問國家朝廷所疑，遇黯過於平生。

淮南王謀反，憚黯，曰：「好直諫，守節死義，難惑以非。至如説丞相弘，如發蒙振落耳。」

天子既數征匈奴有功，黯之言益不用。

始黯列爲九卿，而公孫弘、張湯爲小吏。及弘、湯稍益貴，與黯同位，黯又非毁弘、湯等。已而弘至丞相，封爲侯；湯至御史大夫；故黯時丞相史皆與黯同列，或尊用過之。黯褊心，不能無少望，見上，前言曰：「陛下用羣臣如積薪耳，後來者居上。」上默然。有閒黯罷，上曰：「人果不可以無學，觀黯之言也日益甚。」

居無何，匈奴渾邪王率衆來降，漢發車二萬乘。縣官無錢，從民貰馬。【一】民或匿馬，馬不具。上怒，欲斬長安令。黯曰：「長安令無罪，獨斬黯，民乃肯出馬。且匈奴畔其主而降漢，漢徐以縣次傳之，何至令天下騷動，罷弊中國而以事夷狄之人乎！」上默然。及渾邪至，賈人與市者，坐當死者五百餘人。黯請閒，見高門，【二】曰：「夫匈奴攻當路塞，絶和親，中國興兵誅之，死傷者不可勝計，而費以巨萬百數。臣愚以爲陛下得胡人皆以爲奴婢，以賜從軍死事者家；所鹵獲，因予之，以謝天下之苦，塞百姓之心。今縱不能，渾邪率數萬之衆來降，虛府庫賞賜，發良民侍養，譬若奉驕子。愚民安知市買長安中物而文吏繩以爲闌出財物于邊關乎？〔三〕陛下縱不能得匈奴之資以謝天下，又以微文殺無知者五百餘人，是所謂『庇其葉而傷其枝』者也，臣竊爲陛下不取也。」上默然，不許，曰：「吾久不聞汲黯之言，今又復妄發矣。」後數月，黯坐小法，會赦免官。於是黯隱於田園。

〔一〕索隱 賁音時夜反。賁，賒也。鄒氏音勢。

〔二〕集解 如淳曰：「黄圖未央宫中有高門殿。」

〔三〕集解 應劭曰：「闌，妄也。律，胡市，吏民不得持兵器出關。雖於京師市買，其法一也。」瓚曰：「無符傳出入爲闌。」

居數年，會更五銖錢，〔一〕民多盜鑄錢，楚地尤甚。上以爲淮陽楚地之郊，乃召拜黯爲淮陽太守。黯伏謝不受印，詔數彊予，然後奉詔。詔召見黯，黯爲上泣曰：「臣自以爲填溝壑，不復見陛下，不意陛下復收用之。臣常有狗馬病，力不能任郡事，臣願爲中郎，出入禁闥，補過拾遺，臣之願也。」上曰：「君薄淮陽邪？吾今召君矣。〔二〕顧淮陽吏民不相得，吾徒得君之重，卧而治之。」黯既辭行，過大行李息，曰：「黯弃居郡，不得與朝廷議也。然御史大夫張湯智足以拒諫，詐足以飾非，務巧佞之語，辯數之辭，非肯正爲天下言，專阿主意。主意所不欲，因而毁之；主意所欲，因而譽之。好興事，舞文法，【三】內懷詐以御主心，外挾賊吏以爲威重。公列九卿，不早言之，公與之俱受其僇矣。」息畏湯，終不敢言。黯居郡如故治，淮陽政清。後張湯果敗，上聞黯與息言，抵息罪。令黯以諸侯相秩居淮陽。【四】七歲而卒。【五】

【一】集解徐廣曰：「元狩五年行五銖錢。」

【二】索隱今即今也。謂今日後即召君。

【三】集解如淳曰：「舞猶弄也。」

【四】集解如淳曰：「諸侯王相在郡守上，秩真二千石。律，真二千石俸月二萬，二千石月萬六千。」

【五】集解徐廣曰：「元鼎五年。」

卒後，上以黯故，官其弟汲仁至九卿，子汲偃至諸侯相。黯姑姊子司馬安亦少與黯爲太子洗馬。安文深，巧善宦，官四至九卿，以河南太守卒。昆弟以安故，同時至二千石者十人。濮陽段宏【一】始事蓋侯信，【二】信任宏，宏亦再至九卿。然衞人仕者皆嚴憚汲黯，出其下。

【一】索隱段客。案：漢書作「段宏」。

【二】集解徐廣曰：「太后兄王信。」

鄭當時者，字莊，陳人也。其先鄭君【一】嘗爲項籍將；籍死，已而屬漢。高祖令諸故項籍臣名籍，鄭君獨不奉詔。詔盡拜名籍者爲大夫，而逐鄭君。鄭君死孝文時。

【一】集解漢書音義曰：「當時父。」

鄭莊以任俠自喜，脱張羽於戹，【二】聲聞梁、楚之閒。孝景時，爲太子舍人。每五日洗沐，常置驛馬長安諸郊，【三】存諸故人，請謝賓客，夜以繼日，至其明旦，常恐不徧。莊好黄老之言，其慕長者如恐不見。年少官薄，然其游知交皆其大父行，天下有名之士也。武帝立，莊稍遷爲魯中尉、濟南太守、江都相，至九卿爲右内史。以武安侯、魏其時議，貶秩爲詹事，遷爲大農令。

【二】集解服虔曰：「梁孝王之將，楚相之弟。」

【三】集解如淳曰：「交道四通處也，請賓客便。」瓚曰：「諸郊謂長安四面郊祀之處，閑靜，可以請賓客。」索隱按：置即驛，馬謂於置著馬也。四面郊〔六〕。

莊爲太史〔七〕，誡門下：「客至，無貴賤無留門者。」執賓主之禮，以其貴下人。莊廉，又不治其產業，仰奉賜以給諸公。然其餽遺人，不過算器食。【一】每朝，候上之閒，說未嘗不言天下之長者。其推轂士及官屬丞史，誠有味其言之也，常引以爲賢於己。未嘗名吏，與官屬言，若恐傷之。聞人之善言，進之上，唯恐後。山東士諸公以此翕然稱鄭莊。

【一】集解徐廣曰：「算音先管反，竹器。」索隱算音先管反。按：謂竹器，以言無銅漆也。漢書作「具器食」。

鄭莊使視決河，自請治行五日。【一】上曰：「吾聞『鄭莊行，千里不齎糧』，請治行者何也？」然鄭莊在朝，常趨和承意，不敢甚引當否。及晚節，漢征匈奴，招四夷，天下費多，財用益匱。莊任人賓客爲大農僦人，【二】多逋負。司馬安爲淮陽太守，發其事，莊以此陷罪，贖爲庶人。頃之，守長史。【三】上以爲老，以莊爲汝南太守。數歲，以官卒。

【一】集解如淳曰：「治行謂莊嚴也。」

【二】集解徐廣曰：「一作『入』〔八〕。一云賓客爲大農僦人，僦人蓋興生財利，如今方宜矣。」駰案：晉灼曰「當時爲大農，而任使其賓客辜較任僦也」。瓚曰「任人謂保任見舉者」。索隱僦音即就反。辜較音姑角。按：謂當時作大農，任賓客就人取庸直也。或者貰物以應官取庸，故下云「多逋負」。「辜較」字亦作「酤榷」。榷者，獨也。言國家獨榷酤也。此云「辜較」，亦謂令賓客任人專其利，故云辜較也。

【三】集解如淳曰：「丞相長史。」

鄭莊、汲黯始列爲九卿，廉，內行脩絜。此兩人中廢，家貧，賓客益落。【一】及居郡，卒後家無餘貲財。莊兄弟子孫以莊故，至二千石六七人焉。

【一】索隱按：落猶零落，謂散也。

太史公曰：夫以汲、鄭之賢，有勢則賓客十倍，無勢則否，況衆人乎！下邽【二】翟公有言，始翟公爲廷尉，賓客闐門；及廢，門外可設雀羅。翟公復爲廷尉，賓客欲往，翟公乃大署其門曰：「一死一生，乃知交情。一貧一富，乃知交態。一貴一賤，交情乃見。」汲、鄭亦云，悲夫！

【二】集解徐廣曰：「邽，一作『邳』。」索隱邽音圭。縣名，屬京兆。徐廣曰：「下邽作『下邳』。」

【索隱述贊】河南矯制，自古稱賢。淮南卧理〔九〕，天子伏焉。積薪興歎，伉直愈堅。鄭莊推士，天下翕然。交道勢利，翟公愴旃。

校勘記

〔一〕此條索隱原無，據索隱本補。

〔二〕至黯七世　「七世」，張文虎札記卷五：「舊刻作『十世』，與漢書合。」

〔三〕弘大體　漢書卷五〇汲黯傳作「引大體」。按：爾雅釋詁：「引，陳也。」邢昺疏：「引者，伸陳也。」本書卷一〇一袁盎鼂錯列傳：「袁盎常引大體忼慨。」

〔四〕溷廁也　「溷廁」二字疑倒。按：漢書卷五〇汲黯傳「上踞廁視之」顏師古注：「如淳曰：『廁，溷也。』孟康曰：『廁，牀邊側也。』師古曰：『如説是也。』」通鑑卷一九漢紀十一武帝元朔五年胡三省注引同。

〔五〕廁牀邊側　此上疑脱「孟康曰」三字。按：漢書卷五〇汲黯傳顏師古注：「如淳曰：『廁，溷也。』孟康曰：『廁，牀邊側也。』師古曰：『如説是也。』」通鑑卷一九漢紀十一武帝元朔五年胡三省注引顏注同。

〔六〕四面郊　疑文有脱誤。按：漢書卷五〇鄭當時傳「常置驛馬長安諸郊」顏師古注：「此謂長安城外四面之郊耳。邑外謂之郊，近郊二十里。」此蓋索隱引顏注以存異説。耿本、黄本、彭本、柯本、凌本、殿本無「四面郊」三字，誤以其與集解複而删之。

〔七〕莊爲太史　張文虎札記卷五：「『太』疑『内』之譌。漢書作『大吏』。」

〔八〕一作入　「入」，原作「人」，據景祐本、紹興本、耿本、黄本、彭本、柯本、凌本、殿本改。

〔九〕淮南卧理　「淮南」，疑當作「淮陽」。按：上文武帝拜黯爲淮陽太守，曰「顧淮陽吏民不相得，吾徒得君之重，卧而治之」是也。

史記卷一百二十一

儒林列傳第六十一

正義姚承云[一]：「儒謂博士，爲儒雅之林，綜理古文，宣明舊藝，咸勸儒者，以成王化者也。」

太史公曰：余讀功令，[一]至於廣厲學官之路，未嘗不廢書而歎也。曰：嗟乎！夫周室衰而關雎作，幽厲微而禮樂壞，諸侯恣行，政由彊國。故孔子閔王路廢而邪道興，於是論次詩書，修起禮樂。適齊聞韶，三月不知肉味。自衛返魯，然後樂正，雅頌各得其所。[二]世以混濁莫能用，是以仲尼干七十餘君[三]無所遇，曰「苟有用我者，期月而已矣」。西狩獲麟，曰「吾道窮矣」。故因史記作春秋，以當王法，以辭微而指博，後世學者多録焉。[四]

[一]索隱案：謂學者課功著之於令，即今學令是也。

[二]正義鄭玄云：「魯哀公十一年。是時道衰樂廢，孔子還，修正之，故雅頌各得其所也。」

[三]索隱案：後之記者失辭也。案家語等說，云孔子歷聘諸國，莫能用，謂周、鄭、齊、宋、曹、衛、

陳、楚、杞、莒、匡等。縱歷小國，亦無七十餘君也〔四〕。

【四】集解徐廣曰：「録，一作『繆』。」

自孔子卒後，七十子之徒散游諸侯，大者爲師傅卿相，〔一〕小者友教士大夫，或隱而不見。故子路居衛，〔二〕子張居陳，〔三〕澹臺子羽居楚，〔四〕子夏居西河，〔五〕子貢終於齊。〔六〕如田子方、段干木、吴起、禽滑釐之屬，皆受業於子夏之倫，爲王者師。是時獨魏文侯好學。後陵遲以至于始皇，天下並爭於戰國，儒術既絀焉，然齊魯之閒，學者獨不廢也。於威、宣之際，孟子、荀卿之列，咸遵夫子之業而潤色之，以學顯於當世。

【一】索隱案：子夏爲魏文侯師。子貢爲齊、魯聘吴、越，蓋亦卿也。而宰予亦仕齊爲卿。餘未聞也。

【二】集解案：仲尼弟子列傳子路死於衛，時孔子尚存也。

【三】正義今陳州。

【四】正義今蘇州城南五里有澹臺湖，湖北有澹臺。

【五】正義今汾州。

【六】正義今青州。

及至秦之季世，焚詩書，阬術士，〔一〕六蓺從此缺焉。陳涉之王也，而魯諸儒持孔氏之禮器往歸陳王。於是孔甲爲陳涉博士，【一】卒與涉俱死。陳涉起匹夫，驅瓦合適戍，【二】旬月以王楚，不滿半歲竟滅亡，其事至微淺，然而縉紳先生之徒負孔子禮器往委質爲臣者，何也？以秦焚其業，積怨而發憤于陳王也。

【一】正義顔云：「今新豐縣温湯之處號愍儒鄉。温湯西南三里有馬谷，谷之西岸有阬，古相傳以爲秦阬儒處也。衞宏詔定古文尚書序云『秦既焚書，恐天下不從所改更法，而諸生到者拜爲郎，前後七百人，乃密種瓜於驪山陵谷中温處（三），瓜實成，詔博士諸生説之，人言不同，乃令就視。爲伏機，諸生賢儒皆至焉，方相難不決，因發機，從上填之以土，皆壓，終乃無聲』也。」

【二】集解徐廣曰：「孔子八世孫，名鮒字甲也。」

【三】索隱上音丁革反。

及高皇帝誅項籍，舉兵圍魯，魯中諸儒尚講誦習禮樂，弦歌之音不絶，豈非聖人之遺化，好禮樂之國哉？故孔子在陳，曰「歸與歸與！吾黨之小子狂簡，斐然成章，不知所以裁之」。夫齊魯之閒於文學，自古以來，其天性也。故漢興，然後諸儒始得脩其經藝，講習大射鄉飲之禮。叔孫通作漢禮儀，因爲太常，諸生弟子共定者，咸爲選首，於是喟然歎興於學。然尚有干戈，平定四海，【一】亦未暇遑庠序之事也。孝惠、吕后時，公卿皆武力有功之臣。孝文時頗徵用，【二】然孝文帝本好刑名之言。及至孝景，不任儒者，而竇太后又好黄老之術，故諸博士具官待問，未有進者。

【一】正義 顔云：「陳豨、盧綰、韓信、黥布之徒相次反叛，征討也。」

【二】正義 言孝文稍用文學之士居位。

及今上即位，趙綰、王臧之屬明儒學，而上亦鄉之，於是招方正賢良文學之士。自是之後，言詩於魯則申培公，【一】於齊則轅固生，【二】於燕則韓太傅。【三】言尚書自濟南伏生。【四】言禮自魯高堂生。【五】言易自菑川田生。言春秋於齊魯自胡毋生，【六】於趙自董仲舒。及竇太后崩，武安侯田蚡爲丞相，絀黄老、刑名百家之言，延文學儒者數百人，而公孫弘以春秋白衣爲天子三公，【七】封以平津侯。天下之學士靡然鄉風矣。

【一】集解 徐廣曰：「一作『陪』。」韋昭曰：「培，申公名，音扶尤反。」索隱 徐廣云「培，一作『陪』，音裴」。韋昭曰「培，申公之名，音浮」。鄒氏音普來反也。

【二】正義 申、轅，姓；培、固，名；公、生，其處號也。

【三】索隱 韓嬰也。爲常山王太傅也。

【四】索隱 按：張華云名勝，漢紀云字子賤。

【五】索隱 謝承云「秦氏季代有魯人高堂伯」，則「伯」是其字。云「生」者，自漢已來儒者皆號「生」，亦「先生」省字呼之耳。

【六】索隱毋音無。胡毋，姓。字子都。

【七】集解徐廣曰：「一云『自齊爲天子三公』。」

公孫弘爲學官，悼道之鬱滯，乃請曰：「丞相御史言：【一】制曰『蓋聞導民以禮，風之以樂。婚姻者，居室之大倫也。今禮廢樂崩，朕甚愍焉。故詳延天下方正博聞之士，咸登諸朝。其令禮官勸學，講議洽聞，興禮，以爲天下先。太常議，與博士弟子，崇鄉里之化，以廣賢材焉』。謹與太常臧、【二】博士平等議曰：聞三代之道，鄉里有教，夏曰校，【三】殷曰序，【四】周曰庠〔四〕。【五】其勸善也，顯之朝廷；其懲惡也，加之刑罰。故教化之行也，建首善自京師始，由內及外。今陛下昭至德，開大明，配天地，本人倫，勸學脩禮，崇化厲賢，以風四方，太平之原也。古者政教未洽，不備其禮，請因舊官而興焉。爲博士官置弟子五十人，復其身。太常擇民年十八已上儀狀端正者，補博士弟子。郡國縣道邑有好文學，敬長上，肅政教，順鄉里，出入不悖所聞者，令相長丞上屬所二千石，【六】二千石謹察可者，當與計偕，詣太常，【七】得受業如弟子。一歲皆輒試，能通一蓺以上，補文學掌故缺；其高弟可以爲郎中者，太常籍奏。即有秀才異等，輒以名聞。其不事學若下材及不能通一蓺，輒罷之，而請諸不稱者罰。臣謹案詔書律令下者，明天人分際，通古今之義，文章爾雅，訓辭深厚，〔八〕恩施甚美。小吏淺聞，不能究宣，無以明布諭下。治禮次治掌故，〔九〕以文學禮義爲官，遷留滯。請選擇其秩比二百石以上，及吏百石通一蓺以上，補左右内史、〔一〇〕大行卒史；比百石已下，補郡太守卒史：皆各二人，邊郡一人。先用誦多者，若不足，乃擇掌故補中二千石屬，〔一一〕文學掌故補郡屬，〔一二〕備員。請著功令。佗如律令。」制曰：「可。」自此以來，則公卿大夫士吏斌斌多文學之士矣。

〔一〕正義自此以下，皆弘奏請之辭。

〔二〕集解漢書百官表孔臧也。

〔三〕正義校，教也。可教道蓺也。

〔四〕正義序，舒也。言舒禮教。

〔五〕正義庠，詳也。言詳審經典。

〔六〕索隱上時兩反。屬音燭。屬，委也。所二千石，謂於所部之郡守相。

〔七〕索隱計，計吏也。偕，俱也。謂令與計吏俱詣太常也。

〔八〕索隱謂詔書文章雅正，訓辭深厚也。

〔九〕集解徐廣曰：「一云『次治禮學掌故』。」

〔一〇〕正義案：左右内史後改爲左馮翊、右扶風。

【一】索隱蘇林曰：「屬亦曹吏，今縣官文書解云『屬某甲』。」

【二】索隱如淳云：「漢儀弟子射策，甲科百人補郎中，乙科二百人補太子舍人，皆秩比二百石；次郡國文學，秩百石也。」

申公者，魯人也。高祖過魯，申公以弟子從師入見【一】高祖于魯南宮。【二】呂太后時，申公游學長安，與劉郢同師。【三】已而郢爲楚王，令申公傅其太子戊。【四】戊不好學，疾申公。及王郢卒，戊立爲楚王，胥靡申公。【五】申公恥之，歸魯，退居家教，終身不出門，復謝絕賓客，獨王命召之乃往。【六】弟子自遠方至受業者百餘人。申公獨以詩經爲訓以教，無傳〔五〕，疑者則闕不傳。【七】

【一】索隱按：漢書云「申公少與楚元王俱事齊人浮丘伯，受詩」。

【二】正義括地志云：「泮宮在兗州曲阜縣西南二百里魯城內宮之內〔六〕」。鄭云「泮之言半也」，其制半於天子之璧雍。

【三】索隱案：漢書云：呂太后時，浮丘伯在長安，申公與元王子郢客俱卒學也〔七〕。

【四】集解徐廣曰：「楚元王劉交以文帝元年薨，子夷王郢立，四歲薨，子戊立。郢以呂后二年封上邽侯，文帝元年立爲楚王。」

【五】集解徐廣曰：「腐刑。」

【六】集解徐廣曰：「魯恭王也。」

【七】索隱謂申公不作詩傳，但教授，有疑則闕耳。

蘭陵王臧既受詩，以事孝景帝爲太子少傅，免去。今上初即位，臧迺上書宿衞上，累遷，一歲中爲郎中令。及代趙綰亦嘗受詩申公，綰爲御史大夫。綰、臧請天子，欲立明堂以朝諸侯，不能就其事，乃言師申公。於是天子使使束帛加璧安車駟馬迎申公，弟子二人乘軺傳從。【一】至，見天子。天子問治亂之事，申公時已八十餘，老，對曰：「爲治者不在多言，顧力行何如耳。」是時天子方好文詞，見申公對，默然。然已招致，則以爲太中大夫，舍魯邸，議明堂事。太皇竇太后好老子言，不説儒術，得趙綰、王臧之過以讓上，上因廢明堂事，盡下趙綰、王臧吏，後皆自殺。申公亦疾免以歸，數年卒。

【一】集解徐廣曰：「馬車。」

弟子爲博士者十餘人：孔安國至臨淮太守，【一】周霸至膠西内史，夏寬至城陽内史，碭魯賜至東海太守，蘭陵繆生【二】至長沙内史，徐偃爲膠西中尉，鄒人闕門慶忌【三】爲膠東内史。其治官民皆有廉節，稱其好學。學官弟子行雖不備，而至於大夫、郎中、掌故以百數。言詩雖殊，多本於申公。

【一】集解徐廣曰：「孔鮒之弟子襄爲惠帝博士，遷爲長沙太傅，生忠，忠生武及安國。安國爲博士，臨淮太守。」

【二】索隱繆音亡救反。繆氏出蘭陵。一音穆。所謂穆生，爲楚元王所禮也。

【三】集解漢書音義曰：「姓闕門，名慶忌。」

清河王太傅轅固生者，齊人也。以治詩，孝景時爲博士。與黃生爭論景帝前。黃生曰：「湯武非受命，乃弒也。」轅固生曰：「不然。夫桀紂虐亂，天下之心皆歸湯武，湯武與天下之心而誅桀紂，桀紂之民不爲之使而歸湯武，湯武不得已而立，非受命爲何？」黃生曰：「冠雖敝，必加於首；履雖新，必關於足。何者，上下之分也。今桀紂雖失道，然君上也；湯武雖聖，臣下也。夫主有失行，臣下不能正言匡過以尊天子，反因過而誅之，代立踐南面，非弒而何也？」轅固生曰：「必若所云，是高帝代秦即天子之位，非邪？」於是景帝曰：「食肉不食馬肝，【一】不爲不知味；言學者無言湯武受命，不爲愚。」遂罷。是後學者莫敢明受命放殺者。

【一】正義論衡云：「氣熱而毒盛，故食馬肝殺人。又盛夏馬行多渴死，殺氣爲毒也。」

竇太后好老子書，召轅固生問老子書。固曰：「此是家人言耳。」【一】太后怒曰：「安得司空城旦書乎？」【二】乃使固入圈刺豕。景帝知太后怒而固直言無罪，乃假固利兵，下圈刺豕，正中其心，一刺，豕應手而倒。太后默然，無以復罪，罷之。居頃之，景帝以固爲廉直，拜爲清河王太傅。【三】久之，病免。

【一】索隱此家人言耳。服虔云：「如家人言也。」案：老子道德篇近而觀之〔八〕，理國理身而已，故言此家人之言也。

【二】集解徐廣曰：「司空，主刑徒之官也。」駰案：漢書音義曰「道家以儒法爲急，比之於律令」。

【三】集解徐廣曰：「哀王乘也。」

今上初即位，復以賢良徵固。諸諛儒多疾毀固〔九〕，曰固老，罷歸之。時固已九十餘矣。固之徵也，薛人公孫弘亦徵，【一】側目而視固。固曰：「公孫子，務正學以言，無曲學以阿世！」自是之後，齊言詩皆本轅固生也。諸齊人以詩顯貴，皆固之弟子也。

【一】集解徐廣曰：「薛縣在菑川。」

韓生者，【一】燕人也。孝文帝時爲博士，景帝時爲常山王太傅。【二】韓生推詩之意而爲内外傳數萬言，其語頗與齊魯閒殊，然其歸一也。淮南賁生〔三〕受之。自是之後，而燕趙閒言詩者由韓生。韓生孫商爲今上博士。

〔一〕集解漢書曰：「名嬰。」

〔二〕集解徐廣曰：「憲王舜也。」

〔三〕索隱賁音肥。

伏生者，〔一〕濟南人也。故爲秦博士。孝文帝時，欲求能治尚書者，天下無有，乃聞伏生能治，欲召之。是時伏生年九十餘，老，不能行，於是乃詔太常使掌故朝錯往受之。秦時焚書，伏生壁藏之。其後兵大起，流亡，漢定，伏生求其書，亡數十篇，獨得二十九篇，即以教于齊魯之閒。學者由是頗能言尚書，諸山東大師無不涉尚書以教矣。

〔一〕集解張晏曰：「伏生名勝，伏氏碑云。」

伏生教濟南張生及歐陽生，〔一〕歐陽生教千乘兒寬。兒寬既通尚書，以文學應郡舉，詣博士受業，受業孔安國。兒寬貧無資用，常爲弟子都養，〔二〕及時時閒行傭賃，以給衣食。行常帶經，止息則誦習之。以試第次，補廷尉史。是時張湯方鄉學，以爲奏讞掾，以古法議決疑大獄，而愛幸寬。寬爲人溫良，有廉智，自持，而善著書、書奏，敏於文，口不能發明也。湯以爲長者，數稱譽之。及湯爲御史大夫，以兒寬爲掾，薦之天子。天子見問，說之。張湯死後六年，兒寬位至御史大夫。【三】九年而以官卒。寬在三公位，以和良承意從容得久，然無有所匡諫；於官，官屬易之，不爲盡力。張生亦爲博士。而伏生孫以治尚書徵，不能明也。

【一】集解漢書曰：「字和伯，千乘人。」

【二】索隱謂倪寬家貧，爲弟子造食也。何休注公羊「灼烹爲養〔一〇〕」。案：有廝養卒，廝掌馬，養造食。

【三】集解徐廣曰：「元封元年。」

自此之後，魯周霸、孔安國，雒陽賈嘉，頗能言尚書事。孔氏有古文尚書，而安國以今文讀之，因以起其家。逸書【一】得十餘篇，蓋尚書滋多於是矣。

【一】索隱案：孔臧與安國書云「舊書潛于壁室，欻爾復出，古訓復申。唯聞尚書二十八篇取象二十八宿，何圖乃有百篇。即知以今讐古，隸篆推科斗，以定五十餘篇，並爲之傳也」。藝文志曰二十九篇〔一一〕，得多十六篇。起者，謂起發以出也。

諸學者多言禮，而魯高堂生最本。禮固自孔子時而其經不具，及至秦焚書，書散亡益多，於今獨有士禮，高堂生能言之。

而魯徐生善爲容。【一】孝文帝時，徐生以容爲禮官大夫。傳子至孫徐延、徐襄。襄，其天姿善爲容，不能通禮經；延頗能，未善也。襄以容爲漢禮官大夫，至廣陵内史。延及徐氏弟子公户滿意、【二】桓生、單次，【三】皆嘗爲漢禮官大夫。而瑕丘蕭奮【四】以禮爲淮陽太守。是後能言禮爲容者，由徐氏焉。

【一】索隱漢書作「頌」，亦音容也。

【二】索隱公户，姓；滿意，名也。案：鄧展云二人姓字，非也。

【三】索隱上音善。單，姓；次，名也。

【四】集解徐廣曰：「屬山陽也。」

自魯商瞿受易孔子，【一】孔子卒，商瞿傳易，六世至齊人田何，字子莊，【二】而漢興。田何傳東武人王同子仲，子仲傳菑川人楊何。【三】何以易，元光元年徵，官至中大夫。齊人即墨成以易至城陽相。廣川人孟但以易爲太子門大夫。魯人周霸，莒人衡胡，【四】臨菑人主父偃，皆以易至二千石。然要言易者本於楊何之家。

【一】索隱案：商，姓；瞿，名；字子木。瞿音劬。

【二】索隱案：漢書云「商瞿授東魯橋庇子庸，子庸授江東馯臂子弓，子弓授燕周醜子家，子家授東武孫虞子乘，子乘授何，六代也〔一二〕」。仲尼弟子傳作瞿傳馯臂子弘，弘傳江東人矯子庸疵，疵傳燕人周子家豎，豎傳淳于人光子乘羽，羽傳齊人田子莊何。與漢書不同〔一三〕。馯音寒。庇音必利反。疵音自移反〔一四〕。

【三】索隱案：田何傳東武王同，同傳菑川楊何。

【四】集解徐廣曰：「莒，一作『呂』。」

董仲舒，廣川人也。以治春秋，孝景時爲博士。下帷講誦，弟子傳以久次相受業，或莫見其面，蓋三年董仲舒不觀於舍園，其精如此。進退容止，非禮不行，學士皆師尊之。今上即位，爲江都相。【一】以春秋災異之變推陰陽所以錯行，故求雨閉諸陽，縱諸陰，其止雨反是。行之一國，未嘗不得所欲。中廢爲中大夫，居舍，著災異之記。是時遼東高廟災，主父偃疾之，取其書奏之天子。〔三〕天子召諸生示其書，有刺譏。董仲舒弟子呂步舒〔三〕不知其師書，以爲下愚。於是下董仲舒吏，當死，詔赦之。於是董仲舒竟不敢復言災異。

〔一〕索隱案：仲舒事易王。王，武帝兄也。

〔二〕集解徐廣曰：「建元六年。」索隱案：漢書以爲遼東高廟及長陵園殿災也。仲舒爲災異記，草而未奏，主父偃竊而奏之。

〔三〕集解徐廣曰：「一作『荼』，亦音舒。」

董仲舒爲人廉直。是時方外攘四夷，公孫弘治春秋不如董仲舒，而弘希世用事，位至公卿。董仲舒以弘爲從諛。弘疾之，乃言上曰：「獨董仲舒可使相膠西王。」膠西王素聞董仲舒有行，亦善待之。董仲舒恐久獲罪，疾免居家。至卒，終不治產業，以脩學著書爲事。故漢興至于五世之閒，唯董仲舒名爲明於春秋，其傳公羊氏也。

胡毋生，〔一〕齊人也。孝景時爲博士，以老歸教授。齊之言春秋者多受胡毋生，公孫弘亦頗受焉。

〔一〕集解漢書曰：「字子都。」

瑕丘江生爲穀梁春秋。自公孫弘得用，嘗集比其義，卒用董仲舒。

仲舒弟子遂者：蘭陵褚大，廣川殷忠，〔一〕温呂步舒。褚大至梁相。步舒至長史，持節使決淮南獄，於諸侯擅專斷，不報，以春秋之義正之，天子皆以爲是。弟子通者，至於命大夫；爲郎、謁者、掌故者以百數。而董仲舒子及孫皆以學至大官。

【二】集解徐廣曰：「殷，一作『段』，又作『瑕』也。」

【索隱述贊】孔氏之衰，經書緒亂。言諸六學，始自炎漢。著令立官，四方扼腕。曲臺壞壁，書禮之冠。傳易言詩，雲蒸霧散。興化致理，鴻猷克贊。

校勘記

〔一〕姚承　張文虎札記卷五：「警云前卷多作『丞』。」按：作「姚丞」是。「姚丞」者，本名察，嘗任隋秘書丞，故稱「姚丞」，猶師古之稱「顏監」。小司馬屢引姚察之説。

〔二〕七十餘君　「君」，原作「國」，據耿本、黄本、彭本、柯本、凌本、殿本改。按：索隱本標字作「仲尼干七十餘君」，與正文合，知「國」字爲後人傳寫之誤。

〔三〕乃密種瓜　漢書卷八八儒林傳「殺術士」顏師古注「密」下有「令冬」二字，疑此脱。

〔四〕殷曰序周曰庠　紹興本作「殷曰庠周曰序」，與漢書卷八八儒林傳合。

〔五〕無傳　「傳」下原有「疑」字。張文虎札記卷五：「毛本無『疑』字，與漢書合。」按：漢書卷八八儒林傳作「亡傳」，顏師古注：「口說其指，不爲解說之傳。」今據删。

〔六〕泮宮在兗州曲阜縣西南二百里魯城內宮之內　「百」字疑衍，下「內」字疑爲「南」之譌。按：日本東京大學史料編纂所藏括地志殘卷原文作「泮宮在縣治西南二里魯城內宮之南也」。本書卷四七孔子世家「乃殯五父之衢」正義引括地志：「五父衢在兗州曲阜縣西南二里，魯城內衢道也。」

〔七〕申公與元王子郢客俱卒學　「子」字原無，據耿本、黄本、彭本、柯本、凌本、殿本補。又，耿本、黄本、彭本、柯本、凌本、殿本無「客」字，「學」下有「郢即郢客」四字。按：漢書卷八八儒林傳：「呂太后時，浮丘伯在長安，楚元王遣子郢與申公俱卒學。」顏師古注：「郢即郢客也。」

〔八〕近而觀之　耿本、黄本、彭本、柯本、凌本、殿本此上有「雖微妙難通然」六字。

〔九〕諸諛儒　漢書卷八八儒林傳無「諛」字。

〔一〇〕灼烹爲養　「灼烹」，疑當作「炊烹」。按：公羊傳宣公十二年「廝役扈養」何休注：「炊亨者曰養。」本書卷八九張耳陳餘列傳「有廝養卒」集解：「公羊傳曰：『廝役扈養。』韋昭曰：『析薪爲廝，炊烹爲養。』」

〔一一〕二十九篇　耿本、黄本、彭本、柯本、凌本、殿本此上有「安國悉得其書以考」八字，疑此有脱誤。按：漢書卷三〇藝文志：「孔安國者，孔子後也，悉得其書，以考二十九篇，得多十六篇。」

〔二〕子乘授何六代也　此七字原無，據耿本、黃本、彭本、柯本、凌本補。又，殿本「代」作「傳」。

〔三〕瞿傳馯臂子弘弘傳江東人矯子庸疵疵傳燕人周子家豎豎傳淳于人光子乘羽羽傳齊人田子莊何與漢書不同　原作「淳于人光羽子乘不同也子乘授田何子裝是六代孫也」，據黃本、彭本、柯本、凌本、殿本改。按：漢書卷八八儒林傳：「自魯商瞿子木受易孔子，以授魯橋庇子庸。子庸授江東馯臂子弓。子弓授燕周醜子家。子家授東武孫虞子乘。子乘授齊田何子裝。」本書卷六七仲尼弟子列傳：「瞿傳楚人馯臂子弘，弘傳江東人矯子庸疵，疵傳燕人周子家豎，豎傳淳于人光子乘羽，羽傳齊人田子莊何。」仲尼弟子列傳言「瞿傳楚人馯臂子弘，弘傳江東人矯子庸疵」，「馯臂子弘」、「矯子庸疵」二人先後與漢書儒林傳相反，諸人籍貫、姓名或有不同，故云「與漢書不同」也。

〔四〕馯音寒庇音必利反疵音自移反　此十三字原無，據耿本、黃本、彭本、柯本、凌本、殿本補。按：漢書卷八八儒林傳云「橋庇子庸」，本書卷六七仲尼弟子列傳作「矯子庸疵」，「庇」、「疵」二字形、音各異，故索隱有此注，後人因索隱引弟子傳文殘缺，故並删此注。

史記卷一百二十二

酷吏列傳第六十二

孔子曰：「導之以政，齊之以刑，民免而無恥。〔一〕導之以德，齊之以禮，有恥且格。」〔二〕老氏稱：「上德不德，是以有德；下德不失德，是以無德。法令滋章，盜賊多有。」太史公曰：信哉是言也！法令者治之具，而非制治清濁之源也。昔天下之網嘗密矣，〔三〕然姦僞萌起，其極也，上下相遁，至於不振。當是之時，吏治若救火揚沸，〔四〕非武健嚴酷，惡能勝其任而愉快乎！言道德者，溺其職矣。故曰「聽訟，吾猶人也，必也使無訟乎」。「下士聞道大笑之」。非虛言也。漢興，破觚而爲圜，〔五〕斲雕而爲朴，〔六〕網漏於吞舟之魚，而吏治烝烝，不至於姦，黎民艾安。由是觀之，在彼不在此。〔七〕

〔一〕集解孔安國曰：「免，苟免也。」

〔二〕集解何晏曰：「格，正也。」

【三】索隱昔天下之罔嘗密矣。案：鹽鐵論云「秦法密於凝脂」。

【四】索隱言本弊不除，則其末難止。

【五】集解漢書音義曰：「觚，方。」　索隱應劭云：「觚，八棱有隅者。高祖反秦之政，破觚爲圜，謂除其嚴法，約三章耳。」

【六】索隱應劭云：「削琱爲璞也。」晉灼云：「凋，弊也。斲理凋弊之俗，使反質樸。」

【七】集解韋昭曰：「在道德，不在嚴酷。」

高后時，酷吏獨有侯封，刻轢宗室，侵辱功臣。呂氏已敗，遂禽侯封之家【一】。孝景時，鼂錯以刻深頗用術輔其資，而七國之亂，發怒於錯，錯卒以被戮。其後有郅都、寧成之屬。

郅都者，【一】楊人也。【二】以郎事孝文帝。孝景時，都爲中郎將，敢直諫，面折大臣於朝。嘗從入上林，賈姬【三】如廁，野彘卒入廁。上目都，都不行。上欲自持兵救賈姬，都伏上前曰：「亡一姬復一姬進，天下所少寧賈姬等乎？陛下縱自輕，柰宗廟太后何！」上還，彘亦去。太后聞之，賜都金百斤，由此重郅都。

【一】索隱 郅音質。

【二】集解 徐廣曰：「屬河東。」 索隱 漢書云「河東大陽人」。 正義 括地志云：「故楊城本秦時楊國，漢楊縣城也，今晉州洪洞縣也。至隋爲楊，唐初改爲洪洞，以故洪洞鎮爲名也。秦及漢皆屬河東郡。郅都墓在洪洞縣東南二十里。」漢書云「郅都，河東大陽人」，班固失之甚也。大陽，今陝州河北縣是，亦屬河東郡也。

【三】索隱 案：姬生趙王彭祖也。

濟南瞯氏【一】宗人三百餘家，豪猾，二千石莫能制，於是景帝乃拜都爲濟南太守。至則族滅瞯氏首惡，餘皆股栗。【二】居歲餘，郡中不拾遺。旁十餘郡守畏都如大府。

【一】集解 漢書音義曰：「瞯音閒，小兒癇病也。」 索隱 荀悦音閑，鄒氏、劉氏音並同也。

【二】集解 徐廣曰：「髀脚戰摇也。」

都爲人勇，有氣力，公廉，不發私書，問遺無所受，請寄無所聽。常自稱曰：「已倍親而仕，身固當奉職死節官下，終不顧妻子矣。」

郅都遷爲中尉。丞相條侯至貴倨也，而都揖丞相。是時民朴，畏罪自重，而都獨先嚴酷，致行法不避貴戚，列侯宗室見都側目而視，號曰「蒼鷹」。

臨江王徵詣中尉府對簿，臨江王欲得刀筆爲書謝上，而都禁吏不予。魏其侯使人以閒與臨江王。臨江王既爲書謝上，因自殺。竇太后聞之，怒，以危法中都，【一】都免歸家。孝景帝乃使使持節拜都爲鴈門太守，而便道之官，得以便宜從事。匈奴素聞郅都節，居邊，爲引兵去，竟郅都死不近鴈門。匈奴至爲偶人象郅都，【二】令騎馳射，莫能中，見憚如此。匈奴患之。竇太后乃竟中都以漢法。景帝曰：「都忠臣。」欲釋之。竇太后曰：「臨江王獨非忠臣邪？」於是遂斬郅都。

【一】索隱案：中，如字。謂以法中傷之。

【二】索隱漢書作「寓人象」。案：寓即偶也，謂刻木偶類人形也。一云寄人形於木也。

寧成者，【一】穰人也。【二】以郎謁者事景帝。好氣，爲人小吏，必陵其長吏；爲人上，操下【三】如束溼薪。【四】滑賊任威。稍遷至濟南都尉，【五】而郅都爲守。始前數都尉【六】皆步入府，因吏謁守如縣令，其畏郅都如此。及成往，直陵都出其上。都素聞其聲，於是善遇，與結驩。久之，郅都死，後長安左右宗室多暴犯法，於是上召寧成爲中尉。【七】其治效郅都，其廉弗如，然宗室豪桀皆人人惴恐。

【一】集解徐廣曰：「寧，一作『甯』。」

【二】集解徐廣曰：「屬南陽。」

【三】索隱操音七刀反。操，執也。

【四】集解徐廣曰：「一無此字。」駰案：韋昭曰「言急也」。

【五】正義百官表云：「郡尉【二】，秦官，掌佐守典武職甲卒，秩比二千石，有丞，秩皆六百石。景帝中二年更名都尉。」若周之司馬。

【六】索隱數音所注反。

【七】正義百官表云：「中尉，秦官，掌徼循京師。武帝太初元年更名執金吾。」顏云：「金吾，鳥名也，主辟不祥。天子出行，職主先道，以禦非常，故執此鳥之象，因以名官。」

武帝即位，徙爲內史。外戚多毁成之短，抵罪髡鉗。是時九卿罪死即死，少被刑，而成極刑，自以爲不復收，於是解脱，【一】詐刻傳出關歸家。稱曰：「仕不至二千石，賈不至千萬，安可比人乎！」乃貰貸【二】買陂田千餘頃，假貧民，役使數千家。數年，會赦。致產數千金，爲任俠，持吏長短，出從數十騎。其使民威重於郡守。

【一】索隱上音紀買反，下音他活反。謂脱鉗鈦。

【二】索隱上音食夜反。貰，賖也，又音勢。下音天得反。

周陽由者，其父趙兼以淮南王舅父侯周陽，故因姓周陽氏。【一】由以宗家任爲郎，【二】

事孝文及景帝。景帝時，由爲郡守。武帝即位，吏治尚循謹甚，然由居二千石中，最爲暴酷驕恣。所愛者，撓法活之；所憎者，曲法誅滅之。所居郡，必夷其豪。爲守，視都尉如令；爲都尉，必陵太守，奪之治。與汲黯俱爲忮，【三】司馬安之文惡，【四】俱在二千石列，同車未嘗敢均茵伏。【五】

【一】集解徐廣曰：「侯五年，孝文六年國除。」正義周陽故城在絳州聞喜縣東二十九里〔三〕。

【二】索隱案：與國家有外戚姻屬，比於宗室，故曰「宗家」也。

【三】集解漢書音義曰：「堅忮也。」

【四】集解漢書音義曰：「以文法傷害人。」

【五】集解徐廣曰：「漢書作『馮』。伏者，軾。」索隱案：均，等也。茵，車蓐也。伏，車軾也。言二人與由同載一車，尚不敢與之均茵軾也，謂下之也。漢書「伏」作「憑」也。

由後爲河東都尉，時與其守勝屠公【一】爭權，相告言罪〔四〕。勝屠公當抵罪，義不受刑，自殺，而由弃市。

【一】索隱風俗通云：「勝屠即申屠。」

自寧成、周陽由之後，事益多，民巧法，大抵吏之治類多成、由等矣。

趙禹者，斄人。【一】以佐史補中都官，【二】用廉爲令史，事太尉亞夫。亞夫爲丞相，禹爲丞相史，府中皆稱其廉平。然亞夫弗任，曰：「極知禹無害，【三】然文深，【四】不可以居大府。」今上時，禹以刀筆吏積勞，稍遷爲御史。上以爲能，至太中大夫。與張湯論定諸律令，【五】作見知，吏傳得相監司。用法益刻，蓋自此始。

【一】集解徐廣曰：「屬扶風，音台。」索隱音胎。斄縣屬扶風。正義音胎。故斄城在雍武功縣西南二十二里〔五〕。古邰國，后稷所封，漢斄縣也。

【二】索隱案：謂京師諸官府吏。正義若京都府史。

【三】索隱蘇林云：「言若無比也，蓋云其公平也。」

【四】集解漢書音義曰：「禹持文法深刻。」

【五】集解徐廣曰：「論，一作『編』。」

張湯者，杜人也。【一】其父爲長安丞，出，湯爲兒守舍。還而鼠盜肉，其父怒，笞湯。湯掘窟得盜鼠及餘肉，劾鼠掠治，傳爰書，訊鞫論報，【二】并取鼠與肉，具獄，磔堂下。【三】其父見之，視其文辭如老獄吏，大驚，遂使書獄。【四】父死後，湯爲長安吏，久之。

【一】集解徐廣曰：「爾時未爲陵。」

【二】集解蘇林曰：「謂傳囚也。爰，易也。以此書易其辭處。鞫，窮也。」張晏曰：「傳，考證驗也。爰書，自證不如此言，反受其罪，訊考三日復問之，知與前辭同不也。鞫，一吏爲讀狀，論其報行也。」索隱韋昭云：「爰，換也。古者重刑，嫌有愛惡，故移換獄書，使他官考實之，故曰『傳爰書』也。」

【三】集解鄧展曰：「罪備具。」

【四】集解如淳曰：「決獄之書，謂律令也。」

周陽侯始爲諸卿時，【一】嘗繫長安，湯傾身爲之。【二】及出爲侯，大與湯交，徧見湯貴人。湯給事内史，爲寧成掾，以湯爲無害，言大府，調爲茂陵尉，治方中。【三】

【一】集解徐廣曰：「田勝也。武帝母王太后之同母弟也。武帝始立而封爲周陽侯。」

【二】集解韋昭曰：「爲之先後。」

【三】集解漢書音義曰：「方中，陵上土作方也。湯主治之。」蘇林曰：「天子即位，豫作陵，諱之，故言『方中』。」如淳曰：「大府，幕府也。茂陵尉，主作陵之尉也。」韋昭曰：「太府，公府。」

武安侯爲丞相，徵湯爲史，時薦言之天子，補御史，使案事。治陳皇后蠱獄，深竟黨與。於是上以爲能，稍遷至太中大夫。與趙禹共定諸律令，務在深文，拘守職之吏。【二】已而趙禹遷爲中尉，徙爲少府，而張湯爲廷尉，兩人交驩，而兄事禹。禹爲人廉倨。爲吏以來，舍毋食客。公卿相造請禹，禹終不報謝，務在絕知友賓客之請，孤立行一意而已。見文法輒取，亦不覆案，求官屬陰罪。湯爲人多詐，舞智以御人。【二】始爲小吏，乾没，【三】與長安富賈田甲、魚翁叔之屬交私。【四】及列九卿，收接天下名士大夫，己心内雖不合，然陽浮慕之。

【一】集解蘇林曰：「拘刻於守職之吏。」

【二】集解韋昭曰：「制御人。」

【三】集解徐廣曰：「隨勢沈浮也。」駰案：服虔曰「射成敗也」。如淳曰「得利爲乾，失利爲没」。索隱如淳曰：「得利爲乾，失利爲没。」正義此二説非也。按：乾没謂無潤及之而取他人也。又云陽浮慕爲乾，心内不合爲没也。

【四】集解徐廣曰：「姓魚也。」

是時上方鄉文學，湯決大獄，欲傅古義，【一】乃請博士弟子治尚書、春秋補廷尉史，亭疑法。【二】奏讞疑事，必豫先爲上分別其原，上所是，受而著讞決法廷尉絜令，【三】揚主之明。奏事即譴，湯應謝，【四】鄉上意所便，必引正、監、掾史賢者，【五】曰：「固爲臣議，如上責臣，臣弗用，愚抵於此。」【六】罪常釋。聞【七】即奏事〔六〕，上善之，曰：「臣非知爲此奏，乃正、監、掾史某爲之。」其欲薦吏，揚人之善蔽人之過如此。所治即上意所欲罪，予監史深禍者；即上意所欲釋，與監史輕平者。所治即豪，必舞文巧詆；即下户羸弱，時口言，雖文致法，上財察。〔八〕於是往往釋湯所言。〔九〕湯至於大吏，内行脩也。通賓客飲食，於故人子弟爲吏及貧昆弟，調護之尤厚。其造請諸公，不避寒暑。是以湯雖文深意忌不專平，然得此聲譽。而刻深吏多爲爪牙用者，依於文學之士。丞相弘數稱其美。及治淮南、衡山、江都反獄，皆窮根本。嚴助及伍被，上欲釋之。湯爭曰：「伍被本畫反謀，而助親幸出入禁闥爪牙臣，乃交私諸侯，如此弗誅，後不可治。」於是上可論之。其治獄所排大臣自爲功，多此類。於是湯益尊任，遷爲御史大夫。〔一〇〕

〔一〕索隱傅音附。

〔二〕集解李奇曰：「亭，平也〔七〕。」索隱廷史，廷尉之吏也。亭，平也。使之平疑事也。

〔三〕集解韋昭曰：「在板絜。」正義按：謂律令也。古以板書之。言上所是，著之爲正獄，以廷尉法令決平之，揚主之明監也。

〔四〕集解徐廣曰：「應，一作『權』。」

〔五〕正義百官表云：「廷尉，秦官。有正、左右監，皆秩千石也。」按：上即責，湯應對謝之如上意，必引正、監等賢者本爲臣建議如上意，臣不用，愚昧不從至此也。

〔六〕集解蘇林曰：「主坐不用諸掾語，故至於此。」

【七】集解徐廣曰：「詔，答聞也，如今制曰『聞』矣。」駰案：瓚曰「謂常見原」。

【八】集解李奇曰：「先見上，口言之，欲與輕平也。」

【九】集解李奇曰：「湯口所先言皆見原釋。」

【一〇】集解徐廣曰：「元狩二年。」

會渾邪等降，漢大興兵伐匈奴，山東水旱，貧民流徙，皆仰給縣官，縣官空虛。於是丞上指，請造白金及五銖錢，籠天下鹽鐵，排富商大賈，出告緡令，【一】鉏豪彊并兼之家，舞文巧詆以輔法。湯每朝奏事，語國家用，日晏，天子忘食。丞相取充位，【二】天下事皆決於湯。百姓不安其生，騷動，縣官所興，未獲其利，姦吏並侵漁，於是痛繩以罪。則自公卿以下，至於庶人，咸指湯。湯嘗病，天子至自視病，其隆貴如此。

【一】正義緡音岷，錢貫也。武帝伐四夷，國用不足，故稅民田宅船乘畜産奴婢等，皆平作錢數，每千錢一算，出一等，賈人倍之；若隱不稅，有告之，半與告人，餘半入官，謂緡。出此令，用鉏築豪强兼并富商大賈之家也。一算，百二十文也。

【二】集解徐廣曰：「時李蔡、莊青翟爲丞相。」

匈奴來請和親，羣臣議上前。博士狄山曰：「和親便。」上問其便，山曰：「兵者凶器，未易數動。高帝欲伐匈奴，大困平城，乃遂結和親。孝惠、高后時，天下安樂。及孝文帝欲事匈奴，北邊蕭然苦兵矣。孝景時，吳楚七國反，景帝往來兩宮閒，寒心者數月。吳楚已破，竟景帝不言兵，天下富實。今自陛下舉兵擊匈奴，中國以空虛，邊民大困貧。由此觀之，不如和親。」上問湯，湯曰：「此愚儒，無知。」狄山曰：「臣固愚忠，若御史大夫湯乃詐忠。若湯之治淮南、江都，以深文痛詆諸侯，別疏骨肉，使蕃臣不自安。臣固知湯之爲詐忠。」於是上作色曰：「吾使生居一郡，能無使虜入盗乎？」曰：「不能。」曰：「居一縣？」對曰：「不能。」復曰：「居一障閒？」〔一〕山自度辯窮且下吏，曰：「能。」於是上遣山乘鄣。至月餘，匈奴斬山頭而去。自是以後，羣臣震慴。

〔一〕正義障謂塞上要險之處別築城，置吏士守之，以扞寇盗也。

湯之客田甲，雖賈人，有賢操。始湯爲小吏時，與錢通，〔一〕及湯爲大吏，甲所以責湯行義過失，亦有烈士風。

〔一〕集解徐廣曰：「以利交。」

湯爲御史大夫七歲，敗。

河東人李文嘗與湯有郤，已而爲御史中丞，恚，數從中文書事有可以傷湯者，不能爲地。湯有所愛史魯謁居，知湯不平，使人上蜚變告文姦事，事下湯，湯治論殺文，而湯心知謁居爲之。上問曰：「言變事縱跡安起？」湯詳驚曰：「此殆文故人怨之。」謁居病卧閭里主人，湯自往視疾，爲謁居摩足。趙國以冶鑄爲業，王數訟鐵官事，湯常排趙王。趙王求湯陰事。謁居嘗案趙王，趙王怨之，并上書告：「湯，大臣也，史謁居有病，湯至爲摩足，疑與爲大姦。」事下廷尉。謁居病死，事連其弟，弟繫導官。【一】湯亦治他囚導官，見謁居弟，欲陰爲之，而詳不省。謁居弟弗知，怨湯，使人上書，告湯與謁居謀共變告李文。事下減宣。宣嘗與湯有卻，及得此事，窮竟其事，未奏也。會人有盜發孝文園瘞錢，【二】丞相青翟朝，與湯約俱謝，至前，湯念獨丞相以四時行園，當謝，湯無與也，不謝。丞相謝，上使御史案其事。湯欲致其文丞相見知，【三】丞相患之。三長史皆害湯，欲陷之。

【一】集解如淳曰：「太官之別也，主酒。」

【二】集解如淳曰：「瘞埋錢於園陵以送死〔八〕。」

【三】集解張晏曰：「見知故縱，以其罪罪之。」

始，長史朱買臣，會稽人也。【一】讀春秋。莊助使人言買臣，買臣以楚辭與助俱幸，侍中，爲太中大夫，用事；而湯乃爲小吏，跪伏使買臣等前。已而湯爲廷尉，治淮南獄，排擠莊助，買臣固心望。及湯爲御史大夫，買臣以會稽守爲主爵都尉，列於九卿。數年，坐法廢，守長史，見湯，湯坐牀上，丞史遇買臣，弗爲禮。買臣楚士，【二】深怨，常欲死之。王朝，齊人也。以術至右内史。邊通，學長短，【三】剛暴彊人也，官再至濟南相。故皆居湯右，已而失官，守長史，詘體於湯。湯數行丞相事，知此三長史素貴，常凌折之。以故三長史合謀曰：「始湯約與君謝，已而賣君；今欲劾君以宗廟事，此欲代君耳。吾知湯陰事。」使吏捕案湯左田信等，【四】曰湯且欲奏請，信輒先知之，居物致富，與湯分之，及他姦事。事辭頗聞。上問湯曰：「吾所爲，賈人輒先知之，益居其物，是類有以吾謀告之者。」湯不謝。湯又詳驚曰：「固宜有。」減宣亦奏謁居等事。天子果以湯懷詐面欺，使使八輩簿責湯。【五】湯具自道無此，不服。於是上使趙禹責湯。禹至，讓湯曰：「君何不知分也。君所治夷滅者幾何人矣？今人言君皆有狀，天子重致君獄，欲令君自爲計，何多以對簿爲？」湯乃爲書謝曰：「湯無尺寸功，起刀筆吏，陛下幸致爲三公，無以塞責。然謀陷湯罪者，三長史也。」遂自殺。

【一】正義朱買臣，吴人也，此時蘇州爲會稽郡也。

【二】正義周末越王句踐滅吴，楚威王滅越，吴之地總屬楚，故謂朱買臣爲楚士。

【三】集解漢書音義曰：「長短術興於六國時。行長入短，其語隱謬，用相激怒。」

【四】集解漢書音義曰：「左，證左也。」正義言湯與田信爲左道之交，故言「左田信等」。

【五】集解蘇林曰：「簿音『主簿』之『簿』，悉責也。」

湯死，家産直不過五百金，皆所得奉賜，無他業。昆弟諸子欲厚葬湯，湯母曰：「湯爲天子大臣，被汙惡言而死，何厚葬乎！」載以牛車，有棺無椁。天子聞之，曰：「非此母不能生此子。」乃盡案誅三長史。丞相青翟自殺。出田信。上惜湯，稍遷其子安世。

趙禹中廢，已而爲廷尉。始條侯以爲禹賊深，弗任。及禹爲少府，比九卿。禹酷急，至晚節，事益多，吏務爲嚴峻，而禹治加緩，而名爲平。王溫舒等後起，治酷於禹。禹以老，徙爲燕相。數歲，亂悖有罪，免歸。後湯十餘年，以壽卒于家。

義縱者，河東人也。爲少年時，嘗與張次公俱攻剽【一】爲羣盜。縱有姊姁，【二】以醫幸王太后。王太后問：「有子兄弟爲官者乎？」姊曰：「有弟無行，不可。」太后乃告上，拜義姁弟縱爲中郎，【三】補上黨郡中令。【四】治敢行，少蘊藉，【五】縣無逋事，舉爲第一。遷爲長陵及長安令，直法行治，不避貴戚。以捕案太后外孫脩成君子仲，【六】上以爲能，遷爲河内都尉。至則族滅其豪穰氏之屬，河内道不拾遺。而張次公亦爲郎，以勇悍從軍，敢深入，有功，爲岸頭侯。【七】

【一】集解徐廣曰：「剽音扶召反。」索隱説文云：「剽，刺也。一云：剽，劫。」又音敷妙反。

【二】索隱李奇音吁，孟康音詡也。

【三】集解漢書音義曰：「姁，音煦，縱姊名也。」

【四】索隱案：謂補上黨郡中之令，史失其縣名。

【五】集解漢書音義曰：「敢行暴政而少蘊藉也。」索隱蘊音慍。藉音才夜反。張晏云：「爲人無所避，故少所假借也。」

【六】索隱案：王太后之女號脩成君，其子名仲。

【七】集解徐廣曰：「受封五年，與淮南王女淩姦及受財物，國除。」

寧成家居，上欲以爲郡守。御史大夫弘曰：「臣居山東爲小吏時，寧成爲濟南都尉，其治如狼牧羊。成不可使治民。」上乃拜成爲關都尉。歲餘，關東吏隸郡國出入關者，【一】號曰「寧見乳虎，無值寧成之怒」。義縱自河內遷爲南陽太守，聞寧成家居南陽，及縱至關，寧成側行送迎，然縱氣盛，弗爲禮。至郡，遂案寧氏，盡破碎其家。成坐有罪，及孔、暴之屬皆犇亡，【二】南陽吏民重足一迹。而平氏朱彊、杜衍杜周爲縱牙爪之吏，任用，遷爲廷史。軍數出定襄，定襄吏民亂敗，於是徙縱爲定襄太守。縱至，掩定襄獄中重罪輕繫二百餘人，及賓客昆弟私入相視亦二百餘人。縱一捕鞫，曰「爲死罪解脫」。【三】是日皆報殺四百餘人。其後郡中不寒而栗，猾民佐吏爲治。【四】

【一】集解漢書音義曰：「隸，閱也。」

【二】集解徐廣曰：「孔、暴二姓，大族。」

【三】集解漢書音義曰：「一切皆捕之也。律，諸囚徒私解脱桎梏鉗赭，加罪一等；爲人解脱，與同罪。縱鞫相贍餉者二百人爲解脱死罪，盡殺也。」

【四】索隱案：謂豪猾之人干豫吏政，故云「佐吏爲理」也。

是時趙禹、張湯以深刻爲九卿矣，然其治尚寬，輔法而行，而縱以鷹擊毛摯爲治。【一】後會五銖錢白金起，民爲姦，京師尤甚，乃以縱爲右内史，王温舒爲中尉。温舒至惡，其所爲不先言縱，縱必以氣凌之，敗壞其功。其治，所誅殺甚多，然取爲小治，姦益不勝，直指始出矣。吏之治以斬殺縛束爲務，閻奉以惡用矣。縱廉，其治放郅都。上幸鼎湖，病久，已而卒起幸甘泉，【二】道多不治。上怒曰：「縱以我爲不復行此道乎？」嗛之。【三】至冬，楊可方受告緡，【四】縱以爲此亂民，部吏捕其爲可使者。【五】天子聞，使杜式治，以爲廢格沮事，【六】弃縱市。後一歲，張湯亦死。

【一】集解徐廣曰：「鷙鳥將擊，必張羽毛也。」

【二】索隱卒音七忽反。

【三】集解徐廣曰：「嗛音銜。」

【四】集解韋昭曰：「人有告言不出緡者，可方受之。」索隱緡，錢貫也。漢氏有告緡令，楊可主之。謂緡錢出入有不出算錢者，令得告之也。

【五】索隱謂求楊可之使。

【六】集解漢書音義曰：「武帝使楊可主告緡，没入其財物，縱捕爲可使者，此爲廢格詔書，沮已成之事。」索隱應劭云：「沮敗已成之事。格音閣。」

王温舒者，陽陵人也。【一】少時椎埋爲姦。【二】已而試補縣亭長，數廢。爲吏，以治獄至廷史。事張湯，遷爲御史。督盜賊，殺傷甚多，稍遷至廣平都尉。擇郡中豪敢任吏十餘人，以爲爪牙，皆把其陰重罪，而縱使督盜賊，快其意所欲得，此人雖有百罪，弗法，即有避，因其事夷之，亦滅宗。以其故齊趙之郊盜賊不敢近廣平，廣平聲爲道不拾遺。上聞，遷爲河内太守。

【一】集解徐廣曰：「屬馮翊。」

【二】集解徐廣曰：「椎殺人而埋之。或謂發冢。」

素居廣平時，皆知河内豪姦之家，及往，九月而至。令郡具私馬五十匹，爲驛自河内至長安，部吏如居廣平時方略，捕郡中豪猾，郡中豪猾相連坐千餘家。上書請，大者至族，小者乃死，家盡没入償臧。奏行不過二三日，得可事。論報，至流血十餘里。河内皆怪其奏，以爲神速。盡十二月，郡中毋聲，毋敢夜行，野無犬吠之盜。其頗不得失，之旁郡國，黎來，【一】會春，温舒頓足歎曰：「嗟乎，令冬月益展一月，足吾事矣！」其好殺伐行威不愛人如此。天子聞之，以爲能，遷爲中尉。其治復放河内，徙諸名禍猾吏【二】與從事〔九〕，河内則楊皆、麻戊，【三】關中楊贛、成信等。義縱爲内史，憚未敢恣治。及縱死，張湯敗後，徙爲廷尉，而尹齊爲中尉。

【一】索隱 黎音犁。黎，比也。

【二】集解 徐廣曰：「有殘刻之名。」索隱 徒請名禍猾吏。案：漢書作「徒請召猜禍吏」。服虔曰「徒，但也。猜，惡也」。應劭曰「猜，疑也。取吏名爲好猜疑人作禍敗者而使之」。

【三】集解 徐廣曰：「一云『麻成』。」

尹齊者，東郡茌平人。【一】以刀筆稍遷至御史。事張湯，張湯數稱以爲廉武，使督盜賊，所斬伐不避貴戚。遷爲關内都尉，聲甚於寧成。上以爲能，遷爲中尉，吏民益凋敝。尹齊木彊少文，豪惡吏伏匿而善吏不能爲治，以故事多廢，抵罪。上復徙温舒爲中尉，而楊僕以嚴酷爲主爵都尉。

【一】索隱 茌音仕疑反。

楊僕者，宜陽人也。以千夫爲吏。【一】河南守案舉以爲能，遷爲御史，使督盜賊關東。治放尹齊，以爲敢摯行。稍遷至主爵都尉，列九卿。天子以爲能。南越反，拜爲樓船將軍，有功，封將梁侯。爲荀彘所縛。【二】居久之，病死。

【一】集解漢書音義曰：「千夫若五大夫。武帝軍用不足，令民出錢穀爲之。」

【二】集解徐廣曰：「受封四年，征朝鮮還，贖爲庶人。」索隱案：漢書云「與左將軍荀彘俱擊朝鮮，爲彘所縛。還，免爲庶人，病死」。

而温舒復爲中尉。爲人少文，居廷惛惛【一】不辯，至於中尉則心開。督盜賊，素習關中俗，知豪惡吏，豪惡吏盡復爲用，爲方略。吏苛察，盜賊惡少年投缿【二】購告言姦，置伯格長【三】以牧司姦盜賊。温舒爲人讇，善事有執者；即無執者，視之如奴。有執家，雖有姦如山，弗犯；無執者，貴戚必侵辱。舞文巧詆下户之猾，以焄大豪。【四】其治中尉如此。姦猾窮治，大抵盡靡爛獄中，行論無出者。其爪牙吏虎而冠。於是中尉部中中猾以下皆伏，有勢者爲游聲譽，稱治。治數歲，其吏多以權富。

【一】索隱音昏。

【二】集解徐廣曰：「音項，器名也，如今之投書函中。」索隱缿音項，器名。受投書之器，入不可出。三倉音胡江反。

【三】集解徐廣曰：「一作『落』。古『村落』字亦作『格』。街陌屯落皆設督長也。」索隱伯音阡陌，格音村落。言阡陌村落皆置長也。

【四】集解君音熏。索隱以熏大豪。案：熏猶熏炙之。謂下户之中有姦猾之人，令案之，以熏逐大姦。

温舒擊東越還，【一】議有不中意者，坐小法抵罪免。是時天子方欲作通天臺【二】而未有人，温舒請覆中尉脱卒，得數萬人作。上説，拜爲少府。徙爲右内史，治如其故，姦邪少禁。坐法失官。復爲右輔，行中尉事，如故操。

【一】集解徐廣曰：「元鼎六年，出會稽破東越。」

【二】正義漢書元封三年。三輔舊事云：「起甘泉通天臺，高五十丈。」

歲餘，會宛軍發，【一】詔徵豪吏，温舒匿其吏華成，及人有變告温舒受員騎錢，他姦利事，罪至族，自殺。其時兩弟及兩婚家亦各自坐他罪而族〔一〇〕。光禄徐自爲曰：「悲夫，夫古有三族，而王温舒罪至同時而五族乎！」

【一】集解漢書音義曰：「發兵伐大宛。」

温舒死，家直累千金。後數歲，尹齊亦以淮陽都尉病死，家直不滿五十金。所誅滅淮陽甚多，及死，仇家欲燒其尸，尸亡去歸葬。【一】

【一】集解徐廣曰：「尹齊死未及斂，恐怨家欲燒之，屍亦飛去。」

自温舒等以惡爲治，而郡守、都尉、諸侯二千石欲爲治者，其治大抵盡放温舒，而吏民益輕犯法，盜賊滋起。南陽有梅免、白政，楚有殷中、【一】杜少，齊有徐勃，燕趙之閒有堅盧、范生之屬。大羣至數千人，擅自號，攻城邑，取庫兵，釋死罪，縛辱郡太守、都尉，殺二千石，爲檄告縣趣具食；小羣以百數〔二〕，掠鹵鄉里者不可勝數也。於是天子始使御史中丞、丞相長史督之。猶弗能禁也，乃使光祿大夫范昆、諸輔都尉及故九卿張德等衣繡衣，持節，虎符發兵以興擊，斬首大部或至萬餘級，及以法誅通飲食，坐連諸郡，甚者數千人。數歲，乃頗得其渠率。散卒失亡，復聚黨阻山川者，往往而羣居，無可柰何。於是作「沈命法」，【二】曰羣盜起不發覺，發覺而捕弗滿品者，二千石以下至小吏主者皆死。其後小吏畏誅，雖有盜不敢發，恐不能得，坐課累府，府亦使其不言。故盜賊寖多，上下相爲匿，以文辭避法焉。【三】

【一】集解徐廣曰〔三〕：「殷，一作『假』，人亦有姓假者也。」

【二】集解漢書音義曰：「沈，藏匿也。命，亡逃也。」索隱服虔云：「沈匿不發覺之法。」韋昭云：「沈，没也。」

【三】集解徐廣曰：「詐爲虚文，言無盜賊也。」

減宣者，楊人也。以佐史無害給事河東守府。衞將軍青使買馬河東，見宣無害，言上，徵爲大廄丞。【一】官事辨，稍遷至御史及中丞。使治主父偃及治淮南反獄，所以微文深詆殺者甚衆，稱爲敢決疑。數廢數起，爲御史及中丞者幾二十歲。王温舒免中尉，而宣爲左内史。其治米鹽，事大小皆關其手，自部署縣名曹實物，官吏令丞不得擅摇，痛以重法繩之。居官數年，一切郡中爲小治辨，然獨宣以小致大，能因力行之，難以爲經。中廢。爲右扶風，坐怨成信，【二】信亡藏上林中，宣使郿令【三】格殺信，吏卒格信時，射中上林苑門，宣下吏詆罪，以爲大逆，當族，自殺。而杜周任用。

【一】正義百官表云大僕屬官有大廄，各五丞一尉也〔一三〕。

【二】集解漢書曰：「成信，宣吏。」

【三】正義郿令〔一四〕，今岐州岐縣北，時屬右扶風。

杜周者，【一】南陽杜衍人。【二】義縱爲南陽守，以爲爪牙，舉爲廷尉史。事張湯，湯數言其無害，至御史。使案邊失亡，【三】所論殺甚衆。奏事中上意，任用，與減宣相編，更爲中丞十餘歲。

【一】正義杜氏譜云字長孺。

【二】索隱地名也〔一五〕。

【三】集解文穎曰：「邊卒多亡也。或曰郡縣主守有所亡失也。」

其治與宣相放，然重遲，外寬，內深次骨。【一】宣爲左內史，周爲廷尉，其治大放張湯而善候伺。上所欲擠者，因而陷之；上所欲釋者，久繫待問而微見其冤狀。客有讓周曰：「君爲天子決平，不循三尺法，【二】專以人主意指爲獄。獄者固如是乎？」周曰：「三尺安出哉？前主所是著爲律，後主所是疏爲令，當時爲是，何古之法乎！」

【一】集解李奇曰：「其用罪深刻至骨〔一六〕。」索隱次，至也。李奇曰：「其用法刻至骨。」

【二】集解漢書音義曰：「以三尺竹簡書法律也。」

至周爲廷尉，詔獄亦益多矣。二千石繫者新故相因，不減百餘人。郡吏大府舉之廷尉，【一】一歲至千餘章。章大者連逮證案數百，小者數十人；遠者數千，近者數百里。會獄，吏因責如章告劾，不服，以笞掠定之。於是聞有逮，皆亡匿。獄久者至更數赦【二】十有餘歲而相告言，大抵盡詆以不道，【三】以上廷尉及中都官，詔獄逮至六七萬人，吏所增加十萬餘人。

【一】集解如淳曰：「郡吏，郡太守也。」孟康曰：「舉之廷尉，以章劾付廷尉治之。」

【二】集解張晏曰：「詔書赦，或有不從此令。」

【三】索隱大氐盡柢以不道。案：大氐猶大都也。氐音至。

周中廢，後爲執金吾，逐盜，捕治桑弘羊、衞皇后昆弟子刻深，天子以爲盡力無私，遷爲御史大夫。【一】家兩子，夾河爲守。其治暴酷皆甚於王温舒等矣。杜周初徵爲廷史，有一馬，且不全；及身久任事，至三公列，子孫尊官，家訾累數巨萬矣。

【一】集解徐廣曰：「天漢三年爲御史大夫，四歲，太始三年卒。」

太史公曰：自郅都、杜周十人者，此皆以酷烈爲聲。然郅都伉直，引是非，爭天下大體。張湯以知陰陽，人主與俱上下，時數辯當否，國家賴其便。趙禹時據法守正。杜周從諛，以少言爲重。自張湯死後，網密，多詆嚴，官事寖以秏廢。九卿碌碌奉其官，救過不贍，何暇論繩墨之外乎！然此十人中，其廉者足以爲儀表，其污者足以爲戒，【一】方略教導，禁姦止邪，一切亦皆彬彬質有其文武焉。雖慘酷，斯稱其位矣。至若蜀守馮當暴挫，廣漢李貞擅磔人，東郡彌僕【二】鋸項，天水駱璧推咸〔一七〕，【三】河東褚廣妄殺，京兆無忌、馮翊殷周蝮鷙，【四】水衡閻奉朴擊賣請，何足數哉！何足數哉！

【一】集解徐廣曰：「一本無此四字。」

【二】索隱彌，姓；僕，名。

【三】集解徐廣曰：「一作『成』。」索隱上音直追反，下音滅。一作「成」，是也。謂椎擊之以成獄也〔一八〕。

【四】索隱上音蝮虵，下音鷙鷹也。言其酷比之蝮毒鷹攫。

【索隱述贊】太上失德，法令滋起。破觚爲圓，禁暴不止。姦僞斯熾，慘酷爰始。乳獸揚威，蒼鷹側視。舞文巧詆，懷生何恃！

校勘記

〔一〕遂禽侯封之家　梁玉繩志疑卷三五：「『禽』當作『夷』。」按：漢書卷九〇酷吏傳作「夷」，顏師古注：「誅除也。」「禽」亦有「誅殺」之義。

〔二〕郡尉　原作「都尉」。漢書卷一九上百官公卿表上作「郡尉」，今據改。

〔三〕聞喜縣　「喜」字原無，據殿本補。按：本書卷一〇七魏其武安侯列傳「勝爲周陽侯」正義：

「絳州聞喜縣東二十里周陽故城也。」卷一〇孝文本紀「趙兼爲周陽侯」、卷四九外戚世家「勝爲周陽侯」正義引括地志皆云周陽故城在絳州聞喜縣東二十九里。

〔四〕相告言罪　漢書卷九〇酷吏傳無「罪」字。按：「相告言」，猶相告發也，漢時常語。下文云「獄久者至更數赦十有餘歲而相告言，大抵盡詆以不道」。

〔五〕雍武功縣　「雍」下疑脱「州」字。按：本書卷九九劉敬叔孫通列傳「堯封之邰」正義：「雍州武功縣西南二十三里故斄城是也。」卷四周本紀「封弃於邰」正義引括地志云故斄城在雍州武功縣西南二十二里。

〔六〕聞即奏事　王念孫雜志史記第六：「『聞』，當依漢書作『閒』，字之誤也。『閒即』，猶今人言『閒或』也。」

〔七〕亭平也　此下原有「均也」二字，據景祐本、紹興本、耿本、黄本、彭本、柯本、殿本删。按：漢書卷五九張湯傳「平亭疑法」顔師古注：「李奇曰：『亭亦平也。』師古曰：『亭，均也，調也。』」

〔八〕瘞埋錢於園陵以送死　「瘞」下疑脱「埋也」二字。按：漢書卷五九張湯傳「瘞錢」顔師古注引如淳曰：「瘞，埋也。埋錢於園陵以送死也。」通鑑卷二〇漢紀一二武帝元鼎二年胡三省注引如淳同。

〔九〕徙諸名禍猾吏與從事　王念孫雜志史記第六：「此當作『徒請召猾吏與從事』，上文云『猾民佐吏爲治』是也。索隱本作『徒請名禍猾吏』，『名』即『召』之譌，『禍』即『猾』之譌而衍者也。

隸書『猾』『禍』相似，説見漢書高祖紀『禍賊』下。今本作『徙諸』，又『徙請』之譌。漢書作『徙請召猜禍吏』，『猜』『禍』二字皆『猾』字之譌。此是一本作『猜』，一本作『禍』，而寫者又誤合之也。『禍猾吏』『猜禍吏』『名禍猾吏』皆文不成義。」張文虎札記卷五：「疑『諸』字不誤，但錯倒耳，當作『徒召諸猾吏』。」

〔一〇〕兩弟　原作「兩地」，據景祐本、紹興本、耿本、黄本、彭本、柯本、凌本、殿本改。按：漢書卷九〇酷吏傳作「兩弟」。

〔一一〕小羣以百數　「以」上原有「盜」字。王念孫雜志史記第六：「『盜』字後人所加。上文『大羣至數千人』，『羣』下無『盜』字，即其證。蓋前既云『盜賊滋起』，故後但云『大羣至數千人，小羣以百數』，無庸更言盜也。漢書無『盜』字。」今據删。

〔一二〕徐廣　原作「徐中」，據景祐本、紹興本、耿本、黄本、彭本、柯本、凌本、殿本改。

〔一三〕百官表云大僕屬官有大廄各五丞一尉也　疑文有脱誤。按：漢書卷一九上百官公卿表上：「太僕，秦官，掌輿馬，有兩丞。屬官有大廄、未央、家馬三令，各五丞一尉。」

〔一四〕郿令　黄本、彭本、柯本、殿本無此二字。按：疑「令」爲「今」字之譌衍。

〔一五〕地名也　此條索隱原在「杜周者」下，據黄本、殿本移。

〔一六〕其用罪深刻至骨　「罪」，漢書卷六〇杜周傳「而内深次骨」顏師古注引李奇作「法」，與索隱合，疑是。

〔一七〕推咸　王念孫雜志史記第六："『推咸』者，『椎成』之譌，『咸』又『成』之譌也。"

〔一八〕椎擊　原作"推繫"。王念孫雜志史記第六："『推繫』乃『椎擊』之譌。"今據改。

史記卷一百二十三

大宛列傳第六十三

索隱案：此傳合在西南夷下，不宜在酷吏、游俠之間。斯蓋並司馬公之殘缺，褚先生補之失也。幸不深尤焉[一]。

大宛[一]之跡，[二]見自張騫。張騫，漢中人。[三]建元中爲郎。是時天子問匈奴降者，皆言匈奴破月氏王，[四]以其頭爲飲器，[五]月氏遁逃而常怨仇匈奴，無與共擊之。漢方欲事滅胡，聞此言，因欲通使。道必更匈奴中，[六]乃募能使者。騫以郎應募，使月氏，與堂邑氏胡奴甘父[七]俱出隴西[二]。經匈奴，[八]匈奴得之，傳詣單于。單于留之，曰：「月氏在吾北，漢何以得往使？吾欲使越，漢肯聽我乎？」留騫十餘歲，與妻，有子，然騫持漢節不失。

[一]索隱音苑，又於袁反。

【二】正義漢書云：大宛國去長安萬二千五百五十里，東至都護治，西南至大月氏，南亦至大月氏，北至康居。括地志云：「率都沙那國亦名蘇對沙那國，本漢大宛國。」

【三】索隱陳壽益部耆舊傳云：「騫，漢中成固人。」

【四】正義氏音支。涼、甘、肅、瓜、沙等州，本月氏國之地。漢書云「本居敦煌、祁連閒」是也。

【五】集解韋昭曰：「飲器，椑榼也。單于以月氏王頭爲飲器。」晉灼曰：「飲器，虎子之屬也。或曰飲酒器也。」索隱椑音白迷反。榼音苦盍反。案：謂今之偏榼也。正義漢書匈奴傳云：「元帝遣車騎都尉韓昌、光禄大夫張猛與匈奴盟，以老上單于所破月氏王頭爲飲器者，共飲血盟。」

【六】索隱更，經也，音羹。

【七】集解漢書音義曰：「堂邑氏，姓；胡奴甘父，字。」索隱案：謂堂邑縣人家胡奴名甘父也。下云「堂邑父」者，蓋後史家從省，唯稱「堂邑父」而略「甘」字。甘，或其姓號。

【八】索隱謂道經匈奴也。

居匈奴中，益寬，騫因與其屬亡鄉月氏，西走數十日，至大宛。大宛聞漢之饒財，欲通不得，見騫，喜，問曰：「若欲何之？」騫曰：「爲漢使月氏，而爲匈奴所閉道。今亡，唯王使人導送我。誠得至，反漢，漢之賂遺王財物不可勝言。」大宛以爲然，遣騫，【一】爲發導繹〔三〕，抵康居，【二】康居傳致大月氏。【三】大月氏王已爲胡所殺，立其太子爲王。【四】既臣大夏而居〔四〕，【五】地肥饒，少寇，志安樂，又自以遠漢，殊無報胡之心。騫從月氏至大夏，竟不能得月氏要領。【六】

【一】索隱 謂大宛發遣騫西也。

【二】索隱 爲發道驛抵康居。發道，謂發驛令人導引而至康居也。導音道。抵，至也。居音渠也。 正義 抵，至也。居，其居反。括地志云：「康居國在京西一萬六百里，其西北可二千里有奄蔡，酒國也〔五〕。」

【三】正義 此大月氏在大宛西南，於嬀水北爲王庭。漢書云去長安萬一千六百里。

【四】集解 徐廣曰：「一云『夫人爲王』，夷狄亦或女主。」 索隱 注「一云立夫人爲王」〔六〕。案：漢書張騫傳云「立其夫人爲王」也。

【五】索隱 既臣大夏而君之。謂月氏以大夏爲臣，而爲之作君也。 正義 既，盡也。大夏國在嬀水南。

【六】集解 漢書音義曰：「要領，要契。」 索隱 李奇云「要領，要契也」。小顏以爲衣有要領。劉氏云「不得其要害」，然頗是其意，於文字爲疏者也。

留歲餘，還，並南山，【一】欲從羌中歸，【二】復爲匈奴所得。留歲餘，單于死，【三】左谷

蠡王攻其太子自立，國内亂，騫與胡妻及堂邑父俱亡歸漢。漢拜騫爲太中大夫，堂邑父爲奉使君。【四】

【一】正義並，白浪反。南山即連終南山，從京南東至華山過河，東北連延至海，即中條山也。從京南連接至葱嶺萬餘里，故云「並南山」也。西域傳云「其南山東出金城，與漢南山屬焉」。

【二】正義説文云：「羌，西方牧羊人也。南方蠻閩從虫，北方狄從犬，東方貉從豸，西方羌從羊。」

【三】集解徐廣曰：「元朔三年。」

【四】索隱堂邑父之官號。

騫爲人彊力，寬大信人，蠻夷愛之。堂邑父故胡人，善射，窮急射禽獸給食。初，騫行時百餘人，去十三歲，唯二人得還。

騫身所至者大宛、大月氏、大夏、康居，而傳聞其旁大國五六，具爲天子言之。曰：

大宛在匈奴西南，在漢正西，去漢可萬里。其俗土著，耕田，田稻麥。有蒲陶酒。多善馬，【一】馬汗血，其先天馬子也。【二】有城郭屋室。其屬邑大小七十餘城，衆可數十萬。其兵弓矛騎射。其北則康居，西則大月氏，西南則大夏，東北則烏孫，東則扜罙、【三】于窴。【四】于窴之西，則水皆西流，注西海；其東水東流，注鹽澤。【五】鹽澤潛行地下，其南則河源出焉。【六】多玉石，河注中國。而樓蘭、姑師【七】邑有城郭，臨鹽澤。鹽澤去長安可五千里。匈奴右方居鹽澤以東，至隴西長城，南接羌，鬲漢道焉。

【一】索隱案：外國傳云「外國稱天下有三衆：中國人衆，大秦寶衆，月氏馬衆」。

【二】集解漢書音義曰：「大宛國有高山，其上有馬，不可得，因取五色母馬置其下，與交，生駒汗血，因號曰天馬子。」

【三】集解徐廣曰：「漢紀曰拘彌國去于寘三百里。」　索隱扜冞，國名也，音汙彌二音。漢紀，謂荀悦所譔漢紀。拘音俱，彌即冞也，則拘彌與扜冞是一也。

【四】索隱音殿。

【五】索隱鹽水也。太康地記云「河北得水爲河，塞外得水爲海」也。　正義漢書云：「鹽澤去玉門、陽關三百餘里，廣袤三四百里。其水皆潛行地下，南出於積石山爲中國河。」括地志云：「蒲昌海一名泑澤，一名鹽澤，亦名輔日海，亦名穿蘭〔七〕，亦名臨海，在沙州西南。玉門關在沙州壽昌縣西六里〔八〕。」

【六】索隱案：漢書西域傳云「河有兩源，一出葱嶺，一出于寘」。山海經云「河出崑崙東北隅」。郭璞云「河出崑崙，潛行地下，至葱嶺山于寘國，復分流岐出，合而東注泑澤，已而復行積石，爲中國河」。泑澤即鹽澤也，一名蒲昌海。西域傳云「一出于闐南山下〔九〕」，與郭璞注山海經不同。廣志云「蒲昌海在蒲類海東」也。

【七】正義二國名。姑師即車師也。

烏孫在大宛東北可二千里，行國，〔一〕隨畜，與匈奴同俗。控弦者數萬，敢戰。故服匈奴，及盛，取其羈屬，不肯往朝會焉。

〔一〕集解徐廣曰：「不土著。」

康居在大宛西北可二千里，行國，與月氏大同俗。控弦者八九萬人。與大宛鄰國。國小，南羈事月氏，東羈事匈奴。

奄蔡〔一〕在康居西北可二千里，行國，與康居大同俗。控弦者十餘萬。臨大澤，無崖，蓋乃北海云。

〔一〕正義漢書解詁云：「奄蔡即闔蘇也。」魏略云：「西與大秦通，東南與康居接。其國多貂，畜牧水草，故時羈屬康居也。」

大月氏〔一〕在大宛西可二三千里，居嬀水北。其南則大夏，西則安息，北則康居。行國也，隨畜移徙，與匈奴同俗。控弦者可一二十萬。故時彊，輕匈奴，及冒頓立，攻破月氏，至匈奴老上單于，殺月氏王，以其頭爲飲器。始月氏居敦煌、祁連閒，〔二〕及爲匈奴所敗，乃遠去，過宛，西擊大夏而臣之，遂都嬀水北爲王庭。其餘小衆不能去者，保南山羌，號小月氏。

【一】正義萬震南州志云：「在天竺北可七千里，地高燥而遠。國王稱『天子』，國中騎乘常數十萬匹，城郭宮殿與大秦國同。人民赤白色，便習弓馬。土地所出，及奇瑋珍物，被服鮮好，天竺不及也。」康泰外國傳云：「外國稱天下有三衆：中國爲人衆，秦爲寶衆，月氏爲馬衆也。」

【二】正義初，月氏居敦煌以東，祁連山以西。敦煌郡今沙州。祁連山在甘州西南。

安息【一】在大月氏西可數千里。其俗土著，耕田，田稻麥，蒲陶酒。城邑如大宛。其屬小大數百城，地方數千里，最爲大國。臨嬀水，有市，民商賈用車及船，行旁國或數千里。以銀爲錢，錢如其王面，【二】王死輒更錢，效王面焉。畫革旁行以爲書記。【三】其西則條枝，北有奄蔡、黎軒。【四】

【一】正義地理志云〔一〇〕：「安息國京西萬一千二百里〔一一〕。自西關西行三千四百里至阿蠻國〔一二〕，西行三千六百里至斯賓國，從斯賓南行度河，又西南行至于羅國九百六十里，安息西界極矣。自此南乘海乃通大秦國。」漢書云：「北康居，東烏弋山離，西條枝。國臨嬀水。土著。以銀爲錢，如其王面，王死輒更錢，效王面焉。」

【二】索隱漢書云：「文獨爲王面，幕爲夫人面。」荀悅云：「幕音漫，無文面也。」張晏云：「錢之文面作人乘馬，錢之幕作人面形。」韋昭云：「幕，錢背也，音漫。」包愷音慢。

【三】集解漢書音義曰：「橫行爲書記。」索隱畫音獲。小顏云：「革，皮之不柔者。」韋昭云：「外夷書皆旁行，今扶南猶中國，直下也〔一三〕。」

【四】索隱漢書作「犂靬」。續漢書一名「大秦」。按：三國並臨西海，後漢書云「西海環其國，惟西北通陸道」。然漢使自烏弋以還，莫有至條枝者。正義上力奚反。下巨言反，又巨連反。後漢書云：「大秦一名犂鞬，在西海之西，東西南北各數千里。有城四百餘所。土多金銀奇寶，有夜光璧、明月珠、駭雞犀、火浣布、珊瑚、琥珀、琉璃、瑯玕、朱丹、青碧，珍怪之物，率出大秦。」康氏外國傳云：「其國城郭皆青水精爲礎〔一四〕，及五色水精爲壁。人民多巧，能化銀爲金。國土市買皆金銀錢。」萬震南州志云：「大家屋舍，以珊瑚爲柱，琉璃爲牆壁，水精爲礎舄。海中斯調州上有木〔一五〕，冬月往剥取其皮，績以爲布，極細，手巾齊數匹，與麻焦布無異，色小青黑，若垢污欲浣之，則入火中，便更精潔，世謂之火浣布。秦云定重參問門樹皮也。」括地志云：「火山國在扶風南東大湖海中。其國中山皆火，然火中有白鼠皮及樹皮，績爲火浣布。」魏略云大秦在安息、條支西大海之西，故俗謂之海西。從安息界乘船直載海西，遇風利時三月到〔一六〕，風遲或一二歲〔一七〕。其公私宮室爲重屋，郵驛亭置如中國。從安息繞海北陸到其國，人民相屬，十里一亭，三十里一置。無盜賊。其俗人長大平正，似中國人而胡服。宋膺異物志云秦之北附庸小邑〔一八〕，有羊羔自然生於土中，候其欲萌，築牆繞之，恐獸所食。其臍與地連，割絶則死。擊物驚之，乃驚鳴，臍遂絶，則逐水草爲羣。又大秦金二枚，皆大如瓜〔一九〕，植之滋息無極，觀之如用則真金也。」括地志云：「小人國在大秦南，人纔三尺。其耕稼之時，懼鶴所食，大秦衞助之。即焦僥國，其人穴居也。」

條枝在安息西數千里，臨西海。暑溼。耕田，田稻。有大鳥，卵如甕。〔一〕人衆甚多，往往有小君長，而安息役屬之，以爲外國。國善眩。〔二〕安息長老傳聞條枝有弱水、西王母，而未嘗見。〔三〕

〔一〕正義漢書云〔二〇〕：「條支出師子、犀牛、孔雀、大雀，其卵如甕〔二一〕。和帝永元十三年，安息王滿屈獻師子、大鳥，世謂之『安息雀』。」廣志云：「鳥，鵄鷹身，蹄駱〔二二〕，色蒼，舉頭八九尺，張翅丈餘，食大麥，卵大如甕。」

〔二〕集解應劭曰：「眩，相詐惑。」正義顏云：「今吞刀、吐火、殖瓜、種樹、屠人、截馬之術皆是也。」

〔三〕索隱魏略云：「弱水在大秦西。」玄中記云：「天下之弱者，有崑崙之弱水，鴻毛不能載也。」山海經云：「玉山，西王母所居。」穆天子傳云：「天子觴西王母瑤池之上。」括地圖云：「崑崙弱水非乘龍不至。有三足神鳥，爲王母取食。」正義此弱水、西王母既是安息長老傳聞而未曾見，後漢書云桓帝時大秦國王安敦遣使自日南徼外來獻，或云其國西有弱水、流沙，近西王母處，幾於日所入也。然先儒多引大荒西經云弱水云有二源〔二三〕，俱出女國北阿耨達山，南流會於女國東，去國一里，深丈餘，闊六十步，非毛舟不可濟，南流入海。阿耨達山即崑崙山也。與大荒西經合矣。然大秦國在西海中島上，從安息西界過海，好風用三月乃到，弱水又在其國之西。崑崙山弱水流在女國北，出崑崙山南。女國在于窴國南二千七百里。于窴去京凡九千六百七十里。計大秦與大崑崙山相去幾四五萬里，非所論及，而前賢誤矣。此皆據漢括地論之，猶恐未審，然弱水二所説皆有也。

大夏在大宛西南二千餘里嬀水南。其俗土著，有城屋，與大宛同俗。無大君長〔二四〕，往往城邑置小長。其兵弱，畏戰。善賈市。及大月氏西徙，攻敗之，皆臣畜大夏。大夏民多，可百餘萬。其都曰藍市城，有市販賈諸物。其東南有身毒國。【一】

【一】集解徐廣曰：「身，或作『乾』，又作『訖』。」索隱身音乾，毒音篤。孟康云：「即天竺也，所謂浮圖胡也。」正義一名身毒，在月氏東南數千里。俗與月氏同，而卑溼暑熱。其國臨大水，乘象以戰。其民弱於月氏。脩浮圖道，不殺伐，遂以成俗。土有象、犀、瑇瑁、金、銀、鐵、錫、鉛。西與大秦通，有大秦珍物。明帝夢金人，長大，頂有光明，以問羣臣。或曰：「西方有神，名曰『佛』，其形長丈六尺而黄金色。」帝於是遣使天竺問佛道法，遂至中國，畫形像焉。萬震南州志云：「地方三萬里，佛道所出。其國王居城郭，殿皆彫文刻鏤。街曲市里，各有行列。左右諸大國凡十六，皆共奉之，以天地之中也。」浮屠經云：「臨兒國王生隱屠太子〔二五〕。父曰屠頭邪〔二六〕，母曰莫邪。屠身色黄〔二七〕，髮如青絲，乳有青色〔二八〕，爪赤如銅。始莫邪夢白象而孕，及生，從母右脅出。生有髮，墮地能行七步。」又云：「太子生時，有二龍王夾左右吐水，一龍水暖，一龍水冷，遂成二池，今猶一冷一暖。初行七步處，琉璃上有太子脚跡見在。生處名祇洹精舍，在舍衛國南四里，是長者須達所起。又有阿輸迦樹，是夫人所攀生太子樹也。」

括地志云：「沙祇大國即舍衞國也，在月氏南萬里，即波斯匿王治處。此國共九十種。知身後事。城有祇樹給孤園。」又云：「天竺國有東、西、南、北、中央天竺國，國方三萬里，去月氏七千里。大國隸屬凡二十一。天竺在崑崙山南，大國也。治城臨恒水。」又云：「阿耨達山亦名建末達山，亦名崑崙山。水出，一名拔扈利水，一名恒伽河，即經稱恒河者也〔二九〕。自崑崙山以南，多是平地而下溼。土肥良，多種稻，歲四熟，留役駞馬，米粒亦極大。」又云：「佛上忉利天，爲母說法九十日。波斯匿王思欲見佛，即刻牛頭旃檀象，置精舍內佛坐。此像是衆像之始，後人所法也。佛上天青梯，今變爲石，没入地，唯餘十二蹬，蹬閒二尺餘。彼耆老言，梯入地盡，佛法滅。」又云：「王舍國，胡語曰罪悅祇國〔三〇〕。其國靈鷲山，胡語曰耆闍崛山。山是青石，石頭似鷲鳥〔三一〕，名耆闍，鷲也〔三二〕。崛，山石也。山周四十里，外周圍水，佛於此坐禪，及諸阿難等俱在此坐。」又云：「小孤石，石上有石室者〔三三〕，佛坐其中，天帝釋以四十二事問佛，佛一一以指畫石，其跡尚存。又於山上起塔，佛昔將阿難在此上山四望，見福田疆畔，因制七條衣割截之法於此，今袈裟衣是也。」

騫曰：「臣在大夏時，見邛竹杖、蜀布。【一】問曰：『安得此？』大夏國人曰：『吾賈人往市之身毒。身毒在大夏東南可數千里。其俗土著，大與大夏同，而卑溼暑熱云。其人民乘象以戰。其國臨大水焉。』【二】以騫度之，大夏去漢萬二千里，居漢西南。今身毒國又居大夏東南數千里，有蜀物，此其去蜀不遠矣。今使大夏，從羌中，險，羌人惡之；少北，則爲匈奴所得；從蜀宜徑，【三】又無寇。」天子既聞大宛及大夏、安息之屬皆大國，多奇物，土著，頗與中國同業，而兵弱，貴漢財物；其北有大月氏、康居之屬，兵彊，可以賂遺設利朝也。且誠得而以義屬之，則廣地萬里，重九譯，【四】致殊俗，威德徧於四海。天子欣然，以騫言爲然，乃令騫因蜀犍爲【五】發閒使，四道並出：出駹，出冄，【六】出徙，【七】出邛、僰，【八】皆各行一二千里。其北方閉氐、筰，【九】南方閉巂、昆明。【一〇】昆明之屬無君長，善寇盜，輒殺略漢使，終莫得通。然聞其西可千餘里有乘象國，名曰滇越，【一一】而蜀賈姦出物者或至焉，於是漢以求大夏道始通滇國。初，漢欲通西南夷，費多，道不通，罷之。及張騫言可以通大夏，乃復事西南夷。

【一】正義邛都邛山出此竹，因名「邛竹」。節高實中，或寄生，可爲杖。布，土蘆布。

【二】正義大水，河也。

【三】集解如淳曰：「徑，疾也。或曰徑，直。」

【四】正義言重重九遍譯語而致。

【五】正義犍，其連反。犍爲郡今戎州也，在益州南一千餘里。

【六】正義茂州、向州等，冄、駹之地，在戎州西北也。

【七】集解徐廣曰：「屬漢嘉。」索隱李奇云：「徙音斯。蜀郡有徙縣也。」

【八】正義僰，蒲北反。徙在嘉州；邛，今邛州；僰，今雅州：皆在戎州西南也。

【九】集解服虔曰：「皆夷名。漢使見閉於夷也。」索隱韋昭云：「筰縣在越嶲，音昨。」案：南越破後殺筰侯，以筰都爲沈黎郡，又有定筰縣。正義氐，今成州及武等州也。筰，白狗羌也。皆在戎州西北也。

【一〇】正義嶲州及南昆明夷也，皆在戎州西南。

【一一】集解徐廣曰：「一作『城』。」正義昆、郎等州皆滇國也。其西南滇越、越嶲則通號越，細分而有嶲、滇等名也。

騫以校尉從大將軍擊匈奴，知水草處，軍得以不乏，乃封騫爲博望侯。【一】是歲元朔六年也。其明年，騫爲衞尉，與李將軍俱出右北平擊匈奴。匈奴圍李將軍，軍失亡多；而騫後期當斬，贖爲庶人。是歲漢遣驃騎破匈奴西域數萬人[三四]，至祁連山。其明年，渾邪王率其民降漢，而金城、河西西並南山至鹽澤空無匈奴。匈奴時有候者到，而希矣。其後二年，漢擊走單于於幕北。

【一】索隱案：張騫封號耳，非地名。小顏云「取其能博廣瞻望」也。尋武帝置博望苑，亦取斯義也。正義地理志南陽博望縣。

是後天子數問騫大夏之屬。騫既失侯，因言曰：「臣居匈奴中，聞烏孫王號昆莫，昆莫之父，匈奴西邊小國也。匈奴攻殺其父，【一】而昆莫生，弃於野。烏嗛肉蜚其上，【二】狼往乳之。單于怪以爲神，而收長之。及壯，使將兵，數有功，單于復以其父之民予昆莫，令長守於西域〔三五〕。昆莫收養其民，攻旁小邑，控弦數萬，習攻戰。單于死，昆莫乃率其衆遠徙，中立，不肯朝會匈奴。匈奴遣奇兵擊，不勝，以爲神而遠之，因羈屬之，不大攻。今單于新困於漢，而故渾邪地空無人。蠻夷俗貪漢財物，今誠以此時而厚幣賂烏孫，招以益東，居故渾邪之地，與漢結昆弟，其勢宜聽，聽則是斷匈奴右臂也。既連烏孫，自其西大夏之屬皆可招來而爲外臣。」天子以爲然，拜騫爲中郎將，將三百人，馬各二匹，牛羊以萬數，齎金幣帛直數千巨萬，多持節副使，道可使，使遺之他旁國〔三六〕。

【一】索隱 按漢書，父名難兜靡，爲大月氏所殺。

【二】集解 徐廣曰：「讀『嗛』與『銜』同。酷吏傳：『義縱不治道，上忿銜之』，史記亦作『嗛』字。」索隱 嗛音銜。蜚亦「飛」字。

騫既至烏孫，烏孫王昆莫見漢使如單于禮，騫大慙，知蠻夷貪，乃曰：「天子致賜，王不拜則還賜。」昆莫起拜賜，其他如故。騫諭使指曰：「烏孫能東居渾邪地，則漢遣翁主爲昆莫夫人。」烏孫國分，王老，而遠漢，未知其大小，素服屬匈奴日久矣，且又近之，其大臣皆畏胡，不欲移徙，王不能專制。騫不得其要領。昆莫有十餘子，其中子曰大祿，彊，善將衆，將衆別居萬餘騎。大祿兄爲太子，太子有子曰岑娶，而太子蚤死。臨死謂其父昆莫曰：「必以岑娶爲太子，無令他人代之。」昆莫哀而許之，卒以岑娶爲太子。大祿怒其不得代太子也，乃收其諸昆弟，將其衆畔，謀攻岑娶及昆莫。昆莫老，常恐大祿殺岑娶，予岑娶萬餘騎別居，而昆莫有萬餘騎自備，國衆分爲三，而其大總取羈屬昆莫，昆莫亦以此不敢專約於騫。

騫因分遣副使使大宛、康居、大月氏、大夏、安息、身毒、于窴、扜罙及諸旁國。烏孫發導譯送騫還，騫與烏孫遣使數十人，馬數十匹報謝，因令窺漢，知其廣大。

騫還到，拜爲大行，列於九卿。歲餘，卒。

烏孫使既見漢人衆富厚，歸報其國，其國乃益重漢。其後歲餘，騫所遣使通大夏之屬者皆頗與其人俱來，【一】於是西北國始通於漢矣。然張騫鑿空，【二】其後使往者皆稱博望侯，以爲質於外國，【三】外國由此信之。

【一】集解晉灼曰：「其國人。」

【二】集解蘇林曰：「鑿，開；空，通也。騫開通西域道。」索隱案：謂西域險阸，本無道路，今鑿空而通之也。

【三】集解如淳曰：「質，誠信也。博望侯有誠信，故後使稱其意以喻外國。」李奇曰：「質，信也。」

自博望侯騫死後，匈奴聞漢通烏孫，怒，欲擊之。及漢使烏孫，若〔一〕出其南，抵大宛、大月氏相屬，烏孫乃恐，使使獻馬，願得尚漢女翁主，爲昆弟。天子問羣臣議計，皆曰「必先納聘，然後乃遣女」。初，天子發書易，〔二〕云「神馬當從西北來」。得烏孫馬好，名曰「天馬」。及得大宛汗血馬，益壯，更名烏孫馬曰「西極」，名大宛馬曰「天馬」云。而漢始築令居以西，〔三〕初置酒泉郡以通西北國。因益發使抵安息、奄蔡、黎軒、條枝、身毒國。而天子好宛馬，使者相望於道。諸使外國一輩大者數百，少者百餘人，人所齎操大放博望侯時。其後益習而衰少焉。漢率一歲中使多者十餘，少者五六輩，遠者八九歲，近者數歲而反。

〔一〕集解徐廣曰：「漢書作『及』，若意義亦及也。」

〔二〕集解漢書音義曰：「發易書以卜。」

〔三〕集解徐廣曰：「屬金城。」

是時漢既滅越，而蜀、西南夷皆震，請吏入朝。於是置益州、越巂、牂柯、沈黎、汶山郡，欲地接以前通大夏。〔一〕乃遣使柏始昌、吕越人等歲十餘輩，出此初郡〔二〕抵大夏，皆復閉昆明，爲所殺，奪幣財，終莫能通至大夏焉。於是漢發三輔罪人，因巴蜀士數萬人，遣兩將軍郭昌、衞廣等往擊昆明之遮漢使者，【三】斬首虜數萬人而去。其後遣使，昆明復爲寇，竟莫能得通。而北道酒泉抵大夏，使者既多，而外國益厭漢幣，不貴其物。

【一】集解李奇曰：「欲地界相接至大夏。」

【二】索隱按：謂越巂、汶山等郡。謂之「初」者，後背叛而併廢之也。

【三】集解徐廣曰：「元封二年。」

自博望侯開外國道以尊貴，其後從吏卒皆爭上書言外國奇怪利害，求使。天子爲其絕遠，非人所樂往，聽其言，予節，募吏民毋問所從來，爲具備人衆遣之，以廣其道。來還不能毋侵盜幣物，及使失指，天子爲其習之，輒覆案致重罪，以激怒令贖，復求使。使端無窮，而輕犯法。其吏卒亦輒復盛推外國所有，言大者予節，言小者爲副，故妄言無行之徒皆爭效之。其使皆貧人子，私縣官齎物，欲賤市以私其利外國。外國亦厭漢使人人有言輕重，【一】度漢兵遠不能至，而禁其食物以苦漢使。漢使乏絕積怨，至相攻擊。而樓蘭、姑師小國耳，【二】當空道，攻劫漢使王恢等尤甚。【三】而匈奴奇兵時時遮擊使西國者。使者爭徧言外國災害，皆有城邑，兵弱易擊。於是天子以故遣從驃侯破奴將屬國騎及郡兵數萬，至匈河水，欲以擊胡，胡皆去。其明年，擊姑師，破奴與輕騎七百餘先至，虜樓蘭王，遂破姑師。因舉兵威以困烏孫、大宛之屬。還，封破奴爲浞野侯。【四】王恢【五】數使，爲樓蘭所

苦，言天子，天子發兵令恢佐破奴擊破之，封恢爲浩侯。【六】於是酒泉列亭鄣至玉門矣。【七】

【一】集解服虔曰：「漢使言於外國，人人輕重不實。」如淳曰：「外國人人自言數爲漢使所侵易。」

【二】集解徐廣曰：「即車師。」

【三】集解徐廣曰：「恢，一作『怪』。」

【四】集解徐廣曰：「元封三年。」

【五】集解徐廣曰：「爲中郎將。」

【六】集解徐廣曰：「捕得車師王，元封四年封浩侯。」

【七】集解韋昭曰：「玉門關在龍勒界。」索隱韋昭云：「玉門，縣名，在酒泉。又有玉關，在龍勒也。」正義括地志云：「沙州龍勒山在縣南百六十五里。玉門關在縣西北百一十八里〔三七〕。」

烏孫以千匹馬聘漢女，漢遣宗室女江都翁主【一】往妻烏孫，烏孫王昆莫以爲右夫人。匈奴亦遣女妻昆莫，昆莫以爲左夫人。昆莫曰「我老」，乃令其孫岑娶妻翁主。烏孫多馬，其富人至有四五千匹馬。

【一】集解漢書曰：「江都王建女。」

初，漢使至安息，安息王令將二萬騎迎於東界。東界去王都數千里。行比至，過數十城，人民相屬甚多。漢使還，而後發使隨漢使來觀漢廣大，以大鳥卵及黎軒善眩人【一】獻于漢。及宛西小國驩潛、大益，宛東姑師、扜冞、蘇薤之屬，皆隨漢使獻見天子。天子大悅。

【一】索隱韋昭云：「變化惑人也。」按：「魏略云「犂靬多奇幻〔三八〕，口中吹火，自縛自解」。小顏亦以爲植瓜等也〔三九〕。

而漢使窮河源，河源出于窴，其山多玉石，采來，【二】天子案古圖書，名河所出山曰崑崙云。

【二】集解瓚曰：「漢使采取，將持來至漢。」

是時上方數巡狩海上，乃悉從外國客，大都多人則過之，散財帛以賞賜，厚具以饒給之，以覽示漢富厚焉。於是大觳抵，出奇戲諸怪物，多聚觀者，行賞賜，酒池肉林，令外國客徧觀各倉庫府藏之積〔四〇〕，見漢之廣大，傾駭之。及加其眩者之工，而觳抵奇戲歲增變，甚盛益興，自此始。

西北外國使，更來更去。宛以西，皆自以遠，尚驕恣晏然，未可詘以禮羈縻而使也。自烏孫以西至安息，以近匈奴，匈奴困月氏也，匈奴使持單于一信，則國國傳送食，不敢留苦；及至漢使，非出幣帛不得食，不市畜不得騎用。所以然者，遠漢，而漢多財物，故必市乃得所欲，然以畏匈奴於漢使焉。宛左右以蒲陶爲酒，富人藏酒至萬餘石，久者數十歲不敗。俗嗜酒，馬嗜苜蓿。漢使取其實來，於是天子始種苜蓿、蒲陶肥饒地。及天馬多，外國使來衆，則離宮別觀旁盡種蒲萄、苜蓿極望。自大宛以西至安息國，雖頗異言，然大同俗，相知言。其人皆深眼，多鬚顈，善市賈，爭分銖。俗貴女子，女子所言而丈夫乃決正。其地皆無絲漆，不知鑄錢器。【一】及漢使亡卒降，教鑄作他兵器。得漢黄白金，輒以爲器，不用爲幣。

【一】集解徐廣曰：「多作『錢』字，又或作『鐵』字。」

而漢使者往既多，其少從率多進熟於天子，【一】言曰：「宛有善馬在貳師城，匿不肯與漢使。」天子既好宛馬，聞之甘心，使壯士車令等持千金及金馬以請宛王貳師城善馬。宛國饒漢物，相與謀曰：「漢去我遠，而鹽水中數敗，【二】出其北有胡寇，出其南乏水草。又且往往而絶邑，乏食者多。漢使數百人爲輩來，而常乏食，死者過半，是安能致大軍乎？無柰我何。且貳師馬，宛寶馬也。」遂不肯予漢使。漢使怒，妄言，【三】椎金馬而去。宛貴人怒曰：「漢使至輕我！」遣漢使去，令其東邊郁成遮攻，殺漢使，取其財物。於是天子大怒。諸嘗使宛姚定漢等言宛兵弱，誠以漢兵不過三千人，彊弩射之，即盡虜破宛矣。天子已嘗使浞野侯攻樓蘭，以七百騎先至，虜其王，以定漢等言爲然，而欲侯寵姬李氏，拜李廣利爲貳師將軍，發屬國六千騎，及郡國惡少年數萬人，以往伐宛。期至貳師城取善馬，故號「貳師將軍」。趙始成爲軍正，故浩侯王恢使導軍，【四】而李哆【五】爲校尉，制軍事。是歲太初元年也。而關東蝗大起，蜚西至敦煌。

【一】集解漢書音義曰：「少從，不如計也。或云從行之微者也。進孰，美語如成熟者也。」

【二】集解服虔曰：「水名，道從水中行〔四二〕。」如淳曰：「道絶遠，無穀草。」正義孔文祥云：「鹽，鹽澤也。言水廣遠，或致風波，而數敗也。」裴矩西域記云：「在西州高昌縣東，東南去瓜州一千三百里，並沙磧之地，水草難行，四面危，道路不可準記，行人唯以人畜骸骨及駞馬糞爲標驗。以其地道路惡，人畜即不約行，曾有人於磧内時聞人喚聲，不見形，亦有歌哭聲，數失人，瞬息之閒不知所在，由此數有死亡。蓋魑魅魍魎也。」

【三】集解如淳曰：「罵詈。」

【四】集解徐廣曰：「恢先受封，一年，坐使酒泉矯制，國除。」

【五】索隱音尺奢反，又尺者反。

貳師將軍軍既西過鹽水，當道小國恐，各堅城守，不肯給食。攻之不能下。下者得食，不下者數日則去。比至郁成，士至者不過數千，皆飢罷。攻郁成，郁成大破之，所殺傷甚衆。貳師將軍與哆、始成等計：「至郁成尚不能舉，況至其王都乎？」引兵而還。往來二歲。還至敦煌，士不過什一二。使使上書言：「道遠，多乏食；且士卒不患戰，患飢。人少，不足以拔宛。願且罷兵，益發而復往。」天子聞之，大怒，而使使遮玉門，曰：「軍有敢入者輒斬之！」貳師恐，因留敦煌。

其夏，漢亡浞野之兵二萬餘於匈奴。【一】公卿及議者皆願罷擊宛軍，專力攻胡。天子已業誅宛，宛小國而不能下，則大夏之屬輕漢，而宛善馬絕不來，烏孫、侖頭易苦漢使矣，【二】爲外國笑。乃案言伐宛尤不便者鄧光等，赦囚徒材官，益發惡少年及邊騎，歲餘而出敦煌者六萬人，負私從者不與。牛十萬，馬三萬餘匹，驢騾橐它以萬數。多齎糧，兵弩甚設，天下騷動，傳相奉伐宛，凡五十餘校尉。宛王城中無井，皆汲城外流水，於是乃遣水工徙其城下水空以空其城。【三】益發戍甲卒十八萬酒泉、張掖北，置居延、休屠以衞酒泉，【四】而發天下七科適，【五】及載糒給貳師。轉車人徒相連屬至敦煌。而拜習馬者二人爲執驅校尉，備破宛擇取其善馬云。

【一】集解徐廣曰：「太初二年，趙破奴爲浚稽將軍，二萬騎擊匈奴，不還也。」

【二】集解晉灼曰：「易，輕也。」

【三】集解徐廣曰：「空，一作『穴』。蓋以水蕩敗其城也。言『空』者，令城中渴乏。」

【四】集解如淳曰：「立二縣以衞邊也。或曰置二部都尉，以衞酒泉。」

【五】正義音謫。張晏云：「吏有罪一，亡命二，贅壻三，賈人四，故有市籍五，父母有市籍六，大父母有籍七：凡七科。武帝天漢四年，發天下七科謫出朔方也。」

於是貳師後復行，兵多，而所至小國莫不迎，出食給軍。至侖頭，侖頭不下，攻數日，屠之。自此而西，平行至宛城，漢兵到者三萬人。宛兵迎擊漢兵，漢兵射敗之，宛走入葆乘其城。貳師兵欲行攻郁成，恐留行而令宛益生詐，乃先至宛，決其水源，移之，則宛固已憂困。圍其城，攻之四十餘日，其外城壞，虜宛貴人勇將煎靡。宛大恐，走入中城。宛貴人相與謀曰：「漢所爲攻宛，以王毋寡匿善馬而殺漢使。今殺王毋寡而出善馬，漢兵宜解；即不解，乃力戰而死，未晚也。」宛貴人皆以爲然，共殺其王毋寡，持其頭遣貴人使貳師，約曰：「漢毋攻我。我盡出善馬，恣所取，而給漢軍食。即不聽，我盡殺善馬，而康居之救且至。至，我居內，康居居外，與漢軍戰。漢軍熟計之，何從？」是時康居候視漢兵，漢兵尚盛，不敢進。貳師與趙始成、李哆等計：「聞宛城中新得秦人，知穿井，而其內食尚多。所爲來，誅首惡者毋寡。毋寡頭已至，如此而不許解兵，則堅守，而康居候漢罷而來救宛，破漢軍必矣。」軍吏皆以爲然，許宛之約。宛乃出其善馬，令漢自擇之，而多出食食給漢軍。漢軍取其善馬數十匹，中馬以下牡牝三千餘匹，而立宛貴人之故待遇漢使善者名昧蔡【一】以爲宛王，與盟而罷兵。終不得入中城。乃罷而引歸。

【一】索隱 本大宛將也。上音末，下音先葛反。

初，貳師起敦煌西，以爲人多，道上國不能食，乃分爲數軍，從南北道。校尉王申生、故鴻臚壺充國等千餘人，別到郁成。郁成城守，不肯給食其軍。王申生去大軍二百里，偵而輕之〔四二〕，責郁成。郁成食不肯出，窺知申生軍日少，晨用三千人攻，戮殺申生等，軍破，數人脱亡，走貳師。貳師令搜粟都尉上官桀往攻破郁成。郁成王亡走康居，桀追至康居。康居聞漢已破宛，乃出郁成王予桀，桀令四騎士縛守詣大將軍。【一】四人相謂曰：「郁成王漢國所毒，今生將去，卒失大事。」欲殺，莫敢先擊。上邽騎士趙弟最少，拔劍擊之，斬郁成王，齎頭。弟、桀等逐及大將軍。

【一】集解 如淳曰：「時多別將，故謂貳師爲大將軍。」

初，貳師後行，天子使使告烏孫，大發兵并力擊宛。烏孫發二千騎往，持兩端，不肯前。貳師將軍之東，諸所過小國聞宛破，皆使其子弟從軍入獻，見天子，因以爲質焉。貳師之伐宛也，而軍正趙始成力戰，功最多；及上官桀敢深入，李哆爲謀計，軍入玉門者萬餘人，軍馬千餘匹。貳師後行，軍非乏食，戰死不能多，而將吏貪，多不愛士卒，侵牟之，以此物故衆。天子爲萬里而伐宛，不録過，封廣利爲海西侯。又封身斬郁成王者騎士趙弟爲新畤侯。軍正趙始成爲光禄大夫，上官桀爲少府，李哆爲上黨太守。軍官吏爲九卿者三人，諸侯相、郡守、二千石者百餘人，千石以下千餘人。奮行者官過其望，〔一〕以適過行者皆絀其勞。〔二〕士卒賜直四萬金。伐宛再反，凡四歲而得罷焉。

〔一〕集解漢書音義曰：「奮，迅。自樂入行者。」

〔二〕集解徐廣曰：「奮行者及以適行者，雖俱有功勞，今行賞計其前有罪而減其賜，故曰『絀其勞』也。絀，抑退也。此本以適行，故功勞不足重，所以絀降之，不得與奮行者齊賞之。」

漢已伐宛，立昧蔡爲宛王而去。歲餘，宛貴人以爲昧蔡善諛，使我國遇屠，乃相與殺昧蔡，立毋寡昆弟曰蟬封爲宛王，而遣其子入質於漢。漢因使使賂賜以鎮撫之。

而漢發使十餘輩至宛西諸外國，求奇物，因風覽以伐宛之威德。而敦煌置〔一〕酒泉都尉；〔二〕西至鹽水，往往有亭。而侖頭有田卒數百人，因置使者護田積粟，以給使外國者。

〔一〕集解徐廣曰：「一本無『置』字。」

【三】集解徐廣曰：「一云『置都尉』。又云敦煌有淵泉縣，或者『酒』字當爲『淵』字。」

太史公曰：禹本紀言「河出崑崙。崑崙其高二千五百餘里，日月所相避隱爲光明也。其上有醴泉、瑶池」。今自張騫使大夏之後也，窮河源，惡睹本紀所謂崑崙者乎？【一】故言九州山川，尚書近之矣。至禹本紀、山海經所有怪物，余不敢言之也。【二】

【一】集解鄧展曰：「漢以窮河源，於何見崑崙乎？尚書曰『導河積石』，是爲河源出於積石，積石在金城河關，不言出於崑崙也。」索隱惡覩夫謂昆侖者乎。惡音烏。烏，於何也。睹，見也。言張騫窮河源，至大夏、于窴，於何而見崑崙爲河所出？謂禹本紀及山海經爲虚妄也。然案山海經「河出崑崙東北隅」。西域傳云「南出積石山爲中國河」。積石本非河之發源，猶尚書「導洛自熊耳」，然其實出於冢嶺山，乃東經熊耳。今推此義，河亦然矣。則河源本崑崙而潛流至于闐，又東流至積石始入中國，則山海經及禹貢各互舉耳。

【二】索隱余敢言也。案：漢書作「所有放哉」。如淳云「放蕩迂闊，言不可信也」。余敢言也，亦謂山海經難可信耳。而荀悦作「效」，失之素矣。

【索隱述贊】大宛之迹，元因博望。始究河源，旋窺海上。條枝西入，天馬内向。葱嶺無塵，鹽池息浪。曠哉絶域，往往亭障。

校勘記

〔一〕此條索隱原無，據耿本、黄本、彭本、索隱本、柯本、凌本、殿本、會注本補。

〔二〕胡奴　此上原有「故」字，據索隱本删。按：張文虎札記卷五：「索隱本無『故』字，漢書亦無，蓋此即『胡』字譌衍，亦或因下文『故胡人』語而增之。」

〔三〕導繹　「繹」，景祐本、紹興本、耿本、索隱本、柯本、凌本作「驛」，黄本、彭本作「繹」，疑皆「譯」之譌文。按：漢書卷六一張騫傳作「譯道」。本傳下文云「烏孫發導譯送騫還」。漢書卷九六下西域傳下：「故事，給使者牛羊穀芻茭導譯。」

〔四〕既臣大夏而居　「居」，索隱本作「君之」。按：漢書卷六一張騫傳作「君之」，顔師古注：「以大夏爲臣，爲之作君也。」

〔五〕其西北可二千里有奄蔡酒國也　「酒」字疑衍。按：漢書卷九六上西域傳上：「其康居西北可二千里，有奄蔡國。控弦者十餘萬，大與康居同俗。」

〔六〕注一云立夫人爲王　此八字原無，據索隱本補。

〔七〕穿蘭　漢書卷九六上西域傳上「蒲昌海一名鹽澤者也」王先謙補注引括地志作「牢蘭」，疑是。又西域傳上「鄯善國，本名樓蘭」王先謙補注：「河水注『泑澤在樓蘭國北扜泥城』，故彼俗謂是澤爲牢蘭海，海因國得名。牢、樓一聲之轉。」

〔八〕玉門關在沙州壽昌縣西六里　疑文有脱誤。按：下文「列亭鄣至玉門」正義「玉門關在縣西北百一十八里」。元和志卷四〇隴右道下沙洲壽昌縣：「陽關在縣西六里，以居玉門關之南，故曰陽關」，「玉門故關，在縣西北一百一十七里」。敦煌出土五代後晉天福十年寫本壽昌縣地境：「玉門關，縣北一百六十里。」伯二六九一號沙州城土鏡同。

〔九〕一出于闐南山下　耿本、黄本、彭本、柯本、凌本、殿本作「于寘在南山下」，與漢書卷九六上西域傳上合。

〔一〇〕地理志　張文虎札記卷五：「漢書地理志無此文，見後漢書西域傳。」

〔一一〕京西萬一千二百里　張文虎札記卷五：「漢書西域傳『安息國，王治番兜城，去長安萬一千六百里』。後漢傳『安息國居和櫝城，去洛陽二萬五千里』。文並不合。」

〔一二〕西關　後漢書卷八八西域傳作「安息」。

〔一三〕今扶南猶中國直下也　耿本、黄本、彭本、柯本、凌本、殿本作「今南方林邑之徒書皆旁行不直下也」，疑是。按：漢書卷九六上西域傳上「書革，旁行爲書記」顔師古注：「今西方胡國及南方林邑之徒，書皆横行，不直下也。」

〔一四〕皆青水精爲礎　「礎」字原無，據會注本補。

〔一五〕斯調州　張文虎札記卷五：「『州』當爲『洲』。」御覽八百二十引異物志云斯調國有大洲。」按：册府卷九六〇亦云「斯調國有火洲在南海中」。

〔一六〕遇風利時三月到　三國志卷三〇魏書三〇烏丸鮮卑東夷傳贊裴松之注引魏略作「遇風利二

月到」。

〔一七〕風遲或一二歲　三國志卷三〇魏書三〇烏丸鮮卑東夷傳贊裴松之注引魏略作「風遲或一歲無風或三歲」。

〔一八〕宋膺　疑當作「朱應」。按：隋書卷三三經籍志二：「扶南異物志一卷，朱應撰。」舊唐書卷四六經籍志上、新唐書卷五八藝文志二亦作「朱應」。南史卷七八夷貊傳、梁書卷五四諸夷傳皆載朱應出使事。

〔一九〕大如瓜　「如」，原作「加」，據黄本、彭本、柯本、凌本、殿本改。

〔二〇〕漢書　疑當作「後漢書」。按：引文見後漢書卷八八西域傳。

〔二一〕條支出師子犀牛孔雀大雀其卵如甕　後漢書卷八八西域傳重「大雀」二字，疑此脱。

〔二二〕鶡鷹身蹄駱　疑當作「頸長鷹身蹄似槖駝」。按：漢書卷九六上西域傳上顔師古注引廣志云「頸及鷹身，蹄似槖駝」。通典卷一九二邊防八「（安息）有大馬大爵」自注云「大爵頸長，鷹身，蹄似槖駝」。

〔二三〕大荒西經　四庫全書考證卷二四：「『又先儒多引大荒西經』云云，檢大荒西經無此文，觀下云『與大荒西經合』，則此非大荒西經明矣，四字誤。」

〔二四〕大君長　原作「大王長」。王念孫雜志史記第六：「『王長』，當依漢書、漢紀作『君長』，上文曰『條枝往往有小君長』，即其證。太平御覽四夷部引史記正作『大君長』。」今據改。

〔二五〕隱屠太子 三國志卷三〇魏書三〇烏丸鮮卑東夷傳贊裴松之注引浮屠經作「浮屠太子」，御覽卷七九七引魏略同，疑是。

〔二六〕屠頭邪 三國志卷三〇魏書三〇烏丸鮮卑東夷傳贊裴松之注引浮屠經作「屑頭邪」。御覽卷七九七引魏略、寰宇記卷一八三引晉宋浮圖經同。

〔二七〕母曰莫邪屠身色黄 三國志卷三〇魏書三〇烏丸鮮卑東夷傳贊裴松之注引浮屠經作「母云莫邪浮屠身服色黄」。御覽卷七九七引魏略作「母曰莫耶浮屠身服黄色」，寰宇記卷一八三引晉宋浮圖經作「母曰莫耶浮圖身服黄色」。

〔二八〕乳有青色 三國志卷三〇魏書三〇烏丸鮮卑東夷傳贊裴松之注引浮屠經「色」作「毛」，御覽卷七九七引魏略同。疑「色」字誤。

〔二九〕即經稱恒河者也 「恒」字原無。張文虎札記卷五：「『河』上當脱『恒』字。」今據補。

〔三〇〕罪悦祇國 疑當作「羅悦祇國」。按：水經注卷一河水：「又竺法維云：王舍城，胡語云羅閲祇國。」法苑珠林卷四四、經律異相卷六皆云「羅閲祇國」。

〔三一〕山是青石石頭似鷲鳥 疑衍一「石」字。按：水經注卷一河水：「有靈鷲山，胡語云耆闍崛山，山是青石，頭似鷲鳥。阿育王使人鑿石，假安兩翼兩脚，鑿治其身，今見存。遠望似鷲鳥形，故曰靈鷲山也。」

〔三二〕名耆闍鷲也 「名」上疑脱「山」字。按：水經注卷一河水：「釋氏西域記云：耆闍崛山在阿耨達王舍城東北。西望其山，有兩峰雙立，相去二三里，中道，鷲鳥常居其嶺，土人號曰耆闍崛山，山名耆闍，鷲也。」

〔三三〕小孤石石上有石室　疑文有譌誤。按：水經注卷一河水、釋法顯佛國記作「小孤石山山頭有石室」。

〔三四〕破匈奴西域數萬人　「西域」，原作「西城」。王念孫雜志史記第六：「『城』當爲『域』，字之誤也。漢書作『破匈奴西邊殺數萬人』。」今據改。

〔三五〕守於西域　「西域」，原作「西城」。王念孫雜志史記第六：「『城』亦『域』之誤。」今據改。

〔三六〕道可使使遺之他旁國　疑「使使」爲「便」之譌衍，「遺」當作「遣」。按：漢書卷六一張騫傳作「道可便遣之旁國」。通鑑卷二〇漢紀一二武帝元鼎二年「道可便，遣之他旁國」胡三省注：「沿道有便可通使他國者即遣之。」

〔三七〕沙州龍勒山在縣南百六十五里玉門關在縣西北百一十八里　二「縣」字上疑皆脱「壽昌」二字。按：元和志卷四〇隴右道下沙州壽昌縣云「龍勒水，在縣南一百八十里龍勒山上」，「玉門故關，在縣西北一百一十七里」。括地志原文隸於各縣之下，故不重出地名，張守節徵引其文，例加縣名。

〔三八〕犂靬　三國志卷三〇魏書三〇烏丸朝鮮東夷傳贊裴松之注引魏略作「犂靬」，疑是。耿本、黄本、彭本、柯本、凌本、殿本作「犂軒」，亦「犂靬」之譌。

〔三九〕小顏亦以爲植瓜等也　耿本、黄本、彭本、柯本、凌本、殿本作「小顏亦以爲今之吞刀吐火植瓜種樹屠人截馬之術皆是也」。按：漢書卷六一張騫傳「以大鳥卵及犛靬眩人獻於漢」顏師古注：「即今吞刀、吐火、植瓜、種樹、屠人、截馬之術皆是也。」

〔四〇〕各倉庫　「各」，原作「名」，據殿本改。張文虎札記卷五：「『名』字譌，當從漢書作『各』。」

〔四一〕道從水中行　原作「道從外水中」。按：漢書卷六一張騫傳顏師古注引服虔作「道從水中行」，通鑑卷二一漢紀一三武帝太初元年「而鹽水中數敗」胡三省注引同。今據改。

〔四二〕偩而輕之　「偩」，原作「偵」。王念孫雜志史記第六：「『漢書『偵』作『負』，師古曰：『負，恃也。恃大軍之威而輕敵也。』念孫案：如漢書注，則史記『偵』字乃『偩』字之誤。淮南詮言篇『自偩而辭助』，高注曰『自偩，自恃也』，史記太史公自序曰『栗姬偩貴』，又曰『偩愛矜功』，『偩』竝與『負』同。後人多見『偵』少見『偩』，故『偩』誤爲『偵』矣。」今據改。

史記卷一百二十四

游俠列傳第六十四

集解荀悦曰：「立氣齊，作威福，結私交，以立彊於世者，謂之游俠。」

韓子曰：「儒以文亂法，【一】而俠以武犯禁。」二者皆譏，【二】而學士多稱於世云。至如以術取宰相卿大夫，輔翼其世主，功名俱著於春秋，【三】固無可言者。及若季次、原憲，閭巷人也，【四】讀書懷獨行君子【五】之德，義不苟合當世，當世亦笑之。故季次、原憲終身空室蓬户，【六】褐衣疏食不厭。【七】死而已四百餘年，而弟子志之不倦。今游俠，其行雖不軌於正義，然其言必信，其行必果，已諾必誠，不愛其軀，赴士之阸困，【八】既已存亡死生矣，而不矜其能，羞伐其德，蓋亦有足多者焉。

【一】正義言文之蔽，小人以僿。謂細碎苛法亂政。

【二】正義譏，非言也。儒敝亂法，俠盛犯禁，二道皆非，而學士多稱於世者，故太史公引韓子，欲陳游俠之美。

【三】索隱功名俱著春秋。案：春秋謂國史也。以言人臣有功名則見記于其國之史，是俱著春秋者也。

【四】集解徐廣曰：「仲尼弟子傳曰公晳哀字季次，未嘗仕，孔子稱之。」

【五】索隱行音下孟反。

【六】正義莊子云「原憲處居環堵之室，蓬户不完。以桑爲樞而甕牖，上漏下溼，獨坐而弦歌」也。

【七】索隱不饜。饜，飽也，於豔反。

【八】索隱上音厄。

且緩急，人之所時有也。太史公曰：昔者虞舜窘於井廩，伊尹負於鼎俎，傅説匿於傅險，呂尚困於棘津，【一】夷吾桎梏，百里飯牛，仲尼畏匡，菜色陳、蔡。此皆學士所謂有道仁人也，猶然遭此菑，況以中材而涉亂世之末流乎？其遇害何可勝道哉！

【一】集解徐廣曰：「在廣川。」正義尉繚子云太公望行年七十，賣食棘津云。古亦謂之石濟津，故南津。

鄙人有言曰：「何知仁義，已饗其利【一】者爲有德。」故伯夷醜周，餓死首陽山，而文武不以其故貶王；跖、蹻暴戾，其徒誦義無窮。由此觀之，「竊鉤者誅，【二】竊國者侯，侯之門，仁義存」，〔三〕非虚言也。

〔一〕索隱已音以。饗音享，受也。言已受其利則爲有德，何知必仁義也。

〔二〕索隱以言小竊則爲盜而受誅也。

〔三〕索隱言人臣委質於侯王門，則須存于仁義。若游俠輕健，亦何必肯存仁義也。

今拘學或抱咫尺之義，久孤於世，〔一〕豈若卑論儕俗，與世沈浮而取榮名哉！而布衣之徒，設取予然諾，千里誦義，爲死不顧世，此亦有所長，非苟而已也。故士窮窘而得委命，此豈非人之所謂賢豪閒者邪？誠使鄉曲之俠，予季次、原憲比權量力，效功於當世，不同日而論矣。要以功見言信，俠客之義又曷可少哉！

〔一〕索隱言拘學守義之士或抱咫尺纖微之事，遂久以當代，孤負我志，而不若卑論儕俗以取榮寵也。

古布衣之俠，靡得而聞已。近世延陵、〔一〕孟嘗、春申、平原、信陵之徒，皆因王者親屬，藉於有土卿相之富厚，招天下賢者，顯名諸侯，不可謂不賢者矣。比如順風而呼，聲非加疾，其埶激也。至如閭巷之俠，脩行砥名，聲施〔二〕於天下，莫不稱賢，是爲難耳。然儒、墨皆排擯不載。自秦以前，匹夫之俠，湮滅不見，余甚恨之。以余所聞，漢興有朱家、田仲、王公、劇孟、郭解之徒，雖時扞當世之文罔，〔三〕然其私義廉絜退讓，有足稱者。名不虚立，士不虛附。至如朋黨宗彊比周，設財役貧，豪暴侵淩孤弱，恣欲自快，游俠亦醜之。余悲世俗不察其意，而猥以朱家、郭解等令與暴豪之徒同類而共笑之也。

【一】集解徐廣曰：「代郡亦有延陵縣。」駰案：韓子云「趙襄子召延陵生，令車騎先至晉陽」。襄子時趙已并代，可有延陵之號，但未詳是此人非耳。

【二】索隱施音以豉反。

【三】索隱扞即捍也。違扞當代之法網，謂犯於法禁也。

魯朱家者，與高祖同時。魯人皆以儒教，而朱家用俠聞。所藏活豪士以百數，其餘庸人不可勝言。然終不伐其能，歆其德，諸所嘗施，唯恐見之。振人不贍，先從貧賤始。家無餘財，衣不完采，食不重味，乘不過軥牛。【一】專趨人之急，甚己之私。既陰脱季布將軍之阨，【二】及布尊貴，終身不見也。自關以東，莫不延頸願交焉。

【一】集解徐廣曰：「音雊。」駰案：漢書音義曰「小牛」。索隱上音古豆反。案：大牛當軛，小爲軥牛。

【二】索隱陰脱季將軍之厄。案：季布爲漢所購求，朱家以布髡鉗爲奴，載以廣柳車而出之，及尊貴而不見之，亦高介至義之士。然布竟不見報朱家之恩。

楚田仲以俠聞，喜劍，父事朱家，自以爲行弗及。田仲已死，而雒陽有劇孟。周人以商賈爲資，而劇孟以任俠顯諸侯。吴楚反時，條侯爲太尉，乘傳車將至河南，得劇孟，喜曰：「吴楚舉大事而不求孟，吾知其無能爲已矣。」天下騷動，宰相得之若得一敵國云。劇孟行大類朱家，而好博，【一】多少年之戲。然劇孟母死，自遠方送喪蓋千乘。及劇孟死，家無餘十金之財。而符離人王孟亦以俠稱江淮之閒。

【一】索隱按：六博戲也。

是時濟南瞯氏、【一】陳周庸【二】亦以豪聞【一】，景帝聞之，使使盡誅此屬。其後代諸白、【三】梁韓無辟、【四】陽翟薛兄、【五】陝韓孺【六】紛紛復出焉。

【一】索隱瞯音閑。案：爲郅都所誅。

【二】索隱陳國人，姓周名庸。

【三】索隱代，代郡。人有白氏，豪俠非一，故言「諸」。

【四】索隱梁國人。韓，姓；無辟，名。辟音避。

【五】索隱音況。

【六】集解徐廣曰：「陝，疑當作『郟』字，潁川有郟縣。南越傳曰『郟壯士韓千秋』也。」索隱陝當爲「郟」。陝音如冉反，郟音紀洽反。漢書作「寒孺」。

郭解，軹人也，【一】字翁伯，善相人者許負外孫也。解父以任俠，孝文時誅死。解爲人短小精悍，不飲酒。少時陰賊，【二】慨不快意，身所殺甚衆。以軀借交報仇，藏命【三】作姦，剽攻不休，及鑄錢掘冢，固不可勝數。適有天幸，窘急常得脱，若遇赦。及解年長，更折節爲儉，以德報怨，厚施而薄望。然其自喜爲俠【四】益甚。既已振人之命，不矜其功，其陰賊著於心，卒發於睚眦如故云。而少年慕其行，亦輒爲報仇，不使知也。解姊子負解之勢，【五】與人飲，使之嚼。【六】非其任，彊必灌之。人怒，拔刀刺殺解姊子，亡去。解姊怒曰：「以翁伯之義，人殺吾子，賊不得。」弃其尸於道，弗葬，欲以辱解。解使人微知賊處。賊窘自歸，具以實告解。解曰：「公殺之固當，吾兒不直。」遂去其賊，【七】罪其姊子，乃收而葬之。諸公聞之，皆多解之義，益附焉。

【一】索隱漢書云河内軹人也。

【二】索隱以内心忍害。

【三】索隱案：謂亡命也。

【四】索隱蘇林云：「言性喜爲俠也。」

【五】索隱負，恃也。

【六】集解徐廣曰：「音子妙反，盡酒也。」索隱即妙反。謂酒盡。

【七】集解徐廣曰：「遣使去。」

解出入，人皆避之。有一人獨箕倨視之，解遣人問其名姓。客欲殺之。解曰：「居邑屋至不見敬，是吾德不脩也，彼何罪！」乃陰屬尉史曰：「是人，吾所急也，【一】至踐更時脱之。」每至踐更，數過，吏弗求。【二】怪之，問其故，乃解使脱之。箕踞者乃肉袒謝罪。少年聞之，愈益慕解之行。

【一】索隱案：謂吾心中所急，言情切急之謂。漢書作「重」也。

【二】集解如淳曰：「更有三品，有卒更，有踐更，有過更。古有正卒無常人〔二〕，皆當迭爲之，一月一更，是爲卒更也。貧者欲得顧更錢者，次直者出錢顧之，月二千，是爲踐更也。律説卒更、踐更者，居縣中五月乃更也。後從尉律，卒踐更一月，休十一月也。」索隱數音朔，謂頻免之也。又音色主反，數亦頻也。

雒陽人有相仇者，邑中賢豪居閒者以十數，【一】終不聽。客乃見郭解。解夜見仇家，仇家曲聽解。【二】解乃謂仇家曰：「吾聞雒陽諸公在此閒，多不聽者。今子幸而聽解，解柰何乃從他縣奪人邑中賢大夫權乎！」乃夜去，不使人知，曰：「且無用，【三】待我去〔三〕，令雒陽豪居其閒，乃聽之。」

【一】索隱色具反。

【二】索隱仇家曲聽。謂屈曲聽解也。

【三】索隱按：漢書作「無庸」。蘇林曰「且無便用吾言，待我去，令洛陽豪居其閒也」。

解執恭敬，不敢乘車入其縣廷。之旁郡國，爲人請求事，事可出，出之；不可者，各厭其意，然後乃敢嘗酒食。諸公以故嚴重之，爭爲用。邑中少年及旁近縣賢豪，夜半過門常十餘車，請得解客舍養之。【一】

【一】索隱如淳云：「解多藏亡命者，故喜事年少與解同志者，知亡命者多歸解，故多將車來，欲爲解迎亡者而藏之者也。」

及徙豪富茂陵也，解家貧，不中訾，【一】吏恐，不敢不徙。衞將軍爲言：「郭解家貧不中徙。」上曰：「布衣權至使將軍爲言，此其家不貧。」解家遂徙。諸公送者出千餘萬。軹人楊季主子爲縣掾，舉徙解。解兄子斷楊掾頭。由此楊氏與郭氏爲仇。

【一】索隱不中貲。案：貲不滿三百萬已上爲不中。

解入關，關中賢豪知與不知，聞其聲，爭交驩解。解爲人短小，不飲酒〔四〕，出未嘗有騎。已又殺楊季主。楊季主家上書，人又殺之闕下。上聞，乃下吏捕解。解亡，置其母家室夏陽，【一】身至臨晉。【二】臨晉籍少公素不知解，解冒，因求出關。籍少公已出解，解轉入太原，所過輒告主人家。吏逐之，跡至籍少公。少公自殺，口絕。久之，乃得解。窮治所犯，爲解所殺，皆在赦前。軹有儒生侍使者坐，客譽郭解，生曰：「郭解專以姦犯公法，何謂賢！」解客聞，殺此生，斷其舌。吏以此責解，解實不知殺者。殺者亦竟絕，莫知爲誰。吏奏解無罪。御史大夫公孫弘議曰：「解布衣爲任俠行權，以睚眦殺人，解雖弗知，此罪甚於解殺之。當大逆無道。」遂族郭解翁伯。

【一】集解徐廣曰：「屬馮翊。」正義故城在同州韓城縣南二十里，漢夏陽也。

【二】正義故城在同州馮翊縣西南二里。

自是之後，爲俠者極衆，敖而無足數者。【一】然關中長安樊仲子，槐里趙王孫，長陵高公子，西河郭公仲，太原鹵公孺，【二】臨淮兒長卿，東陽田君孺，【三】雖爲俠而逡逡有退讓君子之風。至若北道姚氏，【四】西道諸杜，南道仇景，東道趙他、羽公子，【五】南陽趙調之徒，此盜跖居民閒者耳，曷足道哉！此乃鄉者朱家之羞也。

【一】集解徐廣曰：「敖，倨也。」

【二】集解徐廣曰：「鴈門有鹵城也。」索隱太原鹵翁。漢書作「魯公孺」。魯，姓也，與徐廣之說不同也。

【三】索隱漢書作「陳君孺」。然陳田聲相近，亦本同姓。正義其東陽蓋貝州歷亭縣者，爲近齊故也。

【四】索隱北道諸姚。蘇林云：「道猶方也。」如淳云：「京師四出道也。」

【五】索隱舊解以趙他、羽公子爲二人，今案：此姓趙，名他羽，字公子也。

太史公曰：吾視郭解，狀貌不及中人，言語不足採者。然天下無賢與不肖，知與不知，皆慕其聲，言俠者皆引以爲名。諺曰：「人貌榮名，豈有既乎！」【一】於戲，惜哉！

【一】集解徐廣曰：「人以顏狀爲貌者，則貌有衰落矣；唯用榮名爲飾表，則稱譽無極也。既，盡也。」

【索隱述贊】游俠豪倨，藉藉有聲。權行州里，力折公卿。朱家脱季，劇孟定傾。急人之難，免讎於更。偉哉翁伯，人貌榮名。

校勘記

〔一〕周庸　漢書卷九二游俠傳作「周膚」。

〔二〕古有　漢書卷七昭帝紀「逋更賦」顔師古注引如淳作「古者」，與本書卷一〇六吴王濞列傳「卒踐更」正義合。

〔三〕且無用待我去　「待我」二字原重。張文虎札記卷五：「此『待我』字涉下而衍，漢書無。」今據删。

〔四〕爲人短小不飲酒　梁玉繩志疑卷三五：「七字複出，疑衍。」

史記卷一百二十五

佞幸列傳第六十五

諺曰「力田不如逢年，善仕不如遇合」，[一]固無虛言。非獨女以色媚，而士宦亦有之。

[一]集解徐廣曰：「遇，一作『偶』。」

昔以色幸者多矣。至漢興，高祖至暴抗也，[一]然籍孺以佞幸；孝惠時有閎孺。[二]此兩人非有材能，徒以婉佞貴幸，與上卧起，公卿皆因關說。[三]故孝惠時郎侍中皆冠鵔鸃，貝帶，[四]傅脂粉，[五]化閎、籍之屬也。兩人徙家安陵。[六]

[一]索隱暴伉。伉音苦浪反。言暴猛伉直。

[二]正義籍、閎，皆名也。孺，幼小也。

[三]索隱按：關訓通也。謂公卿因之而通其詞説。劉氏云「有所言説，皆關由之」。

[四]集解漢書音義曰：「鵔鸃，鳥名。以毛羽飾冠，以貝飾帶。」索隱鵔鸃，應劭云：「鳥名，毛

可以飾冠。」許慎云：「鷩鳥也。」淮南子云：「趙武靈王服貝帶鵕鸃。」漢官儀云：「秦破趙，以其冠賜侍中。」三倉云：「鵕鸃，神鳥也，飛光映天者也。」

【五】索隱上音付。

【六】正義惠帝陵邑。

孝文時中寵臣，士人則鄧通，宦者則趙同、【一】北宮伯子。【二】北宮伯子以愛人長者；而趙同以星氣幸，常爲文帝參乘；鄧通無伎能。鄧通，蜀郡南安人也，【三】以濯船【四】爲黃頭郎。【五】孝文帝夢欲上天，不能，有一黃頭郎從後推之上天，顧見其衣裻【六】帶後穿。覺【七】而之漸臺，【八】以夢中陰目求推者郎，即見鄧通，其衣後穿，夢中所見也。召問其名姓，姓鄧氏，名通，文帝說焉，【九】尊幸之日異。通亦愿謹，不好外交，雖賜洗沐，不欲出。於是文帝賞賜通巨萬以十數，【一〇】官至上大夫。文帝時時如鄧通家遊戲。然鄧通無他能，不能有所薦士，獨自謹其身以媚上而已。上使善相者相通，曰當貧餓死。文帝曰：「能富通者在我也。何謂貧乎？」於是賜鄧通蜀嚴道銅山，【一一】得自鑄錢，「鄧氏錢」【一二】布天下。其富如此。

【一】索隱案：漢書作「趙談」，此云「同」者，避太史公父名也。

【二】正義顏云「姓北宮，名伯子」也。按：伯子，名。北宮之宦者也。

【三】集解徐廣曰：「後屬犍爲。」

【四】索隱濯音棹，遲教反。

【五】集解徐廣曰：「著黄帽也。」駰案：漢書音義曰「善濯船池中也。一説能持擢行船也。土，水之母，故施黄旄於船頭，因以名其郎曰黄頭郎」。

【六】集解徐廣曰：「一無此字。」索隱音篤。褻者，衫襦之横腰者。

【七】索隱覺音教。

【八】正義括地志云：「漸臺在長安故城中。關中記云未央宫西有蒼池，池中有漸臺，王莽死於此臺。」

【九】索隱漢書云上曰鄧猶登也，悦之。

【一〇】正義言賜通巨萬以至於十也。

【一一】正義括地志云：「雅州榮經縣北三里有銅山，即鄧通得賜銅山鑄錢者。」案：榮經即嚴道。

【一二】正義錢譜云：「文字稱兩，同漢四銖文。」

文帝嘗病癰，鄧通常爲帝唶吮之。【一三】文帝不樂，從容問通曰：「天下誰最愛我者乎？」通曰：「宜莫如太子。」太子入問病，文帝使唶癰，唶癰而色難之。已而聞鄧通常爲帝唶吮之，心慙，由此怨通矣。及文帝崩，景帝立，鄧通免，家居。居無何，人有告鄧通盜出徼外鑄錢，下吏驗問，頗有之，遂竟案，盡没入鄧通家，尚負責數巨萬。長公主【二】賜鄧通，吏輒隨没入之，【三】一簪不得著身。於是長公主乃令假衣食。【四】竟不得名一錢，【五】寄死人家。

【一】索隱唶，仕格反。吮，仕兗反。

【二】集解韋昭曰：「景帝姊也。」索隱案：即館陶公主也。

【三】索隱吏輒没入。謂長公主別有物賜通，吏輒没入以充贓也。

【四】索隱謂公主令人假與衣食。

【五】索隱按：始天下名「鄧氏錢」，今皆没入，卒竟無一錢之名也。

孝景帝時中無寵臣，然獨郎中令周文仁，【一】仁寵最過庸，乃不甚篤。【二】

【一】索隱案：漢書稱「周仁」，此上稱「周文」，今兼「文」「仁」〔一〕，恐後人加耳。案：仁字文。

【二】索隱寵最過庸。案：庸，常也。言仁最被恩寵，過於常人，乃不甚篤，如韓嫣也。

今天子中寵臣，士人則韓王孫嫣，【一】宦者則李延年。嫣者，弓高侯【二】孽孫也。今上爲膠東王時，嫣與上學書相愛。及上爲太子，愈益親嫣。嫣善騎射，善佞。上即位，欲事伐匈奴，而嫣先習胡兵，以故益尊貴，官至上大夫，賞賜擬於鄧通。時嫣常與上卧起。江都王入朝，有詔得從入獵上林中。天子車駕蹕道未行，而先使嫣乘副車，從數十百騎，騖馳視獸。江都王望見，以爲天子，辟從者，伏謁道傍。嫣驅不見。既過，江都王怒，爲皇太后泣曰：「請得歸國入宿衛，【三】比韓嫣。」太后由此嗛嫣。【四】嫣侍上，出入永巷不禁，以姦聞皇太后。皇太后怒，使使賜嫣死。上爲謝，終不能得，嫣遂死。而案道侯韓説，【五】其弟也，亦佞幸。

【一】索隱音偃，又音於建反。

【二】集解徐廣曰：「韓王信之子頽當也。」

【三】索隱謂還爵封於天子，而請入宿衛。

【四】集解徐廣曰：「嗛，讀與『銜』同，漢書作『銜』字。」

【五】索隱音悦。嫣弟〔二〕。

李延年，中山人也。父母及身兄弟及女，皆故倡也。延年坐法腐，給事狗中。【一】而平陽公主言延年女弟善舞，上見，心説之，及入永巷，而召貴延年。延年善歌，爲變新聲，而上方興天地祠，欲造樂詩歌弦之。延年善承意，弦次初詩。【二】其女弟亦幸，有子男。

延年佩二千石印，號協聲律。與上臥起，甚貴幸，埒如韓嫣也。【三】久之，寖與中人亂，【四】出入驕恣。及其女弟李夫人卒後，愛弛，則禽誅延年昆弟也。

【一】集解徐廣曰：「主獵犬也。」索隱或犬監也。

【二】索隱歌初詩。按：初詩，即所新造樂章。

【三】集解徐廣曰：「埒，等也。蜀都賦曰『卓、鄭埒名』。又云埒者，疇等之名。」

【四】集解徐廣曰：「一云坐弟季與中人亂。」

自是之後，內寵嬖臣大底外戚之家，然不足數也。衞青、霍去病亦以外戚貴幸，然頗用材能自進。

太史公曰：甚哉愛憎之時！彌子瑕【一】之行，足以觀後人佞幸矣。雖百世可知也。

【一】索隱衞靈公之臣，事見說苑也。

【索隱述贊】傳稱令色，詩刺巧言。冠鵕入侍，傅粉承恩。黄頭賜蜀，宦者同軒。新聲都尉，挾彈王孫。泣魚竊駕，著自前論。

校勘記

〔二〕今兼文仁　「文仁」，原作「文作」，據耿本、黄本、彭本、索隱本、柯本、凌本、殿本改。

〔三〕嫣弟　耿本、黄本、彭本、柯本、殿本無此二字。

史記卷一百二十六

滑稽列傳第六十六

索隱按：滑，亂也；稽，同也。言辨捷之人言非若是，説是若非，言能亂異同也〔一〕。

孔子曰：「六蓺於治一也。〔一〕禮以節人，樂以發和，書以道事，詩以達意，易以神化，春秋以義〔二〕。」太史公曰：「天道恢恢，豈不大哉！談言微中，亦可以解紛。

〔一〕正義言六蓺之文雖異，禮節樂和，導民立政，天下平定，其歸一揆。至於談言微中，亦以解其紛亂，故治一也。

淳于髡〔一〕者，齊之贅壻〔二〕也。長不滿七尺，滑稽多辯，數使諸侯，未嘗屈辱。齊威王之時喜隱，〔三〕好爲淫樂長夜之飲，沈湎不治，委政卿大夫。百官荒亂，諸侯並侵，國且危亡，在於旦暮，左右莫敢諫。淳于髡説之以隱曰：「國中有大鳥，止王之庭，三年不蜚又不鳴，王知此鳥何也？」王曰：「此鳥不飛則已，一飛沖天；不鳴則已，一鳴驚人。」於是乃朝諸縣令長七十二人，賞一人，誅一人，奮兵而出。諸侯振驚，皆還齊侵地。威行三十六年。語在田完世家中。

【一】索隱 苦魂反。

【二】索隱 女之夫也，比於子，如人疣贅，是餘剩之物也。

【三】索隱 上許既反。喜，好也。喜隱謂好隱語。

威王八年，楚大發兵加齊。齊王使淳于髡之趙請救兵，齎金百斤，車馬十駟。淳于髡仰天大笑，冠纓索絶。【一】王曰：「先生少之乎？」髡曰：「何敢！」王曰：「笑豈有説乎？」髡曰：「今者臣從東方來，見道傍有禳田者，【二】操一豚蹄，酒一盂，祝曰：『甌窶滿篝，【三】汙邪滿車，【四】五穀蕃熟，穰穰滿家。』臣見其所持者狹而所欲者奢，故笑之。」於是齊威王乃益齎黄金千溢，白璧十雙，車馬百駟。髡辭而行，至趙。趙王與之精兵十萬，革車千乘。楚聞之，夜引兵而去。

【一】索隱 案：索訓盡，言冠纓盡絶也。孔衍春秋後語亦作「冠纓盡絶」也。

【二】索隱 案：謂爲田求福禳。

【三】集解 徐廣曰：「篝，籠也〔三〕。」索隱 案：甌窶猶杯樓也。窶音如婁，古字少耳。言豐年收掇易，可滿篝籠耳。正義 窶音樓。篝音溝，籠也。甌窶謂高地狹小之區，得滿篝籠也。

【四】集解 司馬彪曰：「汙邪，下地田也〔四〕。」索隱 按：司馬彪云「汙邪，下地田」。即下田之中有薪，可滿車。正義 汙音烏。

威王大說，置酒後宮，召髡賜之酒。問曰：「先生能飲幾何而醉？」對曰：「臣飲一斗亦醉，一石亦醉。」威王曰：「先生飲一斗而醉，惡能飲一石哉！其說可得聞乎？」髡曰：「賜酒大王之前，執法在傍，御史在後，髡恐懼俯伏而飲，不過一斗徑醉矣。若親有嚴客，髡帣韝鞠䐨，【一】侍酒於前，時賜餘瀝，奉觴上壽，數起，飲不過二斗徑醉矣。若朋友交遊，久不相見，卒然相覩，歡然道故，私情相語，飲可五六斗徑醉矣。若乃州閭之會，男女雜坐，行酒稽留，六博投壺，相引爲曹，握手無罰，目眙不禁，【二】前有墮珥，後有遺簪，髡竊樂此，飲可八斗而醉二參。【三】日暮酒闌，合尊促坐，男女同席，履舄交錯，杯盤狼藉，堂上燭滅，主人留髡而送客，【四】羅襦襟解，微聞薌澤，當此之時，髡心最歡，能飲一石。故曰酒極則亂，樂極則悲；萬事盡然。」言不可極，極之而衰，以諷諫焉。齊王曰：「善。」乃罷長夜之飲，以髡爲諸侯主客。【五】宗室置酒，髡嘗在側。

【一】集解 徐廣曰：「帣，收衣褏也。褏，袂也。韝，臂捍也，音溝。鞠，曲也。䐨音其紀反，又與『跽』同，謂小跪也。」索隱 帣音卷，紀免反，謂收袖也。韝音溝，臂扞也。鞠，曲躬也。䐨音其紀反，與「跽」同音，謂小跪。

【二】集解徐廣曰：「眙，吐甑反，直視貌。」索隱眙音與「瞪」同，謂直視也，丑甑反，又音丑二反。

【三】索隱案：上云「五六斗徑醉矣」，則此爲樂亦甚，飲可八斗而未徑醉，故云「竊樂」。二參，言十有二參醉也。

【四】集解徐廣曰：「一本云『留髡坐，起送客』。」

【五】正義今鴻臚卿也。

其後百餘年，楚有優孟。

優孟者，【一】故楚之樂人也。長八尺，多辯，常以談笑諷諫。楚莊王之時，有所愛馬，衣以文繡，置之華屋之下，席以露牀，啗以棗脯。馬病肥死，使羣臣喪之，欲以棺槨大夫禮葬之。左右爭之，以爲不可。王下令曰：「有敢以馬諫者，罪至死。」優孟聞之，入殿門，仰天大哭。王驚而問其故。優孟曰：「馬者王之所愛也，以楚國堂堂之大，何求不得，而以大夫禮葬之，薄，請以人君禮葬之。」王曰：「何如？」對曰：「臣請以彫玉爲棺，文梓爲槨，楩楓豫章爲題湊，【二】發甲卒爲穿壙，老弱負土，齊趙陪位於前，韓魏翼衞其後，【三】廟食太牢，奉以萬户之邑。諸侯聞之，皆知大王賤人而貴馬也。」王曰：「寡人之過一至此乎！爲之柰何？」優孟曰：「請爲大王六畜葬之。以壠竈爲椁，〔四〕銅歷爲棺，〔五〕齎以薑棗，〔六〕薦以木蘭，祭以粳稻〔五〕，衣以火光，葬之於人腹腸。」〔七〕於是王乃使以馬屬太官，無令天下久聞也。

〔一〕索隱案：優者，倡優也。孟，字也。其優旃亦同，旃其字耳。優孟在楚，旃在秦者也。

〔二〕集解蘇林曰：「以木累棺外，木頭皆内向，故曰題湊。」正義楩，頻緜反。

〔三〕集解楚莊王時，未有趙、韓、魏三國。索隱案：此辨説者之詞，後人所增飾之矣。

〔四〕索隱按：皇覽亦説此事，以「壠竈」爲「礱突」也。

〔五〕索隱按：歷即釜鬲也。

〔六〕索隱按：古者食肉用薑棗，禮内則云「實棗於其腹中，屑桂與薑，以洒諸其上而食之〔六〕」是也。

〔七〕索隱皇覽云：「火送之箸端，葬之腸中。」

楚相孫叔敖知其賢人也，善待之。病且死，屬其子曰：「我死，汝必貧困。若往見優孟，言我孫叔敖之子也。」居數年，其子窮困負薪，逢優孟，與言曰：「我，孫叔敖子也。父且死時，屬我貧困往見優孟。」優孟曰：「若無遠有所之。」〔一〕即爲孫叔敖衣冠，抵掌談語。【二】歲餘，像孫叔敖，楚王及左右不能別也。莊王置酒，優孟前爲壽。莊王大驚，以爲孫叔敖復生也，欲以爲相。優孟曰：「請歸與婦計之，三日而爲相。」莊王許之。三日後，優孟復來。王曰：「婦言謂何？」孟曰：「婦言慎無爲，楚相不足爲也。如孫叔敖之爲楚相，盡忠爲廉以治楚，楚王得以霸。今死，其子無立錐之地，貧困負薪以自飲食。必如孫叔敖，不如自殺。」因歌曰：「山居耕田苦，難以得食。起而爲吏，身貪鄙者餘財，不顧恥辱。身死家室富，又恐受賕枉法，爲姦觸大罪，身死而家滅。貪吏安可爲也！念爲廉吏，奉法守職，竟死不敢爲非。廉吏安可爲也！楚相孫叔敖持廉至死，方今妻子窮困負薪而食，不足爲也！」於是莊王謝優孟，乃召孫叔敖子，封之寢丘【三】四百户，以奉其祀。後十世不絶。此知可以言時矣。

【一】索隱案：謂優孟語孫叔敖之子曰「汝無遠有所之，適他境，恐王後求汝不得」者也。

【二】集解戰國策曰：「蘇秦説趙王華屋之下，抵掌而言。」張載曰：「談説之容則也。」

【三】集解徐廣曰：「在固始。」正義今光州固始縣，本寢丘邑也。吕氏春秋云：「楚孫叔敖有功於國，疾將死，戒其子曰：『王數欲封我，我辭不受。我死，必封汝。汝無受利地，荆楚閒有寢丘者【七】，其爲地不利，而前有妬谷，後有戾丘，其名惡，可長有也。』其子從之。楚功臣封二世而收，唯寢丘不奪也。」

其後二百餘年，秦有優旃。

優旃者，秦倡侏儒也。善爲笑言，然合於大道。秦始皇時，置酒而天雨，陛楯者皆沾寒。優旃見而哀之，謂之曰：「汝欲休乎？」陛楯者皆曰：「幸甚。」優旃曰：「我即呼汝，汝疾應曰諾。」居有頃，殿上上壽呼萬歲。優旃臨檻【一】大呼曰：「陛楯郎！」郎曰：「諾。」優旃曰：「汝雖長，何益，幸雨立。我雖短也，幸休居。」於是始皇使陛楯者得半相代。

【一】正義 御覽反。

始皇嘗議欲大苑囿，東至函谷關，西至雍、陳倉。【二】優旃曰：「善。多縱禽獸於其中，寇從東方來，令麋鹿觸之足矣。」始皇以故輟止。

【二】正義 今岐州雍縣及陳倉縣也。

二世立，又欲漆其城。優旃曰：「善。主上雖無言，臣固將請之。漆城雖於百姓愁費，然佳哉！漆城蕩蕩，寇來不能上。即欲就之，易爲漆耳，顧難爲蔭室。」於是二世笑之，以其故止。居無何，二世殺死，優旃歸漢，數年而卒。

太史公曰：淳于髡仰天大笑，齊威王横行。優孟摇頭而歌，負薪者以封。優旃臨檻疾呼，陛楯得以半更。豈不亦偉哉！

褚先生曰：臣幸得以經術爲郎，而好讀外家傳語。【一】竊不遜讓，復作故事滑稽【二】之語六章，編之於左。可以覽觀揚意，以示後世，好事者讀之，以游心駭耳，以附益上方太史公之三章。

【一】索隱按：東方朔亦多博觀外家之語，則外家非正經，即史傳雜説之書也。

【二】索隱楚詞云：「將突梯滑稽，如脂如韋。」崔浩云：「滑音骨。滑稽，流酒器也。轉注吐酒，終日不已。言出口成章，詞不窮竭，若滑稽之吐酒。故楊雄酒賦云『鴟夷滑稽，腹大如壺，盡日盛酒，人復藉沽』是也。」又姚察云：「滑稽猶俳諧也。滑讀如字，稽音計也。言諧語滑利，其知計疾出，故云滑稽。」

武帝時有所幸倡郭舍人者，發言陳辭雖不合大道，然令人主和説。武帝少時，東武侯母【一】常養帝，【二】帝壯時，號之曰「大乳母」。率一月再朝。朝奏入，有詔使幸臣馬游卿以帛五十匹賜乳母，又奉飲糒飧養乳母。乳母上書曰：「某所有公田，願得假倩之。」帝曰：「乳母欲得之乎？」以賜乳母。乳母所言，未嘗不聽。有詔得令乳母乘車行馳道中。當此之時，公卿大臣皆敬重乳母。乳母家子孫奴從者横暴長安中，當道掣頓人車馬，奪人衣服。聞於中，不忍致之法。有司請徙乳母家室，處之於邊。奏可。乳母當入至前，面見辭。乳母先見郭舍人，爲下泣。舍人曰：「即入見辭去，疾步數還顧。」乳母如其言，謝去，疾步數還顧。郭舍人疾言罵之曰：「咄！老女子！何不疾行！陛下已壯矣，寧尚須汝乳而活邪？尚何還顧！」於是人主憐焉悲之，乃下詔止無徙乳母，罰譖之者。【三】

【一】索隱案：東武，縣名；侯，乳母姓。

【二】正義高祖功臣表云東武侯郭家〔八〕，高祖六年封。子他，孝景六年弃市，國除。蓋他母常養武帝。

【三】索隱罰適譖之者。謂武帝罰謫譖乳母之人也。

武帝時，齊人有東方生名朔，【一】以好古傳書，愛經術，多所博觀外家之語。朔初入長安，至公車上書，【二】凡用三千奏牘。公車令兩人共持舉其書，僅然能勝之。人主從上方讀之，止，輒乙其處，讀之二月乃盡。詔拜以爲郎，常在側侍中。數召至前談語，人主未嘗不説也。時詔賜之食於前。飯已，盡懷其餘肉持去，衣盡汙。數賜縑帛，檐揭而去。徒用所賜錢帛，取少婦於長安中好女。率取婦一歲所者即弃去，更取婦。所賜錢財盡索之於女子。人主左右諸郎半呼之「狂人」。人主聞之，曰：「令朔在事無爲是行者，若等安能及之哉！」朔任其子爲郎，又爲侍謁者，常持節出使。朔行殿中，郎謂之曰：「人皆以先生爲狂。」朔曰：「如朔等，所謂避世於朝廷閒者也。古之人，乃避世於深山中。」時坐席中，酒酣，據地歌曰：「陸沈於俗，【二】避世金馬門。宮殿中可以避世全身，何必深山之中，蒿廬之下。」金馬門者，宦者署門也〔九〕，門傍有銅馬，故謂之曰「金馬門」。

【一】索隱案：仲長統云遷爲滑稽傳，序優旃事，不稱東方朔，非也。朔之行事，豈直旃、孟之比哉。而桓譚亦以遷爲是，又非也。正義漢書云：「平原厭次人也。」輿地志云：「厭次，宜是富平縣之鄉聚名也。」括地云〔一〇〕：「富平故城在倉州〔一一〕陽信縣東南四十里〔一二〕，漢縣也。」

【二】正義百官表云衞尉屬官有公車司馬。漢儀注云：「公車司馬掌殿司馬門，夜徼宮，天下上事及闕下，凡所徵召皆總領之。秩六百石。」

【三】索隱司馬彪云：「謂無水而沈也。」

時會聚宮下博士諸先生與論議，共難之【一】曰：「蘇秦、張儀一當萬乘之主，而都卿相之位，澤及後世。今子大夫修先王之術，慕聖人之義，諷誦詩書百家之言，不可勝數。著於竹帛，自以爲海内無雙，即可謂博聞辯智矣。然悉力盡忠以事聖帝，曠日持久，積數十年，官不過侍郎，位不過執戟，意者尚有遺行邪？其故何也？」東方生曰：「是固非子之所能備也。彼一時也，此一時也，豈可同哉！夫張儀、蘇秦之時，周室大壞，諸侯不朝，力政爭權，相禽以兵，并爲十二國，未有雌雄，得士者彊，失士者亡，故説聽行通，身處尊位，澤及後世，子孫長榮。今非然也。聖帝在上，德流天下，諸侯賓服，威振四夷，連四海之外以爲席，安於覆盂，天下平均，合爲一家，動發舉事，猶如運之掌中。賢與不肖，何以異哉？方今以天下之大，士民之衆，竭精馳説，並進輻湊者，不可勝數。悉力慕義，困於衣食，或失門户。使張儀、蘇秦與僕並生於今之世，曾不能得掌故，安敢望常侍侍郎乎！傳曰：『天下無害菑，雖有聖人，無所施其才；上下和同，雖有賢者，無所立功。』故曰時異則事異。雖然，安可以不務修身乎？詩曰：『鼓鍾于宫，聲聞于外。』『鶴鳴九皋，聲聞于天。』苟能修身，何患不榮！太公躬行仁義七十二年，逢文王，得行其説，封於齊，七百歲而不絶。此士之所以日夜孜孜，修學行道，不敢止也。今世之處士，時雖不用，崛然獨立，塊然獨處，上觀許由，下察接輿，策同范蠡，忠合子胥，天下和平，與義相扶，寡偶少徒，固其常也。子何疑於余哉！」於是諸先生默然無以應也。

【一】索隱與議論，共難之。案：方朔設詞對之，即下文是答對之難也。

建章宮【一】後閣重櫟【二】中有物出焉【一三】，其狀似麋。以聞，武帝往臨視之。問左右羣臣習事通經術者，莫能知。詔東方朔視之。朔曰：「臣知之，願賜美酒粱飯大飱臣，臣乃言。」詔曰：「可。」已飱，又曰【一四】：「某所有公田魚池蒲葦數頃，陛下以賜臣，臣朔乃言。」詔曰：「可。」於是朔乃肯言，曰：「所謂騶牙【三】者也。遠方當來歸義，而騶牙先見。其齒前後若一，齊等無牙，故謂之騶牙。」其後一歲所，匈奴混邪王果將十萬衆來降漢。乃復賜東方生錢財甚多。

【一】正義在長安縣西北二十里故城中【一五】。

【二】索隱上逐龍反，下音歷。重櫟，欄楯之下有重欄處也。

【三】索隱騶音鄒。按：方朔以意自立名而偶中也。以有九牙齊等，故謂之騶牙，猶騶騎然也。

至老，朔且死時，諫曰：「詩云『營營青蠅，止于蕃。愷悌君子，無信讒言。讒言罔極，交亂四國』。願陛下遠巧佞，退讒言。」帝曰：「今顧東方朔多善言？」怪之。居無幾何，朔果病死。傳曰：「鳥之將死，其鳴也哀；人之將死，其言也善。」此之謂也。

武帝時，大將軍衞青者，衞后兄也，【一】封爲長平侯。從軍擊匈奴，至余吾水上而還，斬首捕虜，有功來歸，詔賜金千斤。將軍出宫門，齊人東郭先生以方士待詔公車，當道遮衞將軍車，拜謁曰：「願白事。」【二】將軍止車前，東郭先生旁車言曰：「王夫人新得幸於上，家貧。今將軍得金千斤，誠以其半賜王夫人之親，人主聞之必喜。此所謂奇策便計也。」衞將軍謝之曰：「先生幸告之以便計，請奉教。」於是衞將軍乃以五百金爲王夫人之親壽。王夫人以聞武帝。帝曰：「大將軍不知爲此。」問之安所受計策，對曰：「受之待詔者東郭先生。」詔召東郭先生，拜以爲郡都尉。東郭先生久待詔公車，貧困飢寒，衣敝，履不完。行雪中，履有上無下，足盡踐地。道中人笑之，東郭先生應之曰：「誰能履行雪中，令人視之，其上履也，其履下處乃似人足者乎？」及其拜爲二千石，佩青緺【三】出宫門，行謝主人。故所以同官待詔者，等比祖道於都門外。榮華道路，立名當世。【四】此所謂衣褐懷寶者也。【五】當其貧困時，人莫省視；至其貴也，乃爭附之。諺曰：「相馬失之瘦，相士失之貧。」其此之謂邪？

【一】集解徐廣曰：「衞青傳曰子夫之弟也。」

【二】集解徐廣曰：「衞青傳云甯乘説青而拜爲東海都尉。」

【三】集解徐廣曰：「音瓜，一音螺，青綬。」

【四】集解徐廣曰：「東郭先生也。」

【五】索隱此指東郭先生也，言其身衣褐而懷寶玉。

王夫人病甚，人主至自往問之曰：「子當爲王，欲安所置之？」對曰：「願居洛陽。」人主曰：「不可。洛陽有武庫、敖倉，當關口，天下咽喉。自先帝以來，傳不爲置王。然關東國莫大於齊，可以爲齊王。」王夫人以手擊頭，呼「幸甚」。王夫人死，號曰「齊王太后薨」。

昔者，齊王使淳于髡獻鵠於楚。【一】出邑門，道飛其鵠，徒揭空籠，造詐成辭，往見楚王曰：「齊王使臣來獻鵠，過於水上，不忍鵠之渴，出而飲之，去我飛亡。吾欲刺腹絞頸而死，恐人之議吾王以鳥獸之故令士自傷殺也。鵠，毛物，多相類者，吾欲買而代之，是不信而欺吾王也。欲赴佗國奔亡，痛吾兩主使不通。故來服過，叩頭受罪大王。」楚王曰：「善，齊王有信士若此哉！」厚賜之，財倍鵠在也。

【一】索隱案：韓詩外傳齊使人獻鵠於楚，不言髡。又説苑云魏文侯使舍人無擇獻鴻於齊，皆略同而事異，殆相涉亂也。

武帝時，徵北海太守【一】詣行在所。有文學卒史王先生者，自請與太守俱：「吾有益於君，君許之。」諸府掾功曹白云：「王先生嗜酒，多言少實，恐不可與俱。」太守曰：「先生意欲行，不可逆。」遂與俱。行至宮下，待詔宮府門。王先生徒懷錢沽酒，與衛卒僕射飲，日醉，不視其太守。太守入跪拜。王先生謂户郎曰：「幸爲我呼吾君至門内遥語。」户郎爲呼太守。太守來，望見王先生。王先生曰：「天子即問君何以治北海【二】令無盜賊，君對曰何哉？」對曰：「選擇賢材，各任之以其能，賞異等，罰不肖。」王先生曰：「對如是，是自譽自伐功，不可也。願君對言『非臣之力，盡陛下神靈威武所變化也』。」太守曰：「諾。」召入，至于殿下，有詔問之曰：「何以治北海，令盜賊不起？」叩頭對言：「非臣之力，盡陛下神靈威武之所變化也。」武帝大笑，曰：「於呼！安得長者之語而稱之！安所受之？」對曰：「受之文學卒史。」帝曰：「今安在？」對曰：「在宮府門外。」有詔召拜王先生爲水衡丞，以北海太守爲水衡都尉。傳曰：「美言可以市，尊行可以加人。君子相送以言，小人相送以財。」

【一】索隱漢書宣帝徵渤海太守龔遂，非武帝時，此褚先生記謬耳。

【二】正義今青州。

魏文侯時，西門豹爲鄴令。【一】豹往到鄴，會長老，問之民所疾苦。長老曰：「苦爲河伯娶婦，【二】以故貧。」豹問其故，對曰：「鄴三老、廷掾常歲賦斂百姓，收取其錢得數百萬，用其二三十萬爲河伯娶婦，與祝巫共分其餘錢持歸。當其時，巫行視小家女好者，云是當爲河伯婦，即娉取。洗沐之，爲治新繒綺縠衣，閒居齋戒；爲治齋宮河上，張緹絳帷，【三】女居其中。爲具牛酒飯食，行十餘日。共粉飾之，如嫁女床席，令女居其上，浮之河中。始浮，行數十里乃没。其人家有好女者，恐大巫祝爲河伯取之，以故多持女遠逃亡。以故城中益空無人，又困貧，所從來久遠矣。民人俗語曰『即不爲河伯娶婦，水來漂没，溺其人民』云。」西門豹曰：「至爲河伯娶婦時，願三老、【四】巫祝、父老送女河上，幸來告語之，吾亦往送女。」皆曰：「諾。」

【一】正義今相州縣也。

【二】正義河伯，華陰潼鄉人，姓馮氏，名夷。浴於河中而溺死，遂爲河伯也。

【三】正義緹，他禮反。顧野王云：「黄赤色也。又音啼，厚繒也。」

【四】正義亭三老。

至其時，西門豹往會之河上。三老、官屬、豪長者、里父老皆會，以人民往觀之者三二千人。其巫，老女子也，已年七十。從弟子女十人所，皆衣繒單衣，立大巫後。西門豹曰：「呼河伯婦來，視其好醜。」即將女出帷中，來至前。豹視之，顧謂三老、巫祝、父老曰：「是女子不好，煩大巫嫗爲入報河伯，得更求好女，後日送之。」即使吏卒共抱大巫嫗投之河中。有頃，曰：「巫嫗何久也？弟子趣之！」復以弟子一人投河中。有頃，曰：「弟子何久也？復使一人趣之！」復投一弟子河中。凡投三弟子。西門豹曰：「巫嫗、弟子是女子也，不能白事，煩三老爲入白之。」復投三老河中。西門豹簪筆磬折，【一】嚮河立待良久。長老、吏傍觀者皆驚恐。西門豹顧曰：「巫嫗、三老不來還，柰之何？」欲復使廷掾與豪長者一人入趣之。皆叩頭，叩頭且破，額血流地，色如死灰。西門豹曰：「諾，且留待之須臾。」須臾，豹曰：「廷掾起矣。狀河伯留客之久，若皆罷去歸矣。」鄴吏民大驚恐，從是以後，不敢復言爲河伯娶婦。

【一】正義簪筆，謂以毛裝簪頭，長五寸，插在冠前，謂之爲筆，言插筆備禮也。磬折，謂曲體揖之，若石磬之形曲折也。磬，一片黑石；凡十二片，樹在虡上擊之。其形皆中曲垂兩頭，言人腰側似也。

西門豹即發民鑿十二渠，引河水灌民田，【二】田皆溉。當其時，民治渠少煩苦，不欲也。豹曰：「民可以樂成，不可與慮始。今父老子弟雖患苦我，然百歲後期令父老子孫思我言。」至今皆得水利，民人以給足富。十二渠經絶馳道，到漢之立，而長吏以爲十二渠橋絶馳道，相比近，不可。欲合渠水，且至馳道合三渠爲一橋。鄴民人父老不肯聽長吏，以爲西門君所爲也，賢君之法式不可更也。長吏終聽置之。故西門豹爲鄴令，名聞天下，澤流後世，無絶已時，幾可謂非賢大夫哉！

【一】正義括地志云：「按：横渠首接漳水，蓋西門豹、史起所鑿之渠也。溝洫志云『魏文侯時，西門豹爲鄴令，有令名。至文侯曾孫襄王，與羣臣飲，祝曰：「令吾臣皆如西門豹之爲人臣也。」史起進曰：「魏氏之行田也以百畝，鄴獨二百畝，是田惡也。漳水在其傍，西門不知用，是不智；知而不興，是不仁。仁智豹未之盡，何足法也！」於是史起爲鄴令，遂引漳水溉鄴，以富魏之河内』。左思魏都賦云『西門溉其前，史起灌其後』也。」

傳曰：「子産治鄭，民不能欺；子賤治單父，民不忍欺；西門豹治鄴，民不敢欺。」三子之才能誰最賢哉？辨治者當能别之。【一】

【一】集解魏文帝問羣臣：「三不欺，於君德孰優？」太尉鍾繇、司徒華歆、司空王朗對曰：「臣以爲君任德，則臣感義而不忍欺；君任察，則臣畏覺而不能欺；君任刑，則臣畏罪而不敢欺。任德感義，與夫導德齊禮有恥且格等趨者也。任察畏罪，與夫導政齊刑免而無恥同歸者也。孔子曰：『爲政以德，譬如北辰，居其所而衆星共之。』考以斯言，論以斯義，臣等以爲不忍欺不能欺，優劣之縣在於權衡，非徒低卬之差，乃鈞銖之覺也。且前志稱『仁者安仁，智者利仁，畏罪者强仁』。校其仁者，功則無以殊；核其爲仁者，則不得不異。安仁者，性善者也；利仁者，力行者也；强仁者，不得已者也。三仁相比，則安仁優矣。易稱『神而化之，使民宜之』。若君化使民然也。然則安仁之化與夫强仁之化，優劣亦不得不相縣絶也。然則三臣之不欺雖同，所以不欺異矣。則純以恩義崇不欺，與以威察成不欺，既不可同概而比量，又不得錯綜而易處。」【索隱】案：此三不欺自古傳記先達共所稱述，今褚先生因記西門豹而稱之以成説也。循吏傳記子産相鄭，仁而且明，故人不能欺之也。子賤爲政清淨，唯彈琴，三年不下堂而化，是人見思，故不忍欺之。豹以威化御俗，故人不敢欺。其德優劣，鍾、華之評寔爲允當也。

【索隱述贊】滑稽鴟夷，如脂如韋。敏捷之變，學不失詞。淳于索絶，趙國興師。楚優拒相，寢丘獲祠。偉哉方朔，三章紀之。

校勘記

〔一〕言能亂異同也　「異同」，耿本、黄本、殿本作「同異」。又，此下耿本、黄本、彭本、柯本、凌本、殿本有「楚詞云將突梯滑稽如脂如韋崔浩云滑音骨滑稽流酒器也轉注吐酒終日不已言出口成章詞不窮竭若滑稽之吐酒故楊雄酒賦云鴟夷滑稽腹大如壺盡日盛酒人復藉沽是也又姚察云滑稽猶俳諧也滑讀如字稽音計也以言諧語滑利其知計疾出故云滑稽也」一〇五字。

〔二〕春秋以義　景祐本、凌本、殿本「以」下有「道」字，疑此脱。按：本書卷一三〇太史公自序：「是故禮以節人，樂以發和，書以道事，詩以達意，易以道化，春秋以道義。」漢書卷六二司馬遷傳「春秋以道義」顔師古注：「道，言也。」

〔三〕篝籠也　張文虎札記卷五：「御覽七百七十七引注下有『音構』二字。又元龜八百三十三亦引注『篝，籠也，音構』。」按：「篝」上疑脱「甌窶傾側之地」六字。荀子大略「流丸止於甌、臾」楊倞注：「史記曰『甌窶滿溝，污邪滿車』，裴駰云：『甌窶，傾側之地。污邪，下地也。』」

〔四〕下地田也　荀子大略「流丸止於甌、臾」楊倞注引裴駰無「田」字。

〔五〕粳稻　原作「糧稻」，據景祐本、紹興本、黄本、殿本改。按：左傳昭公二十九年孔穎達疏引史記作「粳稻」。

〔六〕食之　耿本、彭本、凌本、殿本作「鹽之」。按：禮記内則：「屑桂與薑，以洒諸上而鹽之，乾而食之。」疑注文有脱誤。

〔七〕荆楚閒　吕氏春秋孟冬紀異寶作「楚越之間」。

〔八〕郭家　疑當作「郭蒙」。按：本書卷一八高祖功臣侯者年表東武貞侯名郭蒙，漢書卷一六高惠高后文功臣表同，且云「元康四年，蒙玄孫茂陵公士廣漢詔復家」。

〔九〕宦者署　「者」字原無。王念孫雜志史記第六：「『宦』下脱去『者』字。藝文類聚、太平御覽居處部及文選西都賦、别賦注引此竝有『者』字。」今據補。

〔一〇〕括地　疑當作「括地志」。

〔一一〕倉州　疑當作「滄州」。按：本書卷一〇孝文本紀「揭爲陽信侯」正義引括地志：「陽信故城在滄州無棣縣東南三十里，漢陽信縣。」元和志卷一八河北道三滄州：「禹貢冀州、兖州之域。後魏孝明帝熙平二年，分瀛州、冀州置滄州，以滄海爲名。」

〔一二〕四十里　本書卷一〇孝文本紀「揭爲陽信侯」正義引括地志作「三十里」。

〔一三〕重櫟　徐鍇説文解字繫傳「橑」字條引史記褚少孫東方朔傳作「重橑」，疑是。按：橑，椽也。「重橑」，即複屋。

〔一四〕已殆又曰　「殆」字原無，據景祐本、紹興本、耿本、黄本、彭本、柯本、凌本、殿本補。

〔一五〕在長安縣西北二十里故城中　疑「中」當作「西」。按：本書卷一二孝武本紀「於是作建章宫」正義引括地志：「建章宫在雍州長安縣西二十里長安故城西。」通鑑卷二一漢紀一三武帝太初元年「於是作建章宫」胡三省注引括地志同。

史記卷一百二十七

日者列傳第六十七

集解墨子曰：「墨子北之齊，遇日者。日者曰：『帝以今日殺黑龍於北方，而先生之色黑，不可以北。』墨子不聽，遂北，至淄水。墨子不遂而反焉。日者曰：『我謂先生不可以北。』」然則古人占候卜筮，通謂之「日者」。墨子亦云，非但史記也。索隱案：名卜筮曰「日者」以墨，所以卜筮占候時日通名「日者」故也〔一〕。

自古受命而王，王者之興何嘗不以卜筮決於天命哉！其於周尤甚，及秦可見。代王之入，任於卜者。太卜之起，由漢興而有。【一】

【一】索隱案：周禮有太卜之官。此云由漢興者，謂漢自文帝卜大横之後，其卜官更興盛焉。

司馬季主者，楚人也。【二】卜於長安東市。

【二】索隱按：云楚人而太史公不序其系，蓋楚相司馬子期、子反後，芈姓也。季主見列仙傳。

宋忠爲中大夫，賈誼爲博士，同日俱出洗沐，【一】相從論議，誦易先王聖人之道術，究偏人情，相視而歎。賈誼曰：「吾聞古之聖人，不居朝廷，必在卜醫之中。今吾已見三公九卿朝士大夫，皆可知矣。試之卜數中以觀采。」【二】二人即同輿而之市，游於卜肆中。天新雨，道少人，司馬季主閒坐，弟子三四人侍，方辯天地之道，日月之運，陰陽吉凶之本。二大夫再拜謁。司馬季主視其狀貌，如類有知者，即禮之，使弟子延之坐。坐定，司馬季主復理前語，分別天地之終始，日月星辰之紀，差次仁義之際，列吉凶之符，語數千言，莫不順理。

【一】正義漢官五日一假洗沐也。

【二】索隱卜數猶術數也。音所具反。劉氏云「數，筮也」，亦通。筮必以易，易用大衍之數者也〔二〕。

宋忠、賈誼瞿然而悟，獵纓正襟【一】危坐，【二】曰：「吾望先生之狀，聽先生之辭，小子竊觀於世，未嘗見也。今何居之卑，何行之汙？」【三】

【一】索隱獵猶攬也。攬其冠纓而正其衣襟，謂變而自飾也。

【二】索隱免坐。謂俯俛爲敬。

【三】索隱音烏故反。

司馬季主捧腹大笑曰：「觀大夫類有道術者，今何言之陋也，何辭之野也！今夫子所賢者何也？所高者誰也？今何以卑汙長者？」

二君曰：「尊官厚禄，世之所高也，賢才處之。今所處非其地，故謂之卑。言不信，行不驗，取不當，故謂之汙。夫卜筮者，世俗之所賤簡也。世皆言曰：『夫卜者多言誇嚴以得人情，〔一〕虚高人禄命以説人志，擅言禍災以傷人心，矯言鬼神以盡人財，厚求拜謝以私於己。』此吾之所恥，故謂之卑汙也。」

〔一〕索隱 謂卜者自矜誇而莊嚴，説禍以誑人也。

司馬季主曰：「公且安坐。公見夫被髮童子乎？日月照之則行，不照則止，問之日月疵瑕吉凶，則不能理。由是觀之，能知别賢與不肖者寡矣。

「賢之行也，直道以正諫，三諫不聽則退。其譽人也不望其報，惡人也不顧其怨，以便國家利衆爲務。故官非其任不處也，禄非其功不受也；見人不正，雖貴不敬也；見人有污，雖尊不下也；得不爲喜，去不爲恨；非其罪也，雖累辱而不愧也。

「今公所謂賢者，皆可爲羞矣。卑疵〔一〕而前，孅趨〔二〕而言；相引以勢，相導以利；比周賓正，〔三〕以求尊譽，以受公奉；事私利，枉主法，獵農民；以官爲威，以法爲機，求利逆暴：譬無異於操白刃劫人者也。初試官時，倍力爲巧詐，飾虚功執空文以誷主上，用居上爲右；試官不讓賢陳功，見僞增實，以無爲有，以少爲多，以求便勢尊位；食飲驅馳，從姬歌兒，不顧於親，犯法害民，虛公家【三】：此夫爲盜不操矛弧者也，攻而不用弦刃者也，欺父母未有罪而弒君未伐者也。何以爲高賢才乎？

【一】索隱 疵音貲。

【二】索隱 孅音纖。纖趍猶足恭也。

【三】集解 徐廣曰：「客旅謂之賓，人求長官謂之正。」

「盜賊發不能禁，夷貊不服不能攝，姦邪起不能塞，官秏亂不能治，四時不和不能調，歲穀不孰不能適。【一】才賢不爲，是不忠也；才不賢而託官位，利上奉，妨賢者處，是竊位也；【二】有人者進，有財者禮，是僞也。子獨不見鴟梟之與鳳皇翔乎？蘭芷芎藭弃於廣野，蒿蕭成林，使君子退而不顯衆，公等是也。

【一】索隱 音釋。適猶調也。

【二】索隱 奉音扶用反。

「述而不作，君子義也。今夫卜者，必法天地，象四時，順於仁義，分策定卦，旋式正棊，【一】然後言天地之利害，事之成敗。昔先王之定國家，必先龜策日月，而後乃敢代；正時日，乃後入家；產子必先占吉凶，後乃有之。【二】自伏羲作八卦，周文王演三百八十四爻而天下治。越王句踐放文王八卦【三】以破敵國，霸天下。由是言之，卜筮有何負哉！

【一】集解徐廣曰：「式音栻。」索隱按：式即栻也。旋，轉也。栻之形上圓象天，下方法地，用之則轉天綱加地之辰，故云旋式。棊者，筮之狀。正棊，蓋謂卜以作卦也。

【二】索隱謂若卜之不祥，則式不收也。卜吉而後有，故云「有之」。

【三】索隱放音方往反。

「且夫卜筮者，埽除設坐，正其冠帶，然後乃言事，此有禮也。言而鬼神或以饗，忠臣以事其上，孝子以養其親，慈父以畜其子，此有德者也。而以義置數十百錢，病者或以愈，且死或以生，患或以免，事或以成，嫁子娶婦或以養生：此之爲德，豈直數十百錢哉！此夫老子所謂『上德不德，是以有德』。今夫卜筮者利大而謝少，老子之云豈異於是乎？

「莊子曰：『君子内無飢寒之患，外無劫奪之憂，居上而敬，居下不爲害，君子之道也。』今夫卜筮者之爲業也，積之無委聚，藏之不用府庫，徙之不用輜車，負裝之不重，止而用之無盡索之時。持不盡索之物，游於無窮之世，雖莊氏之行未能增於是也，子何故而云不可卜哉？天不足西北，星辰西北移；地不足東南，以海爲池；日中必移，月滿必虧；先王之道，乍存乍亡。公責卜者言必信，不亦惑乎！

「公見夫談士辯人乎？慮事定計，必是人也，然不能以一言説人主意，故言必稱先王，語必道上古；慮事定計，飾先王之成功，語其敗害，以恐喜人主之志，以求其欲。多言誇嚴，【一】莫大於此矣。然欲彊國成功，盡忠於上，非此不立。今夫卜者，導惑教愚也。夫愚惑之人，豈能以一言而知之哉！言不厭多。

【一】集解徐廣曰：「一作『險』。」

「故騏驥不能與罷驢爲駟，而鳳皇不與燕雀爲羣，而賢者亦不與不肖者同列。故君子處卑隱以辟衆，自匿以辟倫，微見德順以除羣害，以明天性，助上養下，多其功利，不求尊譽。公之等喁喁者也，何知長者之道乎！」

宋忠、賈誼忽而自失，芒乎無色，【一】悵然噤【二】口不能言。於是攝衣而起，再拜而辭。行洋洋也，出門僅能自上車，【四】伏軾低頭，卒不能出氣。

【一】索隱芒音莫郎反。

【二】索隱悵音暢。噤音禁。劉氏音其錦反。

居三日，宋忠見賈誼於殿門外，乃相引屏語相謂自歎曰：「道高益安，勢高益危。居赫赫之勢，失身且有日矣。夫卜而有不審，不見奪糈；【一】爲人主計而不審，身無所處。【三】此相去遠矣，猶天冠地屨也。此老子之所謂『無名者萬物之始』也。天地曠曠，物之熙熙，或安或危，莫知居之。我與若，何足預彼哉！彼久而愈安，雖曾氏之義【三】未有以異也。」

【一】集解徐廣曰：「音所。」駰案：離騷經曰「懷椒糈而要之」，王逸云「糈，精米，所以享神」。索隱糈音所。糈者，卜求神之米也。

【二】索隱言卜之不中，乃不見奪其糈米。若爲人主計不審，則身無所處也。

【三】集解徐廣曰：「曾，一作『莊』。」

久之，宋忠使匈奴，不至而還，抵罪。而賈誼爲梁懷王傅，王墮馬薨，誼不食，毒恨而死。此務華絶根者也。【一】

【一】索隱言宋忠、賈誼皆務華而喪其身，是絶其根本也。

太史公曰：古者卜人所以不載者，多不見于篇。及至司馬季主，余志而著之。

褚先生曰：臣爲郎時，游觀長安中，見卜筮之賢大夫，觀其起居行步，坐起自動，誓正其衣冠而當鄉人也，有君子之風。見性好解婦來卜，對之顔色嚴振，未嘗見齒而笑也。從古以來，賢者避世，有居止舞澤者，有居民閒閉口不言，有隱居卜筮閒以全身者。夫司馬季主者，楚賢大夫，游學長安，通易經，術黃帝、老子，博聞遠見。觀其對二大夫貴人之談言，稱引古明王聖人道，固非淺聞小數之能。及卜筮立名聲千里者，各往往而在。傳曰：「富爲上，貴次之；既貴各各學一伎能立其身。」黃直，丈夫也；陳君夫，婦人也：以相馬立名天下。齊張仲、曲成侯以善擊刺學用劍，立名天下。留長孺以相彘立名。滎陽褚氏以相牛立名。能以伎能立名者甚多，皆有高世絕人之風，何可勝言。故曰：「非其地，樹之不生；非其意，教之不成。」夫家之教子孫，當視其所以好，好含苟生活之道，因而成之。故曰：「制宅命子，足以觀士；子有處所，可謂賢人。」

臣爲郎時，與太卜待詔爲郎者同署，言曰：「孝武帝時，聚會占家問之，某日可取婦乎？五行家曰可，堪輿家曰不可，建除家曰不吉，叢辰家曰大凶，曆家曰小凶，天人家曰小吉，太一家曰大吉。辯訟不決，以狀聞。制曰：『避諸死忌，以五行爲主。』」人取於五行者也。

【索隱述贊】日者之名，有自來矣。吉凶占候，著於墨子。齊楚異法，書亡罕紀。後人斯繼，季主獨美。取免暴秦，此焉終否。

校勘記

〔一〕所以卜筮占候　「筮」，原作「巫」，據耿本、黄本、彭本、柯本、凌本、殿本改。

〔二〕筮必以易易用大衍之數　「以」字原無，「易」字原不重，據耿本、黄本、彭本、柯本、凌本、殿本補。

〔三〕虚公家　張文虎札記卷五：「元龜八百三十三引作『虚耗公家』，疑今本脱。」

〔四〕出門　「門」上景祐本、紹興本、耿本、黄本、彭本、柯本、凌本、殿本、會注本有「市」字。

史記卷一百二十八

龜策列傳第六十八

索隱龜策傳有録無書，褚先生所補。其敍事煩蕪陋略，無可取。正義史記至元成閒十篇有録無書，而褚少孫補景、武紀，將相年表，禮書、樂書、律書，三王世家，蒯成侯、日者、龜策列傳。日者、龜策言辭最鄙陋，非太史公之本意也。

太史公曰：自古聖王將建國受命，興動事業，何嘗不寶卜筮以助善！唐虞以上，不可記已。自三代之興，各據禎祥。塗山之兆從而夏啓世，飛燕之卜順故殷興，百穀之筮吉故周王。王者決定諸疑，參以卜筮，斷以蓍龜，不易之道也。

蠻夷氐羌雖無君臣之序，亦有決疑之卜。或以金石，或以草【一】木，國不同俗。然皆可以戰伐攻擊，推兵求勝，各信其神，以知來事。

【一】集解徐廣曰：「一作『革』。」

略聞夏殷欲卜者，乃取蓍龜，已則弃去之，以爲龜藏則不靈，蓍久則不神。至周室之卜官，常寶藏蓍龜；又其大小先後，各有所尚，要其歸等耳。或以爲聖王遭事無不定，決疑無不見，其設稽神求問之道者，以爲後世衰微，愚不師智，人各自安，化分爲百室，道散而無垠，故推歸之至微，要絜於精神也。或以爲昆蟲之所長，聖人不能與爭。其處吉凶，別然否，多中於人。至高祖時，因秦太卜官。天下始定，兵革未息。及孝惠享國日少，呂后女主，孝文、孝景因襲掌故，未遑講試，雖父子疇官，世世相傳，其精微深妙，多所遺失。至今上即位，博開藝能之路，悉延百端之學，通一伎之士咸得自效，絶倫超奇者爲右，無所阿私，數年之閒，太卜大集。會上欲擊匈奴，西攘大宛，【一】南收百越，卜筮至預見表象，先圖其利。及猛將推鋒執節，獲勝於彼，而蓍龜時日亦有力於此。上尤加意，賞賜至或數千萬。如丘子明之屬，富溢貴寵，傾於朝廷。至以卜筮射蠱道，巫蠱時或頗中。素有眦睚不快，【二】因公行誅，恣意所傷，以破族滅門者，不可勝數。百僚蕩恐，皆曰龜策能言。後事覺姦窮，亦誅三族。

【一】集解徐廣曰：「攘，一作『襄』。襄，除也。」

夫揲策定數，【一】灼龜觀兆，變化無窮，是以擇賢而用占焉，可謂聖人重事者乎！周公卜三龜，而武王有瘳。紂爲暴虐，而元龜不占。晉文將定襄王之位，卜得黃帝之兆，【二】

卒受形弓之命。獻公貪驪姬之色，卜而兆有口象，其禍竟流五世。楚靈將背周室，卜而龜逆，【三】終被乾谿之敗。兆應信誠於內，而時人明察見之於外，可不謂兩合者哉！君子謂夫輕卜筮，無神明者，悖；背【四】人道，信禎祥者，鬼神不得其正。故書建稽疑，五謀而卜筮居其二，五占從其多，明有而不專之道也。

【一】集解徐廣曰：「摓音逢。一作『達』。」索隱按：徐廣摓音逢。摓謂兩手執蓍分而扐之，故云摓策。

【二】集解左傳曰：「遇黃帝戰于阪泉之兆。」

【三】集解左傳曰：「靈王卜，曰：『余尚得天下。』不吉。投龜詬天而呼曰：『是區區者而不余畀，余必自取之。』」索隱詬音火候反。

【四】索隱上音倍，下音佩。

余至江南，觀其行事，問其長老，云龜千歲乃遊蓮葉之上，【一】蓍百莖共一根。【二】又其所生，獸無虎狼，草無毒螫。江傍家人常畜龜飲食之，以爲能導引致氣，有益於助衰養老，豈不信哉！

【一】集解徐廣曰：「蓮，一作『領』。」領與蓮聲相近，或假借字也。

【二】集解徐廣曰：「劉向云龜千歲而靈，蓍百年而一本生百莖。」

褚先生曰：臣以通經術，受業博士，治春秋，以高第爲郎，幸得宿衞，出入宮殿中十有餘年。竊好太史公傳。太史公之傳曰：「三王不同龜，四夷各異卜，然各以決吉凶，略闚其要，故作龜策列傳。」臣往來長安中，求龜策列傳不能得，故之大卜官，問掌故文學長老習事者，寫取龜策卜事，編于下方。

聞古五帝、三王發動舉事，必先決蓍龜。傳曰：〔一〕「下有伏靈，上有兔絲；上有擣蓍，〔二〕下有神龜。」所謂伏靈者，在兔絲之下，狀似飛鳥之形。新雨已，天清靜無風，以夜捎兔絲去之，即以篝燭此地，〔三〕燭之火滅，即記其處，以新布四丈環置之，明即掘取之，入四尺至七尺，得矣，過七尺不可得。伏靈者，千歲松根也，食之不死。聞蓍生滿百莖者，其下必有神龜守之，其上常有青雲覆之。傳曰：「天下和平，王道得，而蓍莖長丈，其叢生滿百莖。」方今世取蓍者，不能中古法度，不能得滿百莖長丈者，取八十莖已上，蓍長八尺，即難得也。人民好用卦者，取滿六十莖已上，長滿六尺者，即可用矣。記曰：「能得名龜者，財物歸之，家必大富至千萬。」一曰「北斗龜」，二曰「南辰龜」，三曰「五星龜」，四曰「八風龜」，五曰「二十八宿龜」，六曰「日月龜」，七曰

「九州龜」，八曰「玉龜」：凡八名龜。龜圖各有文在腹下，文云云者，此某之龜也。略記其大指，不寫其圖。取此龜不必滿尺二寸，民人得長七八寸，可寶矣。今夫珠玉寶器，雖有所深藏，必見其光，必出其神明，其此之謂乎！故玉處於山而木潤，淵生珠而岸不枯者，【四】潤澤之所加也。明月之珠出於江海，藏於蚌中，蚗龍伏之。【五】王者得之，長有天下，四夷賓服。能得百莖蓍，并得其下龜以卜者，百言百當，足以決吉凶。

【一】索隱此傳即太卜所得古占龜之説也。

【二】索隱擣音逐留反。按：即稠也。擣蓍即藂蓍，擣是古「稠」字也。

【三】集解徐廣曰：「篝，籠也。蓋然火而籠罩其上也。音溝。陳涉世家曰『夜篝火』也。」

【四】集解徐廣曰：「一無『不』字。許氏説淮南以爲滋潤鍾於明珠，致令岸枯也。」

【五】集解徐廣曰：「許氏説淮南云蚗龍，龍屬也。音決。」索隱蚗蠪伏之。按：蚗當爲「蛟」。蠪音龍，注音決，誤也。

神龜出於江水中，廬江郡常歲時生龜長尺二寸者二十枚輸太卜官，太卜官因以吉日剔取其腹下甲。龜千歲乃滿尺二寸。王者發軍行將，必鑽龜廟堂之上，以決吉凶。今高廟中有龜室，藏内以爲神寶。

傳曰：「取前足臑骨【一】穿佩之，取龜置室西北隅懸之，以入深山大林中，不惑。」臣爲郎時，見萬畢石朱方，傳曰：「有神龜在江南嘉林中。【二】嘉林者，獸無虎狼，鳥無鴟梟，草無毒螫，野火不及，斧斤不至，是爲嘉林。龜在其中，常巢於芳蓮之上。左脅書文曰：『甲子重光，【三】得我者匹夫爲人君，有土正，【四】諸侯得我爲帝王。』求之於白蛇蟠杅【五】林中者，【六】齋戒以待，譺然，【七】狀如有人來告之，因以醮酒佗髮，【八】求之三宿而得。」由是觀之，豈不偉哉！故龜可不敬與？

【一】集解徐廣曰：「臑音乃毛反。臑，臂。」索隱臑音乃高反。臑，臂也。一音乃導反。

【二】索隱按：萬畢術中有石朱方，方中説嘉林中，故云傳曰。

【三】集解徐廣曰：「子，一作『于』。」

【四】集解徐廣曰：「正，長也。爲有土之官長。」

【五】集解徐廣曰：「一孤反。」

【六】索隱按：林名白蛇蟠杅林，龜藏其中。杅音烏。謂白蛇嘗蟠杅此林中也。

【七】索隱音嶷。言求龜者齋戒以待，常譺然也。

【八】集解徐廣曰：「佗，一作『被』。」索隱佗音徒我反。按：謂被髮也。

南方老人用龜支牀足，行二十餘歲，老人死，移牀，龜尚生不死。龜能行氣導引。

問者曰：「龜至神若此，然太卜官得生龜，何爲輒殺取其甲乎？」近世江上人有得名龜，畜置之，家因大富。與人議，欲遣去。人教殺之勿遣，遣之破人家。龜見夢曰：「送我水中，無殺吾也。」其家終殺之。殺之後，身死，家不利。人民與君王者異道。人民得名龜，其狀類不宜殺也。以往古故事言之，古明王聖主皆殺而用之。

宋元王時得龜，亦殺而用之。謹連其事於左方，令好事者觀擇其中焉。

宋元王二年，江使神龜使於河，至於泉陽，漁者豫且〔一〕舉網得而囚之，置之籠中。夜半，龜來見夢於宋元王曰：「我爲江使於河，而幕網當吾路。泉陽豫且得我，我不能去。身在患中，莫可告語。王有德義，故來告訴。」元王惕然而悟。乃召博士衞平〔二〕而問之曰：「今寡人夢見一丈夫，延頸而長頭，衣玄繡之衣而乘輜車，來見夢於寡人曰：『我爲江使於河，而幕網當吾路。泉陽豫且得我，我不能去。身在患中，莫可告語。王有德義，故來告訴。』是何物也？」衞平乃援式而起，〔三〕仰天而視月之光，觀斗所指，定日處鄉。規矩爲輔，副以權衡。四維已定，八卦相望。視其吉凶，介蟲先見。乃對元王曰：「今昔壬子，〔四〕宿在牽牛。河水大會，鬼神相謀。漢正南北，〔五〕江河固期，南風新至，江使先來。白雲壅漢，萬物盡留。斗柄指日，使者當囚。玄服而乘輜車，其名爲龜。王急使人問而求之。」王曰：「善。」

【一】索隱 下音子余切。泉陽人，網元龜者。

【二】索隱 宋元君之臣也。

【三】集解 徐廣曰：「式音勑。」

【四】索隱 今昔猶昨夜也。以今日言之，謂昨夜爲今昔。

【五】正義 漢，天河。

於是王乃使人馳而往問泉陽令曰：「漁者幾何家？名誰爲豫且？豫且得龜，見夢於王，王故使我求之。」泉陽令乃使吏案籍視圖，水上漁者五十五家，上流之廬，名爲豫且。泉陽令曰：「諾。」乃與使者馳而問豫且曰：「今昔汝漁何得？」豫且曰：「夜半時舉網得龜。」【一】使者曰：「今龜安在？」曰：「在籠中。」使者曰：「王知子得龜，故使我求之。」豫且曰：「諾。」即系龜而出之籠中，獻使者。

【一】集解 莊子曰得白龜圓五尺。

使者載行，出於泉陽之門。正晝無見，風雨晦冥。雲蓋其上，五采青黃；雷雨並起，風將而行。入於端門，見於東箱。身如流水，潤澤有光。望見元王，延頸而前，三步而止，縮頸而卻，復其故處。元王見而怪之，問衞平曰：「龜見寡人，延頸而前，以何望也？縮頸而復，是何當也？」衞平對曰：「龜在患中，而終昔囚，王有德義，使人活之。今延頸而前，以當謝也，縮頸而卻，欲亟去也。」元王曰：「善哉！神至如此乎，不可久留；趣駕送龜，勿令失期。」

衞平對曰：「龜者是天下之寶也，先得此龜者爲天子，且十言十當，十戰十勝。生於深淵，長於黃土。知天之道，明於上古。游三千歲，不出其域。安平靜正，動不用力。壽蔽天地，莫知其極。與物變化，四時變色。居而自匿，伏而不食。春倉夏黃，秋白冬黑。明於陰陽，審於刑德。先知利害，察於禍福。以言而當，以戰而勝，王能寶之，諸侯盡服。王勿遣也，以安社稷。」

元王曰：「龜甚神靈，降于上天，陷於深淵，在患難中，以我爲賢。德厚而忠信，故來告寡人。寡人若不遣也，是漁者也。漁者利其肉，寡人貪其力，下爲不仁，上爲無德。君臣無禮，何從有福？寡人不忍，柰何勿遣！」

衞平對曰：「不然。臣聞盛德不報，重寄不歸；天與不受，天奪之寶。今龜周流天下，還復其所，上至蒼天，下薄泥塗，還徧九州，未嘗愧辱，無所稽留。今至泉陽，漁者辱而囚之。王雖遣之，江河必怒，務求報仇。自以爲侵，因神與謀。淫雨不霽，水不可治。若爲枯旱，風而揚埃，蝗蟲暴生，百姓失時。王行仁義，其罰必來。此無佗故，其祟在龜。後雖悔之，豈有及哉！王勿遣也。」

元王慨然而歎曰：「夫逆人之使，絶人之謀，是不暴乎？取人之有，以自爲寶，是不彊乎？寡人聞之，暴得者必暴亡，彊取者必後無功。桀紂暴彊，身死國亡。今我聽子，是無仁義之名而有暴彊之道。江河爲湯武，我爲桀紂。未見其利，恐離其咎。寡人狐疑，安事此寶，趣駕送龜，勿令久留。」

衛平對曰：「不然，王其無患。天地之閒，累石爲山。高而不壞，地得爲安。故云物或危而顧安，或輕而不可遷；人或忠信而不如誕謾，〔一〕或醜惡而宜大官，或美好佳麗而爲衆人患。非神聖人，莫能盡言。春秋冬夏，或暑或寒。寒暑不和，賊氣相奸。同歲異節，其時使然。故令春生夏長，秋收冬藏。或爲仁義，或爲暴彊。暴彊有鄉，仁義有時。萬物盡然，不可勝治。大王聽臣，臣請悉言之。天出五色，以辨白黑。地生五穀，以知善惡。人民莫知辨也，與禽獸相若。谷居而穴處，不知田作。天下禍亂，陰陽相錯。悤悤疾疾，〔二〕通而不相擇。妖孽數見，〔三〕傳爲單薄。聖人別其生，使無相獲。禽獸有牝牡，置之山原；鳥有雌雄，布之林澤；有介之蟲，置之谿谷。故牧人民，爲之城郭，内經閭術，外爲阡陌。夫妻男女，賦之田宅，列其室屋。爲之圖籍，别其名族。立官置吏，勸以爵禄。衣以桑麻，養以五穀。耕之耰之，【四】鉏之耨之。【五】口得所嗜，目得所美，身受其利。以是觀之，非彊不至。故曰田者不彊，囷倉不盈；【六】商賈不彊，不得其贏；婦女不彊，布帛不精；官御不彊，其勢不成；大將不彊，卒不使令；侯王不彊，没世無名。故云彊者，事之始也，分之理也，物之紀也。所求於彊，無不有也。王以爲不然，王獨不聞玉櫝隻雉，【七】出於昆山；明月之珠，出於四海；鐫石拌蚌，【八】傳賣於市；聖人得之，以爲大寶。大寶所在，乃爲天子。今王自以爲暴，不如拌蚌於海也；自以爲彊，不過鐫石於昆山也。取者無咎，寶者無患。今龜使來抵網，而遭漁者得之，見夢自言，是國之寶也，王何憂焉。」

【一】集解徐廣曰：「誕，一作『訑』，音吐和反。」索隱誕，田爛反；謾音漫，一音並如字。訑音吐禾反。

【二】集解徐廣曰：「一作『病』。」

【三】正義說文云「衣服謌謡草木之怪謂之妖，禽獸蟲蝗之怪謂之𧌒」也。

【四】集解徐廣曰：「音憂。」正義耰，覆種也。說文云：「耰，摩田器。」

【五】集解徐廣曰：「耨，除草也。」

【六】正義說文云：「圓者謂之囷，方者謂之廩。」

【七】集解徐廣曰：「隻，一作『雙』。」

【八】集解徐廣曰：「鐫音子旋反。拌音判。」索隱拌音判。判，割也。

元王曰：「不然。寡人聞之，諫者福也，諛者賊也。人主聽諛，是愚惑也。雖然，禍不妄至，福不徒來。天地合氣，以生百財。陰陽有分，不離四時，十有二月，日至爲期。聖人徹焉，身乃無災。明王用之，人莫敢欺。故云福之至也，人自生之；禍之至也，人自成之。禍與福同，刑與德雙。聖人察之，以知吉凶。桀紂之時，與天爭功，擁遏鬼神，使不得通。是固已無道矣，諛臣有衆。桀有諛臣，名曰趙梁。教爲無道，勸以貪狼。繫湯夏臺，殺關龍逢。左右恐死，偷諛於傍。國危於累卵，皆曰無傷。稱樂萬歲，或曰未央。蔽其耳目，與之詐狂。湯卒伐桀，身死國亡。聽其諛臣，身獨受殃。春秋著之，至今不忘。紂有諛臣，名爲左彊。誇而目巧，教爲象郎。【一】將至於天，又有玉牀。犀玉之器，象箸而羹。【二】聖人剖其心，壯士斬其胻。【三】箕子恐死，被髮佯狂。殺周太子歷，【四】囚文王昌。投之石室，將以昔至明。陰兢活之，【五】與之俱亡。入於周地，得太公望。興卒聚兵，與紂相攻。文王病死，載尸以行。太子發代將，號爲武王。戰於牧野，破之華山之陽。紂不勝，敗而還走，圍之象郎。自殺宣室，【六】身死不葬。頭懸車軫，四馬曳行。寡人念其如此，腸如湯。【七】是人皆富有天下而貴至天子，然而大傲。欲無猒時，舉事而喜高，貪很而驕。不用忠信，聽其諛臣，而爲天下笑。今寡人之邦，居諸侯之閒，曾不如秋毫。舉事不當，又安亡逃！」

【一】集解禮記曰：「目巧之室。」鄭玄曰：「但用目巧善意作室，不由法度。」許慎曰：「象牙郎。」

【二】索隱箸音持慮反，則箸是筯，爲與羹連，則或非箸，樽也。記曰「羹之有菜者用梜」。梜者，箸也。

【三】集解胻音衡，脚脛也。索隱胻音衡，即脚脛。

【四】索隱按：「殺周太子歷」文在「因文王昌」之上，則近是季歷。季歷不被紂誅，則其言近妄，無容周更別有太子名歷也。

【五】集解徐廣曰：「競，一作『竟』。」索隱陰，姓；競，名。

【六】集解徐廣曰：「天子之居，名曰宣室。」

【七】集解徐廣曰：「涫音館。一作『沸』。」索隱上音館。涫，沸也。

衞平對曰：「不然。河雖神賢，不如崑崙之山；江之源理，不如四海，而人尚奪取其寶，諸侯爭之，兵革爲起。小國見亡，大國危殆，殺人父兄，虜人妻子，殘國滅廟，以爭此寶。戰攻分爭，是暴彊也。故云取之以暴彊而治以文理，無逆四時，必親賢士；與陰陽化，鬼神爲使；通於天地，與之爲友。諸侯賓服，民衆殷喜。邦家安寧，與世更始。湯武行之，乃取天子；春秋著之，以爲經紀。王不自稱湯武，而自比桀紂。桀紂爲暴彊也，固以爲常。桀爲瓦室，〔一〕紂爲象郎。徵絲灼之，〔二〕務以費氓〔三〕。賦斂無度，殺戮無方。殺人六畜，以韋爲囊。囊盛其血，與人縣而射之，與天帝爭彊。逆亂四時，先百鬼嘗。諫者輒死，諛者在傍。聖人伏匿，百姓莫行。天數枯旱，國多妖祥。螟蟲歲生，五穀不成。民不安其處，鬼神不享。飄風日起，正晝晦冥。日月並蝕，滅息無光。列星奔亂，皆絶紀綱。以是觀之，安得久長！雖無湯武，時固當亡。故湯伐桀，武王剋紂，其時使然。乃爲天子，子孫續世；終身無咎，後世稱之，至今不已。是皆當時而行，見事而彊，乃能成其帝王。今龜，大寶也，爲聖人使，傳之賢王〔三〕。不用手足，雷電將之；風雨送之，流水行之。侯王有德，乃得當之。今王有德而當此寶，恐不敢受；王若遣之，宋必有咎。後雖悔之，亦無及已。」

【一】集解世本曰：「昆吾作陶。」張華博物記亦云「桀作瓦」。蓋是昆吾爲桀作也。

【二】索隱按：灼謂燔也。燒絲以當薪，務費人也。

元王大悅而喜。於是元王向日而謝，〔一〕再拜而受。擇日齋戒，甲乙最良。乃刑白雉，及與驪羊；以血灌龜，於壇中央。以刀剝之，身全不傷。脯酒禮之，橫其腹腸。荆支卜之，必制其創。〔二〕理達於理，文相錯迎。使工占之，所言盡當。邦福重寶，〔三〕聞于傍鄉。殺牛取革，被鄭之桐。〔四〕草木畢分，化爲甲兵。戰勝攻取，莫如元王。元王之時，衞平相宋，宋國最彊，龜之力也。

〔一〕索隱 蓋欲神之以謝天也。天之質闇，日者天之光明，著見者莫過也。

〔二〕正義 音瘡。

〔三〕集解 徐廣曰：「福音副，藏也。」

〔四〕集解 徐廣曰：「牛革桐爲鼓也。」 索隱 徐氏云：「牛革桐爲鼓。」

故云神至能見夢於元王，而不能自出漁者之籠；身能十言盡當，不能通使於河，還報於江；賢能令人戰勝攻取，不能自解於刀鋒，免剥刺之患；聖能先知亟見，而不能令衞平無言。言事百全，至身而攣；當時不利，又焉事賢！賢者有恒常，士有適然。是故明有所不見，聽有所不聞；人雖賢，不能左畫方，右畫圓；日月之明，而時蔽於浮雲。羿名善射，不如雄渠、蠭門；〔一〕禹名爲辯智，而不能勝鬼神。地柱折，天故毋椽，又柰何責人於全？孔子聞之曰：「神龜知吉凶，而骨直空枯。〔二〕日爲德而君於天下，辱於三足之烏。月爲刑而相佐，見食於蝦蟆。蝟辱於鵲，〔三〕騰蛇之神而殆於即且。〔四〕竹外有節理，中直空虚；松柏爲百木長，而守門閭。日辰不全，故有孤虚。〔五〕黄金有疵，白玉有瑕。事有所疾，亦有所徐。物有所拘，亦有所據。罔有所數，亦有所疏。人有所貴，亦有所不如。何可而適乎？物安可全乎？天尚不全，故世爲屋，不成三瓦而陳之，【六】以應之天。天下有階，物不全【七】乃生也。」

【一】集解新序曰：「楚雄渠子夜行，見伏石當道，以爲虎而射之，應弦没羽。」淮南子曰：「射者重以逢門子之巧。」劉歆七略有逢門射法也。

【二】正義凡龜其骨空中而枯也。直，語發聲也，今河東亦然。

【三】集解郭璞曰：「蝟能制虎，見鵲仰地。」淮南萬畢曰：「鵲令蝟反腹者，蝟憎其意而心惡之也。」

【四】集解郭璞曰：「騰蛇，龍屬也。蝍蛆，似蝗，大腹，食蛇腦也。」正義即，津日反。且，則餘反。即吴公也，狀如蚰蜒而大，黑色。

【五】集解甲乙謂之日，子丑謂之辰。六甲孤虚法：甲子旬中無戌亥，戌亥即爲孤，辰巳即爲虚。甲戌旬中無申酉，申酉爲孤，寅卯即爲虚。甲申旬中無午未，午未爲孤，子丑即爲虚。甲午旬中無辰巳，辰巳爲孤，戌亥即爲虚。甲辰旬中無寅卯，寅卯爲孤，申酉即爲虚。甲寅旬中無子丑，子丑爲孤，午未即爲虚。劉歆七略有風后孤虚二十卷。正義按：歲月日時孤虚，並得上法也。

【六】集解徐廣曰：「一云爲屋成，欠三瓦而棟之也。」索隱劉氏云：「陳猶居也。」注作「棟」，音都貢反。正義言爲屋不成，欠三瓦以應天，猶陳列而居之。

【七】正義言萬物及日月天地皆不能全，喻龜之不全也。

褚先生曰：漁者舉網而得神龜，龜自見夢宋元王，元王召博士衞平告以夢龜狀，平運式，定日月，分衡度，視吉凶，占龜與物色同，平諫王留神龜以爲國重寶，美矣。古者筮必稱龜者，以其令名，所從來久矣。余述而爲傳。

三月　二月　正月【一】　十二月　十一月　中關内高外下【二】　四月

首仰【三】　足開　肣開【四】　首俛大【五】　五月　横吉　首俛大【六】

六月　七月　八月　九月　十月

【一】正義言正月、二月、三月右轉周環終十二月者，日月之龜，腹下十二黑點爲十二月，若二十八宿龜也。

【二】正義此等下至「首俛大」者，皆卜兆之狀也。

【三】索隱音魚兩反。正義謂兆首仰起。

【四】索隱音琴。肣謂兆足斂也。

【五】索隱俛音免，兆首伏也。

【六】正義俛音免。謂兆首伏而大。

卜禁曰：子亥戌不可以卜及殺龜。日中如食已卜。暮昏龜之徼也，【一】不可以卜。庚辛可以殺，及以鑽之。常以月旦祓龜，【二】先以清水澡之，以卵祓之，【三】

乃持龜而遂之，若常以爲祖。【四】人若已卜不中，皆祓之以卵，東向立，灼以荆若剛木，土【五】卵指之者三，【六】持龜以卵周環之，祝曰：「今日吉，謹以粱卵焍黄【七】祓去玉靈之不祥。」玉靈必信以誠，知萬事之情，辯兆皆可占。不信不誠，則燒玉靈，揚其灰，以徵後龜。其卜必北向，龜甲必尺二寸。

【一】索隱徼音叫。謂徼繞不明也。

【二】索隱上音廢，又音拂。拂洗之以水，鷄卵摩之而呪。

【三】正義以常月朝清水洗之，以雞卵摩而祝之。

【四】集解徐廣曰：「一作『視』。」索隱祖，法也。言以爲常法。

【五】集解徐廣曰：「一作『十一』。」索隱按：古之灼龜，取生荆枝及生堅木燒之，斬斷以灼龜。按：「土」字合依劉氏説當連下句。

【六】正義言卜不中，以土爲卵，三度指之，三周繞之，用厭不祥也。

【七】索隱粱，米也。卵，雞子也。焍，灼龜木也，音「次第」之「第」。言燒荆枝更遞而灼，故有焍名。一音梯，言灼之以漸，如有階梯也。黄者，以黄絹裹粱卵以祓龜也。必以黄者，中之色，主土而信，故用雞也。正義焍音題。焍，焦也。言以粱米雞卵祓去龜之不祥，令灼之不焦不黄。若色焦及黄，卜之不中也。

卜先以造【一】灼鑽，鑽中已，又灼龜首，各三；又復灼所鑽中曰正身，灼首曰正足，【二】各三。即以造三周龜，祝曰：「假之玉靈夫子。【三】夫子玉靈，荆灼而心，令而先知。而上行於天，下行於淵，諸靈數箣，【四】莫如汝信。今日良日，行一良貞。【五】某欲卜某，即得而喜，不得而悔。即得，發鄉我身長大，首足收人皆上偶。不得，發鄉我身挫折，中外不相應，首足滅去。」

【一】集解徐廣曰：「音竈也。」索隱造音竈。造謂燒荆之處。荆若木〔四〕。

【二】集解徐廣曰：「一作『止』。」

【三】索隱尊神龜而爲之作號。

【四】集解徐廣曰：「音策。」索隱數箣。數，所具反；箣音近策，或箣是策之别名。此卜筮之書，其字亦無可覈，皆放此。

【五】集解徐廣曰：「行，一作『身』。」

靈龜卜祝曰：「假之靈龜，五筮五靈，不如神龜之靈，知人死，知人生。某身良貞，某欲求某物。即得也，頭見足發，内外相應；即不得也，頭仰足肣，内外自垂。可得占。」

卜占病者祝曰：「今某病困。死，首上開，内外交駭，身節折；不死，首仰足肣。」

卜病者祟曰：「今病有祟無，呈無，祟有，呈兆有。中祟有内，外祟有外。」

卜繫者出不出。不出〔五〕，橫吉安；若出，足開首仰有外。

卜求財物，其所當得。得，首仰足開，內外相應；即不得，呈兆首仰足肣。

卜有賣若買臣妾馬牛。得之，首仰足開，內外相應；不得，首仰足肣，呈兆若橫吉安。

卜擊盜聚若干人，在某所，今某將卒若干人，往擊之。當勝，首仰足開身正，內自橋，外下；不勝，足肣首仰，身首〔一〕內下外高。

卜求當行不行。行，首足開；不行，足肣首仰，若橫吉安，安不行。

卜往擊盜，當見不見。見，首仰足肣有外；不見，足開首仰。

卜往候盜，見不見。見，首仰足肣，肣勝有外；不見，足開首仰。

卜聞盜來不來。來，外高內下，足肣首仰；不來，足開首仰，若橫吉安，期之自次。

卜遷徙去官不去。去，足開有肣外首仰；不去，自去，即足肣，呈兆若橫吉安。

卜居官尚吉不。吉，呈兆身正，若橫吉安；不吉，身節折，首仰足開。

卜居室家吉不吉。吉，呈兆身正，若橫吉安；不吉，身節折，首仰足開。

卜歲中禾稼孰不孰。孰，首仰足開，內外自橋外自垂；不孰，足肣首仰有外。

〔一〕集解徐廣曰：「一作『簡』。」

卜歲中民疫不疫。疫，首仰足肣，身節有彊外；不疫，身正首仰足開。

卜歲中有兵無兵。無兵，呈兆若横吉安；有兵，首仰足開，身作外彊情。

卜見貴人吉不吉。吉，足開首仰，身正，内自橋；不吉，首仰，身節折，足肣有外，若無漁。

卜請謁於人得不得。得，首仰足開，内自橋；不得，首仰足肣有外。

卜追亡人當得不得。得，首仰足肣，内外相應；不得，首仰足開，若横吉安。

卜漁獵得不得。得，首仰足開，内外相應；不得，足肣首仰，若横吉安。

卜行遇盜不遇。遇，首仰足開，身節折，外高内下；不遇，呈兆。

卜天雨不雨。雨，首仰有外，外高内下；不雨，首仰足開，若横吉安。

卜天雨霽不霽。霽，呈兆足開首仰；不霽，横吉。

命曰横吉安。以占病，病甚者一日不死；不甚者卜日瘳，不死。繫者重罪不出，輕罪環出；過一日不出，久毋傷也。求財物、買臣妾馬牛，一日環得；過一日不得。行者不行〔六〕。來者環至；過食時不至，不來。擊盜不行，行不遇；聞盜不來。徙官不徙。居官、家室皆吉。歲稼不孰。民疾疫無疾。歲中無兵。見人行，不行不喜。

請謁人不行不得。追亡人、漁獵不得。行不遇盜。雨不雨。霽不霽。

命曰呈兆。病者不死。繫者出。行者行。來者來。市買得。追亡人得，過一日不得。問行者不到。

命曰柱徹。卜病不死。繫者出。行者行。來者來。市買不得〔七〕。憂者毋憂。追亡人不得。

命曰首仰足肣有內無外。占病，病甚不死。繫者解。求財物、買臣妾馬牛不得。行者聞言不行。來者不來。聞盜不來。聞言不至。徙官聞言不徙。居官有憂。居家多災。歲稼中孰。民疾疫多病。歲中有兵，聞言不開。見貴人吉。請謁不行，行不得善言。追亡人不得。漁獵不得。行不遇盜。雨不雨甚。霽不霽。故其莫字皆爲首備。問之曰，備者仰也，故定以爲仰。此私記也。

命曰首仰足肣有內無外。占病，病甚不死。繫者不出。求財、買臣妾不得。行者不行。來者不來。擊盜不見。聞盜來，內自驚，不來。徙官不徙。居官、家室吉。歲稼不孰。民疾疫有病甚。歲中無兵。見貴人吉。請謁、追亡人不得。亡財物，財物不出得。漁獵不得。行不遇盜。雨不雨。霽不霽。凶。

命曰呈兆首仰足肣。以占病，不死。繫者未出。求財物、買臣妾馬牛不得。行不行。來不來。擊盜不相見。聞盜來不來。徙官不徙。居官久多憂。居家室不吉。歲稼不孰。民病疫。歲中毋兵。見貴人不吉。請謁不得。漁獵得少。行不遇盜。雨不雨。霽不霽。不吉。

命曰呈兆首仰足開。以占病，病篤死。繫囚出。求財物、買臣妾馬牛不得。行者行。來者來。擊盜不見盜。聞盜來不來。徙官徙。居官不久。居家室不吉。歲稼不孰。民疾疫有而少。歲中毋兵。見貴人不見吉。請謁、追亡人、漁獵不得。行遇盜。雨不雨。霽小吉。

命曰首仰足肣。以占病，不死。繫者久，毋傷也。求財物、買臣妾馬牛不得。行者不行。擊盜不行。來者來。聞盜來。徙官聞言不徙。居家室不吉。歲稼不孰。民疾疫少。歲中毋兵。見貴人得見。請謁、追亡人、漁獵不得。行遇盜。雨不雨。霽不霽。吉。

命曰首仰足開有內。以占病者，死。繫者出。求財物、買臣妾馬牛不得。行者行。來者來。擊盜行不見盜。聞盜來不來。徙官徙。居官不久。居家室不吉。歲孰。民疾疫有而少。歲中毋兵。見貴人不吉。請謁、追亡人、漁獵不得。行不遇盜。雨霽。霽小吉，不霽吉。

命曰横吉内外自橋。以占病，卜日毋瘳死〔八〕。繫者毋罪出。求財物、買臣妾馬牛得。行者行。來者來。擊盜合交等。聞盜來來。徙官徙。居家室吉。歲孰。民疫無疾。歲中無兵。見貴人、請謁、追亡人、漁獵得。行遇盜。雨霽，雨霽大吉。

命曰横吉内外自吉。以占病，病者死。繫不出。求財物、買臣妾馬牛、追亡人、漁獵不得。行者不來。擊盜不相見。聞盜不來。徙官徙。居官有憂。居家室、見貴人、請謁不吉。歲稼不孰。民疾疫。歲中無兵。行不遇盜。雨不雨。霽不霽。不吉。

命曰漁人。以占病者，病者甚，不死。繫者出。求財物、買臣妾馬牛、擊盜、請謁、追亡人、漁獵得。行者行來。聞盜來不來。徙官不徙。居家室吉。歲稼不孰。民疾疫。歲中毋兵。見貴人吉。行不遇盜。雨不雨。霽不霽。吉。

命曰首仰足肣内高外下。以占病，病者甚，不死。繫者不出。求財物、買臣妾馬牛、追亡人、漁獵得。行不行。來者來。擊盜勝。徙官不徙。居官有憂，無傷也。居家室多憂病。歲大孰。民疾疫。歲中有兵不至。見貴人、請謁不吉。行遇盜。雨不雨。霽不霽。吉。

命曰横吉上有仰下有柱。病久不死。繫者不出。求財物、買臣妾馬牛、追亡人、漁獵不得。行不行。來不來。擊盜不行，行不見。聞盜來不來。徙官不徙。居家室、見貴人吉。歲大孰。民疾疫。歲中毋兵。行不遇盜。雨不雨。霽不霽。大吉。

命曰橫吉榆仰。以占病，不死。繫者不出。求財物、買臣妾馬牛至不得。行不行。來不來。擊盜不行，行不見。聞盜來不來。徙官不徙。居官、家室、見貴人吉。歲孰。歲中有疾疫，毋兵。請謁、追亡人不得。漁獵至不得。行不得。行不遇盜。雨霽不霽。小吉。

命曰橫吉下有柱。以占病，病甚不環有瘳無死。繫者出。求財物、買臣妾馬牛、請謁、追亡人、漁獵不得。行來不來。擊盜不合。聞盜來來。徙官居官吉，不久。居家室不吉。歲不孰。民毋疾疫。歲中毋兵。見貴人吉。行不遇盜。雨不雨。霽。小吉。

命曰載所。以占病，環有瘳無死。繫者出。求財物、買臣妾馬牛、請謁、追亡人、漁獵得。行者行。來者來。擊盜相見不相合。聞盜來來。徙官徙。居家室憂。見貴人吉。歲孰。民毋疾疫。歲中毋兵。行不遇盜。雨不雨。霽霽。吉。

命曰根格。以占病者，不死。繫久毋傷。求財物、買臣妾馬牛、請謁、追亡人、漁獵不得。行不行。來不來。擊盜盜行不合。聞盜不來。徙官不徙。居家室吉。歲稼中。民疾疫無死。見貴人不得見。行不遇盜。雨不雨。大吉。

命曰首仰足肣外高内下。卜有憂，無傷也。行者不來。病久死。求財物不得。見貴人者吉。

命曰外高内下。卜病不死，有祟。市買不得〔九〕。居官、家室不吉。行者不行。來者不來。繫者久毋傷。吉。

命曰頭見足發有内外相應。以占病者，起。繫者出。行者行。來者來。求財物得。吉。

命曰呈兆首仰足開。以占病，病甚死。繫者出，有憂。求財物、買臣妾馬牛、請謁、追亡人、漁獵不得。行不行〔一〇〕。來不來。擊盜不合。聞盜來來。徙官、居官、家室不吉。歲惡。民疾疫無死。歲中毋兵。見貴人不吉。行不遇盜。雨不雨。霽。不吉。

命曰呈兆首仰足開外高内下。以占病，不死，有外祟。繫者出〔一一〕，有憂。求財物、買臣妾馬牛，相見不會。行行。來聞言不來。擊盜勝。聞盜來不來。徙官、居官、家室、見貴人不吉。歲中民疾疫，有兵。請謁、追亡人、漁獵不得。聞盜遇盜。雨不雨。霽。凶。

命曰首仰足肣身折內外相應。以占病，病甚不死。擊者久不出。求財物、買臣妾馬牛、漁獵不得。行不行。來不來。擊盜有用勝。聞盜來來。徙官不徙。居官、家室不吉。歲不孰。民疾疫。歲中有兵不至。見貴人喜。請謁、追亡人不得。遇盜凶。

命曰內格外垂。行者不行。來者不來。病者死。繫者不出。求財物不得。見人不見。大吉。

命曰橫吉內外相應自橋榆仰上柱足肣[三]。以占病，病甚不死。繫久，不抵罪。求財物、買臣妾馬牛、請謁、追亡人、漁獵不得。行不行。來不來。居官、家室、見貴人吉。徙官不徙。歲不大孰。民疾疫有兵。有兵不會。行遇盜。聞言不見。雨不雨。霽霽。大吉。

命曰頭仰足肣內外自垂。卜憂病者甚，不死。居官不得居。行者行。來者不來。求財物不得。求人不得。吉。

命曰橫吉下有柱。卜來者來。卜日即不至，未來。卜病者過一日毋瘳死。行者不行。求財物不得。繫者出。

命曰橫吉內外自舉。以占病者，久不死。繫者久不出。求財物得而少。行者不行。來者不來。見貴人見。吉。

命曰內高外下疾輕足發。求財物不得。行者行。病者有瘳。繫者不出。來者來。見貴人不見。吉。

命曰外格。求財物不得。行者不行。來者不來。繫者不出。不吉。病者死。求財物不得。見貴人見。吉。

命曰內自舉外來正足發。行者行〔一三〕。來者來。求財物得。病者久不死。繫者不出。見貴人見。吉。

此橫吉上柱外內自舉足肣〔一四〕。以卜有求得。病不死。繫者毋傷，未出。行不行。來不來。見人不見。百事盡吉。

此橫吉上柱外內自舉柱足以作。以卜有求得。病死環起。繫留毋傷，環出。行不行。來不來。見人不見。百事吉。可以舉兵。

此挺詐有外。以卜有求不得。病不死，數起。繫禍罪。聞言毋傷。行不行。來不來。

此挺詐有內。以卜有求不得。病不死，數起。繫留禍罪無傷出。行不行。來者不來。見人不見。

此挺詐内外自舉。以卜有求得。病不死。繫毋罪。行行。來來。田賈市、漁獵盡喜。

此狐狢。以卜有求不得。病死，難起。繫留毋罪難出。可居宅。可娶婦嫁女。行不行。來不來。見人不見。有憂不憂。

此狐徹。以卜有求不得。病者死。繫留有抵罪。行不行。來不來。見人不見。言語定。百事盡不吉。

此首俯足肣身節折。以卜有求不得。病者死。繫留有罪。望行者不來。行行。來不來。見人不見。

此挺内外自垂。以卜有求不晦。病不死，難起。繫留毋罪，難出。行不行。來不來。見人不見。不吉。

此横吉榆仰首俯。以卜有求難得。病難起，不死。繫難出，毋傷也。可居家室，以娶婦嫁女。

此横吉上柱載正身節折内外自舉。以卜病者，卜日不死，其一日乃死。

此横吉上柱足肣内自舉外自垂。以卜病者，卜日不死，其一日乃死。

爲人病首俯足詐有外無内〔一五〕。病者占龜未已，急死。卜輕失大，一日不死。

首仰足肣。以卜有求不得。以繫有罪。人言語恐之毋傷。行不行。見人不見。

大論曰：〔二〕外者人也，内者自我也；外者女也，内者男也。首俛者憂。大者身也，小者枝也。大法，病者，足肣者生，足開者死。行者，足開至，足肣者不至。行者，足肣不行，足開行。有求，足開得，足肣者不得。繫者，足肣不出，開出。其卜病也，足開而死者，内高而外下也。

〔二〕索隱按：褚先生所取太卜雜占卦體及命兆之辭，義蕪，辭重沓，殆無足採，凡此六十七條別是也。

【索隱述贊】三王異龜，五帝殊卜。或長或短，若瓦若玉。其記已亡，其繇後續。江使觸網，見留宋國。神能託夢，不衛其足。

校勘記

〔一〕眦睚 疑當作「睚眦」。按：史記多作「睚眦（眥）」。如：本書卷七九范雎蔡澤列傳曰「一飯之德必償，睚眦之怨必報」；卷八六刺客列傳「以感忿睚眦之意而親信窮僻之人」；卷一二四游俠列傳「其陰賊著於心，卒發於睚眦如故云」；又曰「解布衣爲任俠行權，以睚眦殺人」。

漢書卷六二司馬遷傳報任安書云「欲以廣主上之意，塞睚眥之辭」，顔師古注：「睚眦，舉目皆也，猶言顧瞻之頃也。」

〔二〕費氓　原作「費民」。王念孫雜志史記第六：「『民』，當爲『氓』。氓字古讀若芒，本在陽部，故與『常』『郎』諸字爲韻。」今據改。

〔三〕傳之賢王　「王」，原作「士」。張文虎札記卷五：「『士』疑當作『王』，與上下文韻。」今據改。

〔四〕荆若木　張文虎札記卷五：「三字疑衍。」按：疑文有脱誤。本篇上文曰「灼以荆若剛木」，索隱：「古之灼龜，取生荆枝及生堅木燒之，斬斷以灼龜。」

〔五〕卜繫者出不出不出　「不出」二字原不重，據景祐本、紹興本、耿本、黄本、彭本、柯本、凌本、殿本補。

〔六〕過一日不得行者不行　「不得」二字原重。張文虎札記卷五：「二字複衍。」按：此傳屢言「行者不行」，「不得」二字蓋涉上文而衍。今據删。

〔七〕市買不得　「市」上原有「而」字。張文虎札記卷五：「『而』字疑即『市』之譌衍。下『而市買』同。」今據删。

〔八〕卜日毋瘳死　「卜日」，景祐本、紹興本、耿本、黄本、彭本、柯本、凌本、殿本、會注本作「卜曰」。瀧川資言考證卷一二八：「『卜曰』二字，『者』字壞文。」

〔九〕市買不得　「市」上原有「而」字。張文虎札記卷五：「『而』字疑即『市』之譌衍。」今據刪。

〔一〇〕行不行　「不」上原重「行」字，據景祐本、紹興本、耿本刪。按：張文虎札記卷五：「第一『行』字疑衍。中統、毛本無。」

〔一一〕繫者出　「者」字原重，據景祐本、紹興本、耿本、黄本、彭本、柯本、凌本、殿本刪。

〔一二〕上柱足肣　「上柱」下原有「上柱足」三字。張文虎札記卷五：「三字疑衍。」按：三字當爲原文之複衍。今據刪。

〔一三〕行者行　上「行」字原無，據上下文補。

〔一四〕上柱外内自舉　「内」字原重。張文虎札記卷五：「疑衍一『内』字。」按：下文曰「此横吉上柱外内自舉柱足以作」。今據刪。

〔一五〕爲人病　張文虎札記卷五：「三字疑衍。此條毛本連上。」按：景祐本、耿本此條連上。

史記卷一百二十九

貨殖列傳第六十九

索隱論語云：「賜不受命，而貨殖焉。」廣雅云：「殖，立也。」孔安國注尚書云：「殖，生也。生資貨財利。」

老子曰：「至治之極，鄰國相望，【一】鷄狗之聲相聞，民各甘其食，美其服，安其俗，樂其業，至老死不相往來。」必用此爲務，輓近世塗民耳目，【二】則幾無行矣。

【一】正義音亡。

【二】索隱輓音晚，古字通用。

太史公曰：夫神農以前，吾不知已。至若詩書所述虞夏以來，耳目欲極聲色之好，口欲窮芻豢之味，身安逸樂，而心誇矜埶能之榮使，俗之漸民久矣，雖户説以眇論，【一】終不能化。故善者因之，其次利道之，其次教誨之，其次整齊之，最下者與之爭。

【一】索隱上音妙，下如字。

夫山西饒材、竹、穀、纑、【一】旄、玉石；山東多魚、鹽、漆、絲、聲色；江南出柟、梓、【二】薑、桂、金、錫、連、【三】丹沙、犀、【一】、瑇瑁、珠璣、齒革；龍門、碣石【四】北多馬、牛、羊、旃裘、筋角；銅、鐵則千里往往山出棊置：【五】此其大較【六】也。皆中國人民所喜好，謠俗被服飲食奉生送死之具也。故待農而食之，虞而出之，工而成之，商而通之。此寧有政教發徵期會哉？人各任其能，竭其力，以得所欲。故物賤之徵貴，【七】貴之徵賤，各勸其業，樂其事，若水之趨下，日夜無休時，不召而自來，不求而民出之。豈非道之所符，【八】而自然之驗邪？

【一】集解徐廣曰：「紵屬，可以爲布。」索隱上音谷，又音雒。穀，木名，皮可爲紙。纑，山中紵，可以爲布，音盧。紵音佇，今山閒野紵，亦作「苧」。

【二】索隱南子二音。

【三】集解徐廣曰：「音蓮，鉛之未鍊者。」索隱下音蓮。

【四】正義龍門山在絳州龍門縣。碣石山在平州盧龍縣。

【五】索隱言如置棊子，往往有之。正義言出銅鐵之山方千里，如圍棊之置也。管子云：「凡天下名山五千二百七十，出銅之山四百六十七，出鐵之山三千六百有九。山上有赭，其下有鐵。

山上有鉛，其下有銀〔三〕。山上有銀，其下有丹。山上有磁石，其下有金也。」

〔六〕索隱音角。大較猶大略也。

〔七〕索隱徵者，求也。謂此處物賤，求彼貴賣之。

〔八〕索隱道之符。符謂合於道也。

周書曰：「農不出則乏其食，工不出則乏其事，商不出則三寶絕，虞不出則財匱少。」財匱少而山澤不辟〔一〕矣。此四者，民所衣食之原也。原大則饒，原小則鮮。上則富國，下則富家。貧富之道，莫之奪予，〔二〕而巧者有餘，拙者不足。故太公望封於營丘，地潟鹵，〔三〕人民寡，於是太公勸其女功，極技巧，通魚鹽，則人物歸之，繦至而輻湊。故齊冠帶衣履天下，海岱之閒斂袂而往朝焉。〔四〕其後齊中衰，管子修之，設輕重九府，〔五〕則桓公以霸，九合諸侯，一匡天下；而管氏亦有三歸，位在陪臣，富於列國之君。是以齊富彊至於威、宣也。

〔一〕索隱下音闢。辟，開也，通也。

〔二〕索隱音與。言貧富自由，無予奪。

〔三〕集解徐廣曰：「潟音昔。潟鹵，鹹地也。」

〔四〕索隱言齊既富饒，能冠帶天下，豐厚被於他邦，故海岱之閒斂衽而朝齊，言趨利者也。

〔五〕正義管子云「輕重」，謂錢也。夫治民有輕重之法，周有大府、玉府、内府、外府、泉府、天府、職内、職金、職幣，皆掌財幣之官，故云九府也。

故曰：「倉廩實而知禮節，衣食足而知榮辱。」禮生於有而廢於無。故君子富，好行其德；小人富，以適其力。淵深而魚生之，山深而獸往之，人富而仁義附焉。富者得埶益彰，失埶則客無所之，以而不樂。夷狄益甚。諺曰：「千金之子，不死於市。」此非空言也。故曰：「天下熙熙，皆爲利來；天下壤壤，皆爲利往。」夫千乘之王，萬家之侯，百室之君，尚猶患貧，而況匹夫編户之民乎！

昔者越王句踐困於會稽之上，乃用范蠡、計然。〔一〕計然曰：「知鬭則修備，時用則知物，〔二〕二者形則萬貨之情可得而觀已。故歲在金，穰；水，毁；木，饑；火，旱。〔三〕旱則資舟，水則資車，〔四〕物之理也。六歲穰，六歲旱，十二歲一大饑。夫糶，二十病農，九十病末。〔五〕末病則財不出，農病則草不辟矣。上不過八十，下不減三十，則農末俱利，平糶齊物，關市不乏，治國之道也。積著〔六〕之理，務完物，無息幣。〔七〕以物相貿，易腐敗而食之貨勿留，無敢居貴。論其有餘不足，則知貴賤。貴上極則反賤，賤下極則反貴。貴出如糞土，賤取如珠玉。〔八〕財幣欲其行如流水。」修之十年，國富，厚賂戰士，士赴矢石，如渴得飲，遂報彊吳，觀兵中國，稱號「五霸」。

【一】集解徐廣曰：「計然者，范蠡之師也，名研，故諺曰『研、桑心筭〔三〕』。」駰案：范子曰「計然者，葵丘濮上人，姓辛氏，字文子，其先晉國亡公子也。嘗南游於越，范蠡師事之」。索隱計然，韋昭云范蠡師也。蔡謨云蠡所著書名「計然」，蓋非也。徐廣亦以爲范蠡之師，名研，所謂「研、桑心計」也。范子曰「計然者，葵丘濮上人，姓辛氏，字文，其先晉之公子。南遊越，范蠡事之」。吳越春秋謂之「計倪」。漢書古今人表計然列在第四，則「倪」之與「研」是一人，聲相近而相亂耳。

【二】索隱時用知物。案：言知時所用之物。

【三】索隱五行不説土者，土，穰也。

【四】索隱國語大夫種曰「賈人旱資舟，水資車以待」也。

【五】索隱言米賤則農夫病也。若米斗直九十，則商賈病，故云「病末」。末謂逐末，即商賈也。

【六】索隱音張呂反。

【七】索隱毋息弊。久停息貨物則無利。

【八】索隱夫物極貴必賤，極賤必貴。貴出如糞土者，既極貴，後恐其必賤，故乘時出之如糞土。賤取如珠玉者，既極賤，後恐其必貴，故乘時取之如珠玉。此所以爲貨殖也。元注恐錯。

范蠡既雪會稽之恥，乃喟然而歎曰：「計然之策七，越用其五而得意。既已施於國，吾欲用之家。」乃乘扁舟【一】浮於江湖，【二】變名易姓，適齊爲鴟夷子皮，【三】之陶【四】爲朱公。朱公以爲陶天下之中，諸侯四通，貨物所交易也。乃治産積居，與時逐【五】而不責於人。【六】故善治生者，能擇人而任時。十九年之中三致千金，再分散與貧交疏昆弟。此所謂富好行其德者也。後年衰老而聽子孫，子孫脩業而息之，遂至巨萬。【七】故言富者皆稱陶朱公。

【一】集解漢書音義曰：「特舟也。」索隱扁音篇，又音符殄反。服虔云：「特舟也。」國語云：「范蠡乘輕舟。」

【二】正義國語云句踐滅吴，反至五湖，范蠡辭於王曰：「君王勉之，臣不復入國矣。」遂乘輕舟，以浮於五湖，莫知其所終極。

【三】索隱大顔曰：「若盛酒者鴟夷也，用之則多所容納，不用則可卷而懷之，不忤於物也。」案：韓子云「鴟夷子皮事田成子，成子去齊之燕，子皮乃從之」也。蓋范蠡也。

【四】索隱服虔云：「今定陶也。」正義括地志云：「即陶山，在齊州平陽縣東三十五里陶山之陽也〔四〕。今南五里猶有朱公冢。」又云曹州濟陽縣東南三里有陶朱公冢〔五〕，又云在南郡華容縣西。未詳也。

【五】集解漢書音義曰：「逐時而居貨。」索隱韋昭云：「隨時逐利也。」

【六】索隱案：謂擇人而與人不負之，故云不責於人也。

【七】集解徐廣曰：「萬萬也。」

子贛既學於仲尼，退而仕於衞，廢著【一】鬻財於曹、魯之閒，七十子之徒，賜最爲饒益。原憲不厭糟糠，【二】匿於窮巷。子貢結駟連騎，束帛之幣以聘享諸侯，所至，國君無不分庭與之抗禮。夫使孔子名布揚於天下者，子貢先後之也。此所謂得埶而益彰者乎？

【一】集解徐廣曰：「子贛傳云『廢居』。著猶居也。著讀音如貯。」索隱著音貯。漢書亦作「貯」，貯猶居也。説文云：「貯，積也。」

【二】索隱饜，飽也。

白圭，周人也。當魏文侯時，李克【一】務盡地力，而白圭樂觀時變，故人弃我取，人取我與。夫歲孰取穀，予之絲漆；繭出取帛絮，予之食。【二】太陰在卯，穰；【三】明歲衰惡。至午，旱；明歲美。至酉，穰；明歲衰惡。至子，大旱；明歲美，有水。至卯，積著率【四】歲倍。欲長錢，取下穀；長石斗，取上種。能薄飲食，忍嗜欲，節衣服，與用事僮僕同苦樂，趨時若猛獸摯鳥之發。故曰：「吾治生產，猶伊尹、呂尚之謀，孫吳用兵，商鞅行法是也。是故其智不足與權變，勇不足以決斷，仁不能以取予，彊不能有所守，雖欲學吾術，終不告之矣。」蓋天下言治生祖白圭。白圭其有所試矣，能試有所長，非苟而已也。

【一】索隱案：漢書食貨志李悝爲魏文侯作盡地力之教，國以富強。今此及漢書言「克」，皆誤也。

劉向別録則云「李悝」也。

【二】索隱謂穀。

【三】正義太陰，歲後二辰爲太陰。

【四】正義貯律二音。

猗頓用盬鹽起。【一】而邯鄲郭縱以鐵冶成業，與王者埒富。

【一】集解孔叢子曰：「猗頓，魯之窮士也。耕則常飢，桑則常寒。聞朱公富，往而問術焉。朱公告之曰：『子欲速富，當畜五牸。』於是乃適西河，大畜牛羊于猗氏之南。十年之閒，其息不可計，貲擬王公，馳名天下。以興富於猗氏，故曰猗頓。」索隱盬音古。案：周禮鹽人云「共苦鹽」，杜子春以爲苦讀如盬。盬謂出鹽直用不煉也。一說云盬鹽，河東大鹽；散鹽，東海煮水爲鹽也。正義案：猗氏，蒲州縣也。河東鹽池是畦鹽。作畦，若種韭一畦。天雨下，池中鹹淡得均，即畎池中水上畔中，深一尺許坑，日暴之五六日則成，鹽若白礬石，大小如雙陸及棊〔六〕，則呼爲畦鹽。或有花鹽，緣黄河鹽池有八九所，而鹽州有烏池，猶出三色鹽，有井鹽、畦鹽、花鹽。其池中鑿井深一二尺，去泥即到鹽，掘取若至一丈，則著平石無鹽矣。其色或白或青黑，名曰井鹽。畦鹽若河東者。花鹽，池中雨下，隨而大小成鹽，其下方微空，上頭隨雨下池中，其滴高起若塔子形處曰花鹽，亦曰即成鹽焉〔七〕。池中心有泉井，水淡，所作池人馬盡汲此井。其鹽四分入官，一分入百姓也。池中又鑿得鹽塊，闊一尺餘，高二尺，白色光明洞徹，年貢之也。

烏氏倮【一】畜牧，及衆，【二】斥賣，求奇繒物，【三】閒獻遺戎王。【四】戎王什倍其償，與之畜，【五】畜至用谷量馬牛。【六】秦始皇帝令倮比封君，以時與列臣朝請。而巴寡婦清〔八〕，【七】其先得丹穴，【八】而擅其利數世，家亦不訾。【九】清，寡婦也，能守其業，用財自衞，不見侵犯。秦皇帝以爲貞婦而客之，爲築女懷清臺。夫倮鄙人牧長，清窮鄉寡婦，禮抗萬乘，名顯天下，豈非以富邪？

【一】集解韋昭曰：「烏氏，縣名，屬安定。倮，名也。」索隱漢書作「嬴」。案：烏氏，縣名〔九〕。氏音支。名倮。音踝也。正義縣，古城在涇州安定縣東四十里。倮，名也。

【二】索隱謂畜牧及至衆多之時。

【三】索隱謂斥物賣之以求奇物也。

【四】集解徐廣曰：「閒，一作『奸』。不以公正謂之奸也。」索隱案：閒獻猶私獻也。

【五】索隱什倍其當，予之畜。謂戎王償之牛羊十倍也。「當」字漢書作「償」也。

【六】集解韋昭曰：「滿谷則具不復數。」索隱谷音欲。

【七】索隱漢書「巴寡婦清」。巴，寡婦之邑；清，其名也。

【八】集解徐廣曰：「涪陵出丹。」正義括地志云：「寡婦清臺山俗名貞女山，在涪州永安縣東北七十里也。」

【九】索隱案：謂其多，不可訾量。正義音子兒反。言資財衆多，不可訾量。一云清多以財餉遺四方，用衞其業，故財亦不多積聚。

漢興，海内爲一，開關梁，弛山澤之禁，是以富商大賈周流天下，交易之物莫不通，得其所欲，而徙豪傑諸侯彊族於京師。

關中自汧、雍以東至河、華，膏壤沃野千里，自虞夏之貢以爲上田，而公劉適邠，大王、王季在岐，文王作豐，武王治鎬，故其民猶有先王之遺風，好稼穡，殖五穀，地重，【一】重爲邪。【二】及秦文、德〔一○〕、繆居雍，隙【三】隴蜀之貨物而多賈。【四】獻公徙櫟邑〔一一〕，【五】櫟邑北卻戎翟，東通三晉，亦多大賈。孝、昭〔一二〕治咸陽，因以漢都，長安諸陵，四方輻湊並至而會，地小人衆，故其民益玩巧而事末也。南則巴蜀。巴蜀亦沃野，地饒巵、【六】薑、丹沙、石、銅、鐵、【七】竹、木之器。南御滇僰，僰僮。西近邛笮，笮馬、旄牛。然四塞，棧道千里，無所不通，唯褒斜綰轂其口，【八】以所多易所鮮。【九】天水、隴西、北地、上郡與關中同俗，然西有羌中之利，北有戎翟之畜，畜牧爲天下饒。然地亦窮險，唯京師要其道。【一○】故關中之地，於天下三分之一，而人衆不過什三；然量其富，什居其六。

【一】索隱言重耕稼也。

【二】索隱重音逐隴反。重者，難也。畏言不敢爲姦邪【一三】。正義重並逐拱反。言關中地重厚，民亦重難不爲邪惡。

【三】集解徐廣曰：「隙者，閒孔也。地居隴蜀之閒要路，故曰隙。」索隱徐氏云隙，閒孔也。隙者，隴雍之閒閑隙之地，故云「雍隙」也。正義雍，縣。岐州雍縣也。

【四】索隱音古。

【五】集解徐廣曰：「在馮翊。」索隱上音藥，即櫟陽。

【六】集解徐廣曰：「音支。烟支也，紫赤色也。」

【七】集解徐廣曰：「邛都出銅，臨邛出鐵。」

【八】集解徐廣曰：「在漢中。」索隱言褒斜道狹，綰其道口，有若車轂之湊，故云「綰轂」也。

【九】索隱易音亦。鮮音尠。言以所多易其所少。

【一〇】正義要音腰。言要束其路也。

昔唐人都河東，【一】殷人都河內，【二】周人都河南。【三】夫三河在天下之中，若鼎足，王者所更居也，建國各數百千歲，土地小狹，民人衆，都國諸侯所聚會，故其俗纖儉習事。

楊、平陽陳【四】西賈秦、翟，【五】北賈種、代。【六】種、代，石北也，【七】地邊胡，數被寇。人民矜懻忮，【八】好氣，任俠爲姦，不事農商。然迫近北夷，師旅亟往，中國委輸時有奇羡。【九】其民羯羠不均，【一〇】自全晉之時固已患其慓悍，而武靈王益厲之，其謡俗猶有趙之風也。故楊、平陽陳掾其閒，【一一】得所欲。温、軹【一二】西賈上黨，【一三】北賈趙、中山。【一四】中山地薄人衆，【一四】猶有沙丘紂淫地餘民，【一五】民俗懁急，【一六】仰機利而食。丈夫相聚游戲，悲歌忼慨，起則相隨椎剽，【一七】休則掘冢作巧姦冶，【一八】多美物，【一九】爲倡優。女子則鼓鳴瑟，跕屣，【二〇】游媚貴富，入後宮，徧諸侯。

【一】集解徐廣曰：「堯都晉陽也。」

【二】正義盤庚都殷墟，地屬河内也。

【三】正義周自平王已下都洛陽。

【四】索隱楊、平陽，二邑名，在趙之西。「陳」蓋衍字。以下有「楊平陽陳掾」，此因衍也。言二邑之人皆西賈於秦、翟，北賈於種、代。種、代在石邑之北也。

【五】正義賈音古。秦，關内也。翟，隰、石等州部落稽也。延、綏、銀三州皆白翟所居。

【六】正義上之勇反。種在恒州石邑縣北，蓋蔚州也。代，今代州。

【七】集解徐廣曰：「石邑縣也，在常山。」

【八】集解晉灼曰：「懻音概。忮音堅忮。」瓚曰：「懻音概。今北土名彊直爲『懻中』也。」索隱上音冀，下音寘。

【九】索隱上音羈，下音羊戰反。奇羨謂奇有餘衍也。

【一〇】集解徐廣曰：「羠音兕，一音囚几反，皆健羊名。」索隱羯音己紇反。羠音慈紀反。徐廣云羠音兕，皆健羊也。其方人性若羊，健捍而不均。

【一一】索隱掾音逐緣反。陳掾猶經營馳逐也。

【一二】索隱二縣名，屬河内。

【一三】正義澤、潞等州也。

【一四】正義洛州及定州。

【一五】集解晉灼曰：「言地薄人衆，猶復有沙丘紂淫地餘民，通係之於淫風而言也。」正義沙丘在邢州也。

【一六】集解徐廣曰：「懁，急也，音絹。一作『儇』，一作『惠』也，音翾也。」索隱懁音絹。儇音翾。

【一七】索隱椎，即追反。椎殺人而剽掠之。

【一八】集解徐廣曰：「一作『蠱』。」

【一九】集解徐廣曰：「美，一作『弄』，一作『椎』。」

【二〇】集解徐廣曰：「跕音帖。」張晏曰：「跕，屣也。」瓚曰：「躡跟爲跕也。」索隱上音帖，下所綺反。

然邯鄲亦漳、河之閒【一】一都會也。北通燕、涿，南有鄭、衞。鄭、衞俗與趙相類，然近梁、魯，微重而矜節。【二】濮上之邑徙野王，【三】野王好氣任俠，衞之風也。

【一】正義 洺水本名漳水〔五〕，邯鄲在其地。

【二】集解 徐廣曰：「矜，一作『務』。」

【三】集解 徐廣曰：「衞君角徙野王。」 正義 秦拔衞濮陽，徙其君於懷州野王。

夫燕亦勃、碣之閒【一】一都會也。南通齊、趙，東北邊胡。上谷至遼東，地踔遠，【二】人民希，數被寇，大與趙、代俗相類，而民雕捍【三】少慮，有魚鹽棗栗之饒。北鄰烏桓、【四】夫餘，東綰穢貉、【五】朝鮮、真番之利。【六】

【一】正義 勃海、碣石在西北。

【二】索隱 劉氏上音卓，一音勑教反，亦遠騰皃也。

【三】索隱 人雕悍。言如雕性之捷捍也。

【四】索隱 鄰，一作「臨」。臨者，亦卻背之義。他並類此也。

【五】索隱 東綰穢貊。案：綰者，綰統其要津；則上云「臨」者，謂卻背之。

【六】正義 番音潘。

洛陽東賈齊、魯，南賈梁、楚。故泰山之陽則魯，其陰則齊。

齊帶山海，【一】膏壤千里，宜桑麻，人民多文綵布帛魚鹽。臨菑亦海岱之閒一都會也。其俗寬緩闊達，而足智，好議論，地重，難動摇，怯於衆鬭，勇於持刺，故多劫人者，大國之風也。其中具五民。【二】

【一】集解徐廣曰：「齊世家曰：『齊自泰山屬之琅邪，北被于海，膏壤二千里，其民闊達多匿智。』」

【二】集解服虔曰：「士、農、商、工、賈也。」如淳曰：「游子樂其俗不復歸，故有五方之民。」

而鄒、魯濱洙、泗，猶有周公遺風，俗好儒，備於禮，故其民齪齪。【一】頗有桑麻之業，無林澤之饒。地小人衆，儉嗇，畏罪遠邪。及其衰，好賈趨利，甚於周人。

【一】索隱齪音側角反，又音側斷反。

夫自鴻溝以東，【一】芒、碭以北，【二】屬巨野，【三】此梁、宋也。【四】陶、【五】睢陽【六】亦一都會也。昔堯作游成陽，【六】【七】舜漁於雷澤，【八】湯止于亳。【九】其俗猶有先王遺風，重厚多君子，好稼穡，雖無山川之饒，能惡衣食，致其蓄藏。

【一】集解徐廣曰：「在滎陽。」

【二】集解徐廣曰：「今爲臨淮。」

【三】正義鄆州鉅野縣有鉅野澤也[一七]。

【四】集解徐廣曰：「今之浚儀。」正義鴻溝以東，芒、碭以北至鉅野，梁宋二國之地。

【五】集解徐廣曰：「今之定陶。」正義今曹州。

【六】正義今宋州宋城也。

【七】集解如淳曰：「作，起也。成陽在定陶。」

【八】集解徐廣曰：「在成陽。」正義澤在雷澤縣西北也。

【九】集解徐廣曰：「今梁國薄縣。」正義宋州穀熟縣西南四十五里南亳州故城是也。

越、楚則有三俗。【一】夫自淮北沛、陳、汝南、南郡，此西楚也。【二】其俗剽輕，易發怒，地薄，寡於積聚。江陵故郢都，【三】西通巫、巴，【四】東有雲夢之饒。【五】陳在楚夏之交，【六】通魚鹽之貨，其民多賈。徐、僮、取慮，【七】則清刻，矜已諾[一八]。【八】

【一】正義越滅吳則有江淮以北，楚滅越，兼有吳越之地，故言「越楚」也。

【二】正義沛，徐州沛縣也。陳，今陳州也。汝，汝州也。南郡，今荊州也。言從沛郡西至荊州，並西楚也。

【三】正義荊州江陵縣故爲郢，楚之都。

【四】正義巫郡、巴郡在江陵之西也。

【五】集解徐廣曰：「在華容。」

【六】正義夏都陽城。言陳南則楚，西及北則夏，故云「楚夏之交」。

【七】集解徐廣曰：「皆在下邳。」正義取音秋，慮音閭。徐即徐城，故徐國也。僮、取慮二縣並在下邳，今泗州。

【八】正義上音紀。

彭城以東，東海、吳、廣陵，此東楚也。【一】其俗類徐、僮。朐、繒以北，俗則齊。【二】浙江南則越。夫吳自闔廬、春申、王濞三人招致天下之喜游子弟，東有海鹽之饒，章山之銅，三江、五湖之利，亦江東一都會也。

【一】正義彭城，徐州治縣也。東海，郡，今海州也。吳，蘇州也。廣陵，揚州也。言從徐州彭城歷揚州至蘇州，並東楚之地。

【二】正義朐，其俱反，縣在海州。故繒縣在沂州之承縣。言二縣之北，風俗同於齊。

衡山、【一】九江、【二】江南、【三】豫章、【四】長沙，【五】是南楚也，其俗大類西楚。郢之後徙壽春，【六】亦一都會也。而合肥受南北潮，【七】皮革、鮑、木輸會也。與閩中、干越雜俗，故南楚好辭，巧說少信。江南卑溼，丈夫早夭。多竹木。豫章出黃金，【八】長沙出連、錫，然菫菫【九】物之所有，取之不足以更費。【一〇】九疑、【一一】蒼梧以南至儋耳者，【一二】與江南大同

俗，而楊越多焉。番禺【一三】亦其一都會也，珠璣、犀、瑇瑁、果、布之湊。【一四】

【一】集解徐廣曰：「都邾。邾縣屬江夏。」正義故邾城在黄州東南百二十里〔一九〕。

【二】正義九江，郡，都陰陵。陰陵故城在濠州定遠縣西六十五里。

【三】集解徐廣曰：「高帝所置。江南者，丹陽也，秦置爲鄣郡，武帝改名丹陽。」正義案：徐説非。秦置鄣郡在湖州長城縣西南八十里，鄣郡故城是也。漢改爲丹陽郡，徙郡宛陵，今宣州地也。上言吴有章山之銅，明是東楚之地。此言大江之南豫章長沙二郡，南楚之地耳。徐、裴以爲江南丹陽郡屬南楚，誤之甚矣。

【四】正義今洪州也。

【五】正義今潭州也。十三州志云「有萬里沙祠，而西自湘州至東萊萬里，故曰長沙也」。淮南衡山、九江二郡及江南豫章、長沙二郡，並爲楚也。

【六】正義楚考烈王二十二年，自陳徙都壽春，號之曰郢，故言「郢之徙壽春」也。

【七】集解徐廣曰：「在臨淮。」正義合肥，縣，廬州治也。言江淮之潮，南北俱至廬州也。

【八】集解徐廣曰：「鄱陽有之。」正義括地志云：「江州潯陽縣有黄金山，山出金。」

【九】正義音謹。

【一〇】集解應劭曰：「堇，少也〔二〇〕。更，償也。言金少少耳，取之不足用顧費用也。」

【一一】集解徐廣曰：「山在營道縣南。」

【二】正義今儋州在海中。廣州南去京七千餘里。言嶺南至儋耳之地，與江南大同俗，而楊州之南，越民多焉。

【三】正義潘虞二音，今廣州。

【四】集解韋昭曰：「果謂龍眼、離支之屬。布，葛布。」

潁川、南陽，夏人之居也。【一】夏人政尚忠朴，猶有先王之遺風。潁川敦愿。秦末世，遷不軌之民於南陽。南陽西通武關、鄖關，【二】東南受漢、江、淮。宛亦一都會也。俗雜，好事業，多賈。其任俠，交通潁川，故至今謂之「夏人」。

【一】集解徐廣曰：「禹居陽翟。」正義禹居陽城。潁川、南陽皆夏地也。

【二】集解徐廣曰：「案漢中。一作『隕』字。」索隱鄖音雲。正義武關在商州。地理志云「宛西通武關」，而無鄖關。蓋「鄖」當爲「徇」。徇水上有關，在金州洵陽縣。徐案漢中，是也。徇，亦作「郇」，與鄖相似也。

夫天下物所鮮所多，人民謠俗，山東食海鹽，山西食鹽鹵，【一】領南、沙北【二】固往往出鹽，大體如此矣。

【一】正義謂西方鹹地也。堅且鹹，即出石鹽及池鹽。

【二】正義謂池、漢之北也。

總之，楚越之地，地廣人希，飯稻羹魚，或火耕而水耨，【一】果隋【二】嬴蛤，不待賈而足，【三】地埶饒食，無飢饉之患，以故呰窳【四】偷生，無積聚【五】而多貧。是故江淮以南，無凍餓之人，亦無千金之家。沂、泗水以北，宜五穀桑麻六畜，地小人衆，數被水旱之害，民好畜藏，故秦、夏、梁、魯好農而重民。三河、宛、陳亦然，加以商賈。齊、趙設智巧，仰機利。燕、代田畜而事蠶。

【一】集解徐廣曰：「乃遘反。除草也。」正義言風草下種，苗生大而草生小，以水灌之，則草死而苗無損也。耨，除草也。

【二】集解徐廣曰：「地理志作『蓏』。」索隱下音徒火反。注蓏音郎果反。正義隋，今爲「種」，音同，上古少字也。嬴，力和反。果種猶種疊包裹也，今楚越之俗尚有「裹種」之語。楚越水鄉，足螺魚鼈，民多採捕積聚，種疊包裹，煮而食之。班固不曉「裹種」之方言，脩太史公書述地志，乃改云「果蓏嬴蛤」，非太史公意，班氏失之也。

【三】正義賈音古。言楚越地勢饒食，不用他賈而自足，無飢饉之患。

【四】集解徐廣曰：「音紫。呰窳，苟且墮嬾之謂也。」駰案：應劭曰「呰，弱也」。晉灼曰「窳，病也」。索隱上音紫，下音庾。苟且懶惰之謂。應劭云「呰，弱也」。晉灼曰「窳，病也」。正義案：食螺蛤等物，故多嬴弱而足病也。淮南子云「古者民食嬴蛖之肉，多疹毒之患」也。

【五】正義言江淮以南有水族，民多食物，朝夕取給以偷生而已。不爲積聚，乃多貧也。

由此觀之，賢人深謀於廊廟，論議朝廷，守信死節隱居巖穴之士設爲名高者安歸乎？歸於富厚也。是以廉吏久，久更富，廉賈歸富。【一】富者，人之情性，所不學而俱欲者也。故壯士在軍，攻城先登，陷陣卻敵，斬將搴旗，前蒙矢石，不避湯火之難者，爲重賞使也。其在閭巷少年，攻剽椎埋，劫人作姦，掘冢鑄幣，任俠并兼，借交報仇，篡逐幽隱，不避法禁，走死地如騖者，【二】其實皆爲財用耳。今夫趙女鄭姬，設形容，揳鳴琴，揄長袂，躡利屣，【三】目挑心招，【四】出不遠千里，不擇老少者，奔富厚也。游閑公子，飾冠劍，連車騎，亦爲富貴容也。弋射漁獵，犯晨夜，冒霜雪，馳阬谷，不避猛獸之害，爲得味也。博戲馳逐，鬬雞走狗，作色相矜，必爭勝者，重失負也。醫方諸食技術之人，焦神極能，爲重糈也。吏士舞文弄法，刻章僞書，不避刀鋸之誅者，没於賂遺也。農工商賈畜長，固求富益貨也。此有知盡能索耳，終不餘力而讓財矣。

【一】集解 駰案：歸者，取利而不停貨也。

【二】集解 徐廣曰：「騖，一作『流』。」

【三】集解 徐廣曰：「揄音臾。躡，一作『跕』。跕音吐協反。屣音山耳反，舞屣也。」

【四】正義 挑音田鳥反。

諺曰：「百里不販樵，千里不販糴。」居之一歲，種之以穀；十歲，樹之以木；百歲，來之以德。德者，人物之謂也。今有無秩祿之奉，爵邑之入，而樂與之比者，命曰「素封」。【一】封者食租稅，歲率【二】戶二百。千戶之君【三】則二十萬，朝覲聘享出其中。庶民農工商賈，率亦歲萬【四】息二千〔二〕，百萬之家則二十萬，而更傜租賦出其中。衣食之欲，恣所好美矣。故曰陸地牧馬二百蹄，【五】牛蹄角千，【六】千足羊，澤中千足彘，【七】水居千石魚陂，【八】山居千章之材。【九】安邑千樹棗；燕、秦千樹栗；蜀、漢、江陵千樹橘；淮北、常山已南，河濟之閒千樹萩；陳、夏千畝漆；齊、魯千畝桑麻；渭川千畝竹；及名國萬家之城，帶郭千畝畝鍾之田，【一〇】若千畝卮茜，【一一】千畦薑韭：【一二】此其人皆與千戶侯等。然是富給之資也，不窺市井，不行異邑，坐而待收，身有處士之義而取給焉。若至家貧親老，妻子軟弱，歲時無以祭祀進醵，【一三】飲食被服不足以自通〔三〕，如此不慙恥，則無所比矣。是以無財作力，少有鬬智，【一四】既饒爭時，【一五】此其大經也。今治生不待危身取給，則賢人勉焉。是故本富爲上，末富次之，姦富最下。無巖處奇士之行，而長貧賤，好語仁義，亦足羞也。

【一】索隱謂無爵邑之入，祿秩之奉，則曰「素封」。素，空也。正義言不仕之人自有園田收養之給，其利比於封君，故曰「素封」也。

【二】正義音律。

【三】索隱千户之邑，户率二百，故千户二十萬。

【四】索隱息二千，故百萬之家亦二十萬。

【五】集解漢書音義曰：「五十匹。」索隱案：馬有四足，二百蹄有五十匹也。漢書則云「馬蹄躈千」，所記各異。

【六】集解漢書音義曰：「百六十七頭也。馬貴而牛賤，以此爲率。」索隱牛足角千。案：馬貴而牛賤，以此爲率，則牛有百六十六頭有奇也。

【七】集解韋昭曰：「二百五十頭。」索隱韋昭云：「二百五十頭。」

【八】集解徐廣曰：「魚以斤兩爲計也。」索隱陂音詖。漢書作「皮」，音披。正義言陂澤養魚，一歲收得千石魚賣也。

【九】集解徐廣曰：「一作『楸』。」駰案：韋昭曰「楸木所以爲轅，音秋」。索隱漢書作「千章之萩」，音秋。服虔云：「章，方也。」如淳云：「言任方章者千枚，謂章，大材也。」樂産云〔三〕：「萩，梓木也，可以爲轅。」

【一〇】集解徐廣曰：「六斛四斗也。」

【一一】集解徐廣曰：「巵音支，鮮支也。茜音倩，一名紅藍，其花染繒赤黄也。」索隱巵音支，鮮支也。茜音倩，一名紅藍，花染繒赤黄也。

【一二】集解徐廣曰：「千畦，二十五畝。」駰案：韋昭曰「畦猶隴」。索隱韋昭云：「埒中畦猶隴也，謂五十畝也。」劉熙注孟子云：「今俗以二十五畝爲小畦，五十畝爲大畦。」王逸云：「畦猶區也。」

【一三】集解徐廣曰：「會聚食。」索隱音渠略反。

【一四】正義言少有錢財，則鬭智巧而求勝也。

【一五】正義既饒足錢財，乃逐時爭利也。

凡編户之民，富相什則卑下之，伯則畏憚之，千則役，萬則僕，物之理也。夫用貧求富，農不如工，工不如商，刺繡文不如倚市門，此言末業貧者之資也。通邑大都，酤一歲千釀，【一】醯醬千瓨，【二】漿千甔，【三】屠牛羊彘千皮，販穀糶千鍾，【四】薪稾千車，船長千丈，【五】木千章，【六】竹竿萬个，【七】其軺車百乘，【八】牛車千兩，【九】木器髤者千枚，【一〇】銅器千鈞，【一一】素木鐵器若巵茜千石，【一二】馬蹄躈千，【一三】牛千足，羊彘千雙，僮手指千，【一四】筋角丹沙千斤，其帛絮細布千鈞，文采千匹，榻布皮革千石，【一五】漆千斗，【一六】糵麴鹽豉千荅〔二四〕，【一七】鮐鮆【一八】千斤，鯫千石，鮑千鈞，【一九】棗栗千石者三之，【二〇】狐鼦【二一】裘千皮，羔羊裘千石，【二二】旃席千具，佗果菜千鍾，【二三】子貸金錢千貫，【二四】節駔會，【二五】貪賈三之，廉賈五之，【二六】此亦比千乘之家，其大率也。【二七】佗雜業不中什二，則非吾財也。【二八】

【一】正義釀千瓮。酤醯醋云。酒酤〔二五〕。

【二】集解徐廣曰：「長頸罌。」索隱醯醢千瓨。閑江反。

【三】集解徐廣曰：「大罌缶。」索隱醬千檐。下都甘反。漢書作「儋」。孟康曰「儋，石甖」。石甖受一石，故云儋石。一音都濫反。

【四】集解徐廣曰：「出穀也。糶音掉也。」

【五】索隱按〔二六〕：積數長千丈。

【六】集解漢書音義曰：「洪洞方稾。章，材也。舊將作大匠掌材曰章曹掾。」索隱案：將作大匠掌材曰章曹掾。洪，胡孔反；洞音動。又並如字也。

【七】集解徐廣曰：「古賀反。」索隱竹干萬个。釋名云：「竹曰箇，木曰枚。」方言曰：「个，枚也。」儀禮、禮記字爲「个」。又功臣表「楊僕入竹三萬箇〔二七〕」。箇个古今字也。正義釋名云：「竹曰个，木曰枚。」

【八】集解徐廣曰：「馬車也。」正義軺音遥。説文云：「軺，小車也。」

【九】正義車一乘爲一兩。風俗通云：「箱轅及輪，兩兩而偶之，稱兩也。」

【一〇】集解徐廣曰：「髹音休，漆也。」索隱髹者千。上音休，謂漆也。千謂千枚也。正義顔云：「以漆物謂之髹。又音許昭反。今關東俗器物一再漆者謂之『稍漆』，即髹聲之轉耳。今關西俗云黑髹盤、朱髹盤〔二八〕，兩義並通。」

【一一】集解徐廣曰：「三十斤。」

【一二】集解徐廣曰：「百二十斤爲石。」駰案：漢書音義曰「素木，素器也」。

【一三】集解徐廣曰：「躈音苦弔反，馬八髎也，音料。」索隱徐廣音苦弔反，馬八髎也，音料。埤倉云「尻骨謂八髎，一曰夜蹄」。小顔云「噭，口也。蹄與口共千，則爲二百匹」。若顧胤則云「上文馬二百蹄，與千户侯等。此蹄躈千〔二九〕，比千乘之家，不容亦二百。則躈謂九竅，通四蹄爲十三而成一馬，所謂『生之徒十有三』是也。凡七十六匹馬」。案：亦多於千户侯比，則不知其所。

【一四】集解漢書音義曰：「僮，奴婢也。古者無空手游日，皆有作務，作務須手指，故曰手指，以別馬牛蹄角也。」

【一五】集解徐廣曰：「榻音吐合反。」駰案：漢書音義曰「榻布，白疊也」。索隱荅布。注音吐合反，大顔音吐盍反。案：以爲麤厚之布，與皮革同以石而秤，非白疊布也。吴録云「有九真郡布，名曰白疊」。廣志云，「疊，毛織也」。正義顔師古曰：「麤厚之布也。其價賤，故與皮革同重耳〔三〇〕，非白疊也。荅者，厚之貌也。」案：白疊，木綿所織，非中國有也。

【一六】索隱漢書作「漆大斗〔三一〕」。案：謂大斗，大量也。言滿量千斗，即今之千桶也。

【一七】集解徐廣曰：「或作『台』，器名有瓵。孫叔然云瓵，瓦器，受斗六升合爲瓵。音貽。」索隱鹽豉千蓋。下音貽。孫炎説云〔三二〕「瓵，瓦器，受斗六合」，以解此，蓋非也。案：尚書大傳云「文皮千合」，則數兩謂之合也。三倉云「榼，盛鹽豉器，音他果反」，則蓋或榼之異名耳。

【一八】集解漢書音義曰：「音如楚人言薺，鮆魚與鮐魚也。」索隱說文云：「鮐，海魚。」音胎。鮆魚，飲而不食，刀魚也。爾雅謂之鮤魚也。鮆音才爾反，又音薺。正義鮐音臺，又音貽。說文云「鮐，海魚也。」鮆音齊禮反，刀魚也。

【一九】集解徐廣曰：「鯫音輒，膊魚也。」索隱鯫音輒，一音昨苟反。鯫，小魚也。鮑音抱，步飽反，今之鮑魚也。膊音鋪博反。案：破鮑不相離謂之膊，兒漬云鮑〔三三〕。聲類及韻集雖爲此解，而「鯫生」之字見與此同。案：鯫者，小雜魚也。正義鯫音族苟反，謂雜小魚也。鮑，白也。然鮐鮆以斤論，鮑鯫以千鈞論，乃其九倍多，故知鮐是大好者，鯫鮑是雜者也。徐云鯫，膊魚也。膊，並各反。謂破開中頭尾不相離爲鮑，謂之膊關者也，此亦大魚爲之也。

【二〇】索隱案：三之者，三千石也。必三之者，取類上文故也。以棗栗賤，故三之爲三千石也。正義謂三千石也。言棗栗三千石乃與上物相等。

【二一】索隱下音離也。正義音彫。

【二二】索隱羔羊千石。謂秤皮重千石。

【二三】索隱果菜千種。千種者，言其多也。正義鍾，六斛四斗。果菜謂雜果菜，於山野采取之。

【二四】索隱案：子謂利息也。貸音土代反。

【二五】集解徐廣曰：「駔音祖朗反〔三四〕，馬儈也。」駰案：漢書音義曰「會亦是儈也。節，節物貴賤也。謂估儈其餘利比千乘之家」。索隱案：節者，節貴賤也。駔，舊音祖朗反，今音奘。駔者，度牛馬市；云駔儈者，合市也，音古外反。淮南子云「段干木，晉國之大駔」，注云「干木，度市之魁也」。

【二六】集解漢書音義曰：「貪賈未當賣而賣，未可買而買，故得利少，而十得三。廉賈貴而賣，賤乃買，故十得五。」

【二七】正義率音律。

【二八】正義言雜惡業，而不在什分中得二分之利者，非世之美財也。

請略道當世千里之中，賢人所以富者，令後世得以觀擇焉。

蜀卓氏之先，【一】趙人也，用鐵冶富。秦破趙，遷卓氏。卓氏見虜略，獨夫妻推輦，行詣遷處。諸遷虜少有餘財，爭與吏，求近處，處葭萌。【二】唯卓氏曰：「此地狹薄。吾聞汶山之下，【三】沃野，下有蹲鴟，【四】至死不飢。民工於市，易賈。」乃求遠遷。致之臨邛，大喜，即鐵山鼓鑄，運籌策，【五】傾滇蜀之民，【六】富至僮千人。【七】田池射獵之樂，擬於人君。

【一】集解徐廣曰：「卓，一作『淖』。」索隱注「卓，一作『淖』」，並音斲，一音鬧。淖亦音泥淖，亦是姓，故齊有淖齒，漢有淖蓋，與卓氏同出，或以同音淖也。

【二】集解徐廣曰：「屬廣漢。」正義葭萌，今利州縣也。

【三】索隱汶山下。上音嶓也。正義汶音珉。

【四】集解徐廣曰：「古『蹲』字作『踆』。」駰案：漢書音義曰「水鄉多鴟，其山下有沃野灌溉。」一曰大芋。正義蹲鴟，芋也。言邛州臨邛縣其地肥又沃，平野有大芋等也。華陽國志云汶山郡都安縣有大芋如蹲鴟也。

【五】索隱漢書云「運籌以賈滇」。

【六】正義滇，一作「沮」。漢書亦作「滇蜀」〔三五〕。今益州郡有蜀州，亦因舊名及漢江爲名。江在益州，南入導江，非漢中之漢江也。

【七】索隱漢書及相如列傳並云「八百人」也。

程鄭，山東遷虜也，亦冶鑄，賈椎髻之民，【一】富埒卓氏，【二】俱居臨邛。

【一】索隱魋結之人。上音椎髻，謂通賈南越也。

【二】索隱埒者，鄰畔，言鄰相次。

宛孔氏之先，梁人也，用鐵冶爲業。秦伐魏，遷孔氏南陽。大鼓鑄，規陂池，連車騎，游諸侯，因通商賈之利，有游閑公子之賜與名。【一】然其贏得過當，愈於纖嗇，【二】家致富數千金，故南陽行賈盡法孔氏之雍容。

【一】集解韋昭曰：「優游閑暇也。」索隱謂通賜與於游閒公子，得其名。

【二】索隱謂孔氏以資給諸侯公子，既已得賜與之名，又蒙其所得之贏過於本資，故云「過當」，乃勝於細碎儉嗇之賈也。纖，細也。方言云「纖，小也。」愈，勝也。正義音色。嗇，吝也。言孔氏連車騎，游於諸侯，以資給之，兼通商賈之利，乃得游閑公子交名。然其通計贏利，過於所資給餉遺之當，猶有交游公子雍容，而勝於慳悋也。

魯人俗儉嗇，而曹邴氏【一】尤甚，以鐵冶【二】起，富至巨萬。然家自父兄子孫約，俛有拾，仰有取，貰貸行賈徧郡國。鄒、魯以其故多去文學而趨利者，以曹邴氏也。

【一】索隱邴音柄也。

【二】集解徐廣曰：「魯縣出鐵。」

齊俗賤奴虜，而刀閒【一】獨愛貴之。桀黠奴，人之所患也，唯刀閒收取，使之逐漁鹽商賈之利，或連車騎，交守相，然愈益任之。終得其力，起富數千萬。故曰「寧爵毋刀」，【二】言其能使豪奴自饒而盡其力。

【一】索隱上音雕，姓也。閒，如字。正義刀，丁遥反。姓名。

【二】集解漢書音義曰：「奴自相謂曰：『寧欲免去作民有爵邪？將止爲刀氏作奴乎？』毋，發聲語助。」索隱案奴自相謂曰：「寧免去求官爵邪？」曰：「無刀。」無刀，相止之辭也，言不去，止爲刀氏作奴也。

周人既纖，〔一〕而師史〔二〕尤甚，轉轂以百數，賈郡國，無所不至。洛陽街居在齊秦楚趙之中，〔三〕貧人學事富家，相矜以久賈，〔四〕數過邑不入門，設任此等，故師史能致七千萬。

〔一〕集解漢書音義曰：「儉嗇也。」

〔二〕索隱師，姓；史，名。正義師史，人姓名。

〔三〕正義洛陽在齊秦楚趙之中，其街巷貧人，學於富家，相矜以久賈諸國，皆數歷里邑不入其門，故前云「洛陽東賈齊、魯，南賈梁、楚」是也。

〔四〕集解漢書音義曰：「謂街巷居民無田地，皆相矜久賈在此諸國也。」

宣曲〔一〕任氏之先，爲督道倉吏。〔二〕秦之敗也，豪傑皆爭取金玉，而任氏獨窖倉粟。〔三〕楚漢相距滎陽也，民不得耕種，米石至萬，而豪傑金玉盡歸任氏，任氏以此起富。富人爭奢侈，而任氏折節爲儉，力田畜。田畜人爭取賤賈，〔四〕任氏獨取貴善。〔五〕富者數世。然任公家約，非田畜所出弗衣食，公事不畢則身不得飲酒食肉。以此爲閭里率，故富而主上重之。

〔一〕集解徐廣曰：「高祖功臣有宣曲侯。」索隱韋昭云：「地名。高祖功臣有宣曲侯。」上林賦云「西馳宣曲」，當在京輔，今闕其地。正義案：其地合在關内。張揖云「宣曲，宫名，在昆池西也」。

【二】集解漢書音義曰：「若今吏督租穀使上道輸在所也。」韋昭曰：「督道，秦時邊縣名。」

【三】集解徐廣曰：「窖音校，穿地以藏也。」

【四】索隱晉灼云：「爭取賤賈金玉也。」正義音價也。

【五】索隱謂買物必取貴而善者，不爭賤價也。

塞之斥也，【一】唯橋姚【二】已致馬千匹，【三】牛倍之，羊萬頭，粟以萬鍾計。吴楚七國兵起時，長安中列侯封君行從軍旅，齎貸子錢，【四】子錢家以爲侯邑國在關東，關東成敗未決，莫肯與。唯無鹽氏出捐千金貸，【五】其息什之。【六】三月，吴楚平。一歲之中，則無鹽氏之息什倍，用此富埒關中。

【一】集解漢書音義曰：「邊塞主斥候卒也。」索隱孟康云：「邊塞主斥候之卒也。」又[三六]案：斥，開也，相如傳云「邊塞益斥」是也。正義孟康云：「邊塞主斥候卒也。唯此人能致富若此。」顔云：「塞斥者，言國斥開邊塞，更令寬廣，故橋姚得恣其畜牧也。」

【二】索隱橋，姓；姚，名。正義姓橋，名姚也。

【三】索隱言橋姚因斥塞而致此資。風俗通云：「馬稱匹者，俗説云相馬及君子，與人相匹，故云匹。或說馬夜行，目照前四丈，故云一匹。或說度馬縱橫，適得一匹。」又韓詩外傳云：「孔子與顏回登山，望見一匹練，前有藍，視之果馬，馬光景一匹長也。」

【四】索隱 齎音子稽反。貸，假也，音吐得反。與人物云齎。周禮注「齎所給與」也。

【五】索隱 吐代反。

【六】索隱 謂出一得十倍。

關中富商大賈，大抵盡諸田，田嗇、田蘭。韋家栗氏，安陵、杜杜氏，【一】亦巨萬。

【一】集解 徐廣云：「安陵及杜，二縣名，各有杜姓也。宣帝以杜爲杜陵。」

此其章章尤異者也。【一】皆非有爵邑奉祿弄法犯姦而富，盡椎埋去就，與時俯仰，獲其贏利，以末致財，用本守之，以武一切，用文持之，變化有概，故足術也。若至力農畜，工虞商賈，爲權利以成富，大者傾郡，中者傾縣，下者傾鄉里者，不可勝數。

【一】集解 徐廣曰：「異，一作『淑』，又作『較』。」

夫纖嗇筋力，治生之正道也，而富者必用奇勝。田農，掘業，【一】而秦揚以蓋一州。【二】掘冢，姦事也，而田叔以起〔三七〕。博戲，惡業也，而桓發【三】用富〔三八〕。行賈，丈夫賤行也，而雍樂成以饒。販脂，【四】辱處也，而雍伯千金。賣漿，小業也，而張氏千萬。洒削，【六】薄技也，而郅氏鼎食。胃脯，【七】簡微耳，濁氏連騎。馬醫，淺方，張里擊鍾。此皆誠壹之所致。

【一】集解徐廣曰：「古『拙』字亦作『掘』也。」

【二】索隱漢書作「甲一州」。服虔云：「富爲州之中第一。」

【三】索隱漢書作「稽發」。正義桓發，人姓名。

【四】正義說文云「戴角者脂，無角者膏」也。

【五】集解徐廣曰：「雍，一作『翁』。」索隱雍，於恭反。漢書作「翁伯」也。

【六】集解徐廣曰：「洒，或作『細』。」駰案：漢書音義曰「治刀劍名」。索隱上音先禮反，削刀者名。洒削，謂摩刀以水洒之。又方言云「劍削，關東謂之削」，音肖。削，一依字讀也。

【七】索隱晉灼云：「太官常以十月作沸湯燖羊胃，以末椒薑粉之訖，暴使燥，則謂之脯，故易售而致富。」正義案，胃脯謂和五味而脯美，故易售。

由是觀之，富無經業，則貨無常主，能者輻湊，不肖者瓦解。千金之家比一都之君，巨萬者乃與王者同樂。豈所謂「素封」者邪？非也？

【索隱述贊】貨殖之利，工商是營。廢居善積，倚市邪贏。白圭富國，計然强兵。倮參朝請〔三九〕，女築懷清。素封千户，卓鄭齊名。

校勘記

〔一〕犀　御覽卷八〇七引史記作「犀象」，通典卷一一同。

〔二〕其下有銀　「銀」，原作「丹」，據黄本、殿本改。按：管子地數：「山上有赭者，其下有鐵；上有鉛者，其下有銀。」

〔三〕心筭　索隱引徐廣注作「心計」。按：漢書卷二四下食貨志下：「弘羊，洛陽賈人之子，以心計，年十三侍中。」漢書卷一〇〇上敍傳上：「氿、鶡發精於鍼石，研、桑心計於無垠。」

〔四〕齊州平陽縣　疑當作「濟州平陰縣」。按：本書卷四一越王句踐世家「止于陶」正義引括地志：「陶山在濟州平陰縣東三十五里。」同卷「陶朱公」正義引括地志：「濟州平陰縣東三十里陶山南五里有陶公冢。」

〔五〕曹州濟陽縣　「濟陽」，疑當作「濟陰」。按：本書卷三殷本紀「湯遂伐三嵏」正義引括地志：「曹州濟陰縣即古定陶也。」卷八高祖本紀「都定陶」正義：「曹州濟陰縣城是。」

〔六〕雙陸及基　「基」，原作「碁」。張文虎札記卷五：「『碁』疑『基』之譌。」今據改。

〔七〕亦曰即成鹽　「亦曰」，殿本作「赤白」。

〔八〕巴寡婦清　「巴」下原有「蜀」字。王念孫雜志史記第六：「『蜀』字亦因下文『巴蜀』而衍。索隱曰『漢書作「巴寡婦清」，巴，寡婦之邑；清，其名也』。」按：徐鍇説文解字繫傳「負」字條引史記無「蜀」字。今據刪。

〔九〕案烏氏縣名　「縣名」，耿本、黄本、彭本、柯本、凌本、殿本作「姓」。按：漢書卷九一貨殖傳「烏氏蠃畜牧」顔師古注：「烏氏，姓也。蠃，名也。」

〔一〇〕及秦文德　「德」，原作「孝」。梁玉繩志疑卷三五：「史詮謂『孝』當作『德』，通志無『孝』字。」按：本書卷五秦本紀云「德公元年，初居雍城大鄭宫」，又云「（孝公）十二年，作爲咸陽」，卷六秦始皇本紀云「孝公享國二十四年。葬弟圉。生惠文王。其十三年，始都咸陽」。是孝公時已居咸陽。今據改。

〔一一〕獻公　「獻」下原有「孝」字。梁玉繩志疑卷三五：「『孝』字衍。」按：本書卷五秦本紀「（獻公）二年，城櫟陽」，「獻公子孝公都咸陽」。今據刪。參見上條。

〔一二〕孝昭　「孝」，原作「武」。梁玉繩志疑卷三五：「『武』當作『孝』。」按：據本書卷五秦本紀、卷六秦始皇本紀，孝公築咸陽而都之。今據改。參見本卷校記〔一〇〕。

〔一三〕畏言　張文虎札記卷五：「『言』疑『罪』之誤。」

〔一四〕中山地薄人衆　「中山」上漢書卷二八下地理志下有「趙」字。

〔一五〕洺水本名漳水　「洺水」，原作「洛水」。按：初學記卷八河北道「千步」引水經注：「洺水一名漳水，俗名千步。」隋書卷三〇地理志中武安郡：「洺水，舊曰斥漳。」今據改。

〔一六〕昔堯作游成陽　張文虎札記卷五：「『作游』不辭，『游』疑『於』字之譌，與下二句一例。」按：「游」字不誤。漢書卷二八下地理志下「昔堯作游成陽，舜漁靁澤，湯止于亳」顔師古注：「如淳曰：『作，起也。成陽在定陶，今有堯冢靈臺。』師古曰：『作游者，言爲宮室遊止之處也。』」

〔一七〕有鉅野澤也　「有」，原作「在」。張文虎札記卷五：「『在』疑當作『有』。」按：漢書卷二八上地理志上山陽郡：「鉅壄，大壄澤在北，兗州藪。」本書卷二夏本紀「大野既都」集解引鄭玄曰：「大野在山陽鉅野北，名鉅野澤。」今據改。

〔一八〕矜已諾　張文虎札記卷五：「王本『矜』作『務』。」

〔一九〕邾城在黄州東南　「黄州」，原作「潭州」。張文虎札記卷五：「項紀正義引括地志『故邾城在黄州黄岡縣東南二十里』。此作『潭州』，蓋涉下『長沙』正義而誤。」按：元和志卷二七江南道三黄州黄岡縣：「故邾城，在縣東南一百二十里，古邾國也。」今據改。又，「黄州」下疑脱「黄岡縣」三字。本書卷七項羽本紀「都邾」、卷四〇楚世家「五曰曹姓」正義引括地志皆有此三字。

〔二〇〕堇少也　漢書卷二八下地理志下「不足以更費」顔師古注引應劭重「堇」字。

〔二一〕息二千　此下原有「户」字。梁玉繩志疑卷三五：「『户』字衍，漢傳無。」今據删。

〔二二〕自通　「通」，後漢書卷四〇上班彪傳上「輕仁義而羞貧窮」李賢注引史記作「適」，宋本册府卷五五八國史部引同。

〔一三〕樂産　耿本、黄本、彭本、柯本、凌本、殿本作「樂彦」。

〔一四〕糱麴鹽豉千荅　「荅」，徐廣曰「或作台，器名有瓵」。王念孫雜志漢書第十四：「台，當爲『瓵』，音貽。爾雅：『甌瓿謂之瓵。』郭注曰：『瓿甊，小甖，長沙謂之瓵。』徐所引『瓵，瓦器，受斗六升』，即孫炎爾雅注也。」按：王説是。徐鍇説文解字繫傳「瓵」字條引史記正作「瓵」。説文瓦部：「甌瓿謂之瓵。」

〔一五〕釀千瓮酤醯醋云酒酤　張文虎札記卷五：「『云』當作『也』。此三字（醯醋也）乃下句正義。」按：此數句疑當作「釀千瓮酤酤酒醯醋也」。

〔一六〕按　黄本、彭本、柯本作「揔」，凌本作「總」，殿本作「揔」，疑「按」字誤。按：漢書卷九一貨殖傳「船長千丈」顔師古注：「總積船之丈數也。」

〔一七〕楊僮　本書卷二〇建元以來侯者年表作「楊僕」，漢書卷一七景武昭宣元成功臣表同，疑是。

〔一八〕朱髤盤　「髤盤」二字原無。張文虎札記卷五：「漢書外戚傳注作『黑髤盤朱髤盤』，此『朱』下脱『髤盤』二字，文不成義。」今據補。

〔一九〕與千户侯等此蹄躈千　此九字原無，據耿本、黄本、彭本、柯本、凌本、殿本補。

〔二〇〕與皮革同重　「重」，漢書卷九一貨殖傳「荅布皮革千石」顔師古注作「量」。

〔二一〕漆大斗　漢書卷九一貨殖傳作「桼千大斗」，疑此脱「千」字。按：本卷及漢書此處上下數十句皆有「千」字。

〔三〕孫炎説云　原作「炎反説文云」。張文虎札記卷五：「此仍承集解文，當作『孫炎説云』，即裴駰舉孫叔然説如下文也。脱『孫』字，衍『反』『文』二字。」今據改。

〔三〕兒漬云鮑　「兒」，疑當作「魚」。按：玉篇魚部：「鮑，漬魚也。」

〔㗊〕音祖朗反　「音」字原重，據景祐本、紹興本、耿本、黄本、彭本、柯本、凌本、殿本删。

〔五〕亦作滇蜀　「蜀」，原作「池」。張文虎札記卷五：「疑當作『蜀』。」按：漢書卷九一貨殖傳「賈滇、蜀民」顏師古注：「行販賣於滇、蜀之間也。」今據改。

〔六〕孟康云邊塞主斥候之卒也又　此十二字，耿本、黄本、彭本、柯本、凌本、殿本作「孟説非也」。

〔七〕田叔　黄本作「曲叔」，疑是。按：漢書卷九一貨殖傳作「曲叔」，顏師古注：「姓曲，名叔。」

〔八〕用富　「用」下原有「之」字。王念孫雜志史記第六：「用，亦以也，與上下三『以』字互文。後人於『用』下加『之』字，則失其句法矣。」今據删。

〔九〕倮　原作「保」，據殿本及正文改。

史記卷一百三十

太史公自序第七十

昔在顓頊，命南正重以司天，北正黎以司地。【一】唐虞之際，紹重黎之後，使復典之，至于夏商，故重黎氏世序天地。其在周，程伯休甫其後也。【二】當周宣王時，失其守而爲司馬氏。【三】司馬氏世典周史。【四】惠襄之閒，司馬氏去周適晉。【五】晉中軍隨會奔秦，【六】而司馬氏入少梁。【七】

【一】索隱南正重以司天，火正黎以司地。案：張晏云「南方，陽也。火，水配也。水爲陰，故命南正重司天，火正黎兼地職」。臣瓚以爲重黎氏是司天地之官，司地者宜曰北正，古文作「北」字〔一〕，非也。楊雄、譙周並以爲然。案：國語「黎爲火正，以淳燿敦大，光照四海」，又幽通賦云「黎淳曜於高辛」，則「火正」爲是也。

【二】集解應劭曰：「封爲程國伯，休甫，字也。」索隱案：重司天而黎司地，是代序天地也。據左氏，重是少昊之子，黎乃顓頊之胤，二氏二正，所出各別，而史遷意欲合二氏爲一，故總云「在周，程伯休甫其後」，非也。然後案彪之序及干寶皆云司馬氏〔二〕，黎之後是也。今總稱伯休甫是重黎之後者，凡言地即舉天，稱黎則兼重，自是相對之文，其實二官亦通職。然休甫則黎之後也，亦是太史公欲以史爲己任，言先代天官，所以兼稱重耳。正義括地志云：「安陵故城在雍州咸陽東二十一里，周之程邑也。」

【三】正義司馬彪序云：「南正黎，後世爲司馬氏。」

【四】索隱案：司馬，夏官卿，不掌國史，自是先代兼爲史。衞宏云「司馬氏，周史佚之後」，不知何據。

【五】集解張晏曰：「周惠王、襄王有子穨、叔帶之難，故司馬氏奔晉。」

【六】索隱案左氏，隨會自晉奔秦，後乃奔魏，自魏還晉，故漢書云會奔秦魏也。

【七】索隱古梁國也，秦滅之，改曰少梁，後名夏陽。正義案春秋，隨會奔秦，其後自秦入魏而還晉也。隨會爲晉中軍將。少梁，古梁國也，嬴姓，在同州韓城縣南二十二里，是時屬晉。

自司馬氏去周適晉，分散，或在衞，或在趙，或在秦。其在衞者，相中山。【一】在趙者，【二】以傳劍論顯，【三】蒯聵【四】其後也。在秦者名錯，與張儀爭論，於是惠王使錯將伐蜀，遂拔，因而守之。【五】錯孫靳，【六】事武安君白起。而少梁更名曰夏陽。靳與武安君阬趙長平軍，【七】還而與之俱賜死杜郵，【八】葬於華池。【九】靳孫昌，昌爲秦主鐵官，當始皇之時。蒯聵玄孫卬【一〇】爲武信君將【一一】而徇朝歌。諸侯之相王，王卬於殷。【一二】漢之伐楚，卬歸漢，以其地爲河內郡。昌生無澤，【一三】無澤爲漢市長。無澤生喜，喜爲五大夫，卒，皆葬高門。【一四】喜生談，談爲太史公。【一五】

【一】集解徐廣曰：「名喜也。」

【二】索隱案：何法盛晉書及司馬氏系本名凱。正義何法盛晉書及晉譙王司馬無忌司馬氏系本皆云名凱。

【三】集解服虔曰：「世善傳劍也。」蘇林曰：「傳手搏論而釋之。」晉灼曰：「史記吳起贊曰『非信仁廉勇，不能傳劍論兵書』也。」索隱服虔云：「代善劍也。」按：解所以稱傳也。蘇林云傳作「搏」，言手搏論而釋之，所以知名也。

【四】正義五怪反。如淳云：「刺客傳之蒯聵也。」

【五】集解蘇林曰：「守，郡守也。」

【六】集解徐廣曰：「一作『蘄』。」索隱上音七各反，下音紀覺反。漢書作「蘄」。

【七】集解文穎曰：「趙孝成時。」

【八】索隱下音尤。李奇曰「地名，在咸陽西十里〔三〕」。按三秦記，其地後改爲李里者也〔四〕。

【九】集解晉灼曰：「地名，在鄠縣。」索隱晉灼云在鄠縣，非也。案司馬遷碑在夏陽西北四里。正義括地志云：「華池在同州韓城縣西南七十里，在夏陽故城西北四里。」

【一〇】索隱案：晉譙國司馬無忌作司馬氏系本，云蒯聵生昭豫，昭豫生憲，憲生卬。

【一一】集解徐廣曰：「張耳傳云武臣自號武信君。」索隱案漢書，武臣號武信君。

【一二】索隱漢書云項羽封卬爲殷王。

【一三】索隱漢書作「毋擇」，並音亦也。

【一四】集解蘇林曰：「長安北門也。」瓚曰：「長安城無高門。」索隱案：蘇説非也。案遷碑，在夏陽西北，去華池三里。正義括地志云：「高門原俗名馬門原，在同州韓城縣西南十八里。漢司馬遷墓在韓城縣南二十二里。夏陽縣故城東南有司馬遷冢，在高門原上也。」

【一五】集解如淳曰：「漢儀注太史公，武帝置，位在丞相上。天下計書先上太史公，副上丞相，序事如古春秋。遷死後，宣帝以其官爲令，行太史公文書而已。」瓚曰：「百官表無太史公。茂陵中書司馬談以太史丞爲太史令。」索隱案茂陵書，談以太史丞爲太史令，則「公」者，遷所著書尊其父云「公」也。然稱「太史公」皆遷稱述其父所作，其實亦遷之詞，而如淳引衞宏儀注稱「位在丞相上」，謬矣。案百官表又無其官。且修史之官，國家別有著撰，則令郡縣所上圖書皆先上之，而後人不曉，誤以爲在丞相上耳。正義虞喜志林云：「古者主天官者皆上公，自周至漢，其職轉卑，然朝會坐位猶居公上。尊天之道，其官屬仍以舊名尊而稱也。」案：下文「太史公既掌天官，不治民，有子曰遷」，又云「卒三歲而遷爲太史公」，又云「太史公遭李陵之禍」，又云「汝復爲太史，則續吾祖矣」，觀此文，虞喜説爲長。乃書談及遷爲「太史公」者，皆遷自書之。漢舊儀云「太史公秩二千石，卒史皆秩二百石」。然瓚及韋昭、桓譚之説皆非也。以桓譚之説釋在武本紀也。

太史公學天官於唐都，【一】受易於楊何，【二】習道論於黄子。【三】太史公仕於建元、元封之閒，愍學者之不達其意而師悖，【四】乃論六家之要指曰：

【一】正義天官書云「星則唐都」也。

【二】集解徐廣曰：「菑川人。」

【三】集解徐廣曰：「儒林傳曰黄生，好黄老之術。」

【四】正義布内反。顏云：「悖，惑也。各習師書〔五〕，惑於所見也。」

易大傳：【一】「天下一致而百慮，同歸而殊塗。」夫陰陽、儒、墨、名、法、道德，此務爲治者也，直所從言之異路，有省不省耳。【二】嘗竊觀陰陽之術，大祥【三】而衆忌諱，使人拘而多所畏；【四】然其序四時之大順，不可失也。儒者博而寡要，勞而少功，是以其事難盡從；然其序君臣父子之禮，列夫婦長幼之别，不可易也。墨者【五】儉而難遵，是以其事不可徧循；【六】然其彊本節用，不可廢也。法家嚴而少恩；然其正君臣上下之分，不可改矣。名家使人儉而善失真；【七】然其正名實，不可不察也。道家使人精神專一，動合無形，贍足萬物。【八】其爲術也，因陰陽之大順，采儒、墨之善，撮名、法之要，與時遷移，應物變化，立俗施事，無所不宜，指約而易操，事少而功多。儒者則不然。以爲人主天下之儀表也，主倡而臣和，主先而臣隨。如此則主勞而臣逸。至於大道之要，去健羨，【九】絀聰明，【一〇】釋此而任術。夫神大用則竭，形大勞則敝。形神騷動，欲與天地長久，非所聞也。

【一】集解張晏曰：「謂易繫辭。」正義張晏云「謂易繫辭」。案：下二句是繫辭文也。

【二】索隱案：六家同歸於正，然所從之道殊塗，學或有傳習省察，或有不省者耳。

【三】集解徐廣曰：「一作『詳』。」駰案：李奇曰「月令星官，是其枝葉也」。索隱注一作「大詳」〔六〕。案：漢書作「大詳」，言我觀陰陽之術大詳。而今此作「祥」，於義爲疏也。正義顧野王云：「祥，善也，吉凶之先見也。」

【四】正義言拘束於日時，令人有所忌畏也。

【五】正義韋云：「墨翟之術也，尚儉，後有隨巢子傳其術也。」

【六】索隱偏音遍。偏循，言難盡用也。

【七】索隱劉向別録云〔七〕：名家流出於禮官。古者名位不同，禮亦異數，孔子曰〔八〕「必也正名乎」。案：名家知禮亦異數，是儉也，受命不受辭，或失其真也。

【八】索隱 贍音市豔反。漢書作「澹」，古今字異也。

【九】集解 如淳曰：「『知雄守雌』，是去健也。『不見可欲，使心不亂』，是去羨也。」

【一〇】索隱 如淳云：「不尚賢，絕聖弃智也。」

夫陰陽、四時、八位、十二度、二十四節【一】各有教令，順之者昌，逆之者不死則亡。未必然也，故曰「使人拘而多畏」。夫春生夏長，秋收冬藏，此天道之大經也，弗順則無以爲天下綱紀，故曰「四時之大順，不可失也」。

【一】集解 張晏曰：「八位，八卦位也。十二度，十二次也。二十四節，就中氣也。各有禁忌，謂日月也。」

夫儒者以六蓺爲法。六蓺經傳以千萬數，累世不能通其學，當年不能究其禮，故曰「博而寡要，勞而少功」。若夫列君臣父子之禮，序夫婦長幼之別，雖百家弗能易也。

墨者亦尚堯舜道，言其德行曰：「堂高三尺，【一】土階三等，茅茨不翦，【二】采椽不刮。【三】食土簋，【四】啜土刑，【五】糲粱之食，【六】藜藿之羹。【七】夏日葛衣，冬日鹿裘。」其送死，桐棺三寸，【八】舉音不盡其哀。教喪禮，必以此爲萬民之率。使天下法若此，則尊卑無別也。夫世異時移，事業不必同，故曰「儉而難遵」。要曰彊本節用，則人給家足之道也。此墨子之所長，雖百家弗能廢也。

【一】索隱 案：自此已下韓子之文，故稱「曰」。

【二】正義 屋蓋曰茨，以茅覆屋。

【三】索隱 韋昭云：「采椽，櫟榱也。」正義 採取爲椽，不刮削也。

【四】集解 徐廣曰：「一作『瑠』。」駰案：服虔曰「土簋，用土作此器」。

【五】正義 顔云：「簋，所以盛飯也。刑，所以盛羹也。土謂燒土爲之，即瓦器也。」

【六】集解 張晏曰：「一斛粟七𣂋米爲糲。」瓚曰：「五斗粟，三斗米，爲糲。音剌。」韋昭曰：「糲，礲也。」索隱 服虔云：「糲，麤米也。」三倉云：「粱，好粟。」正義 糲，麤米也，脱粟也。粱，粟也。謂食脱粟之麤飯也。

【七】正義 藜，似藿而表赤。藿，豆葉也。

【八】正義 以桐木爲棺，厚三寸也。

法家不別親疏，不殊貴賤，一斷於法，則親親尊尊之恩絶矣。【一】可以行一時之計，而不可長用也，故曰「嚴而少恩」。若尊主卑臣，明分職不得相踰越，雖百家弗能改也。

【一】索隱 案：禮，親親父爲首，尊尊君爲首也。

名家苛察繳繞，【一】使人不得反其意，專決於名而失人情，故曰「使人儉而善失真」。若夫控名責實，參伍不失，【二】此不可不察也。

【一】集解服虔曰：「繳音近叫呼，謂煩也。」如淳曰：「繳繞猶纏繞，不通大體也。」

【二】集解晉灼曰：「引名責實，參錯交互，明知事情。」

道家無爲，又曰無不爲，【一】其實易行，【二】其辭難知。【三】其術以虛無爲本，以因循爲用。【四】無成埶，無常形，故能究萬物之情。不爲物先，不爲物後，【五】故能爲萬物主。有法無法，因時爲業；【六】有度無度，因物與合。【七】故曰「聖人不朽，時變是守。【八】虛者道之常也，因者君之綱」也。【九】羣臣並至，使各自明也。其實中其聲者謂之端，實不中其聲者謂之窾。【一〇】窾言不聽，姦乃不生，賢不肖自分，白黑乃形。在所欲用耳，何事不成。乃合大道，混混冥冥。【一一】光燿天下，復反無名。凡人所生者神也，所託者形也。神大用則竭，形大勞則敝，形神離則死。死者不可復生，離者不可復反，故聖人重之。由是觀之，神者生之本也，形者生之具也。【一二】不先定其神形〔九〕，而曰「我有以治天下」，何由哉？

【一】正義無爲者，守清淨也。無不爲者，生育萬物也。

【二】正義各守其分，故易行也。

【三】正義幽深微妙，故難知也。

【四】正義任自然也。

【五】集解韋昭曰：「因物爲制。」

【六】正義因時之物，成法爲業。

【七】正義因其萬物之形成度與合也。

【八】索隱「故曰聖人不朽」至「因者君之綱」，此出鬼谷子，遷引之以成其章，故稱「故曰」也。正義言聖人教迹不朽滅者，順時變化。

【九】正義言因百姓之心以教，唯執其綱而已。

【一〇】集解徐廣曰：「音款，空也。」駰案：李奇曰「聲別名也【一〇】」。索隱窾音款。漢書作「款」。款，空也。故申子云「款言無成」是也。聲者，名也。以言實不稱名，則謂之空，空有聲也。

【一一】正義上胡本反。混混者，元氣之皃也【一一】。

【一二】集解韋昭曰：「聲氣者，神也。枝體者，形也。」

太史公既掌天官，不治民。有子曰遷。

遷生龍門，【一】耕牧河山之陽。【二】年十歲則誦古文。【三】二十而南游江、淮，上會稽，探禹穴，【四】闚九疑，【五】浮於沅、湘；【六】北涉汶、泗，【七】講業齊、魯之都，觀孔子之遺風，鄉射鄒、嶧；戹困鄱、薛、【八】彭城，過梁、楚以歸。於是遷仕爲郎中，奉使西征巴、蜀以南，南略邛、笮、昆明，還報命。【九】

【一】集解徐廣曰：「在馮翊夏陽縣。」駰案：蘇林曰「禹所鑿龍門也。」正義括地志云：「龍門在同州韓城縣北五十里。其山更黃河，夏禹所鑿者也。龍門山在夏陽縣，遷即漢夏陽縣人也，至唐改曰韓城縣。」

【二】正義河之北，山之南也。案：在龍門山南也。

【三】索隱案：遷及事伏生，是學誦古文尚書。劉氏以爲左傳、國語、系本等書，是亦名古文也。

【四】集解張晏曰：「禹巡狩至會稽而崩，因葬焉。上有孔穴，民閒云禹入此穴。」索隱越絶書云：「禹上茅山，大會計，更名曰會稽。」張勃吴録云：「本名苗山，一名覆釜，禹會諸侯計功，改曰會稽。上有孔，號曰禹穴也。」正義括地志云：「石箐山一名玉笥山，又名宛委山，即會稽山一峯也，在會稽縣東南十八里。吴越春秋云『禹案黃帝中經九山，東南天柱，號曰宛委，赤帝左闕之填〔一二〕，承以文玉，覆以盤石，其書金簡，青玉爲字，編以白銀，皆瑑其文。禹乃東巡，登衡山，血白馬以祭。禹乃登山，仰天而笑，忽然而卧，夢見繡衣男子自稱玄夷倉水使者，卻倚覆釜之山，東顧謂禹曰：「欲得我山神書者，齊於黃帝之岳，岩嶽之下〔一三〕，三月季庚，登山發石。」禹乃登宛委之山，發石，乃得金簡玉字，以水泉之脈。山中又有一穴，深不見底，謂之禹穴』。史遷云『上會稽，探禹穴』，即此穴也。」

【五】索隱山海經云：「南方蒼梧之丘，蒼梧之泉，在營道南，其山九峯皆相似，故曰九疑。」張晏云：「九疑舜葬，故窺之。」尋上探禹穴，蓋以先聖所葬處有古册文，故探窺之，亦搜採遠矣。正義九疑山在道州。

【六】正義沅水出朗州。湘水出道州北，東北入海。

【七】正義兩水出兗州東北而南歷魯。

【八】集解徐廣曰：「嶧音亦，縣名，有山也。鄱音皮。鄒、鄱、薛三縣屬魯。」索隱鄱本音蕃，今音皮。案：白褒〔一四〕魯記云「靈帝末，有汝南陳子游爲魯相。子游，太尉陳蕃子也，國人諱而改焉」。若如其說，則「蕃」改「鄱」，鄱皮聲相近，後漸訛耳。然地理志魯國蕃縣，應劭曰：「邾國也，音皮。」正義鄒，縣名。嶧，山名。嶧山在鄒縣北二十二里〔一五〕，地近曲阜，於此行鄉射之禮。括地志云：「徐州滕縣，漢蕃縣，音翻。漢末陳蕃子逸爲魯相，改音皮。白褒魯記曰『靈帝末，汝南陳子斿爲魯相，陳蕃子也，國人爲諱而改焉』。」

【九】集解徐廣曰：「元鼎六年，平西南夷，以爲五郡。其明年，元封元年是也。」

是歲天子始建漢家之封，而太史公留滯周南，〔一〕不得與從事，〔二〕故發憤且卒。而子遷適使反，見父於河洛之閒。太史公執遷手而泣曰：「余先周室之太史也。自上世嘗顯功名於虞夏，典天官事。後世中衰，絕於予乎？汝復爲太史，則續吾祖矣。今天子接千歲之統，封泰山，而余不得從行，是命也夫，命也夫！余死，汝必爲太史；爲太史，無忘吾所欲論著矣。且夫孝始於事親，中於事君，終於立身。揚名於後世，以顯父母，此孝之大者。夫天下稱誦周公，言其能論歌文武之德，宣周邵之風，達太王王季之思慮，爰及公劉，以尊后稷也。幽厲之後，王道缺，禮樂衰，孔子脩舊起廢，論詩書，作春秋，則學者至今則之。自獲麟以來四百有餘歲，【三】而諸侯相兼，史記放絶。今漢興，海内一統，明主賢君忠臣死義之士，余爲太史而弗論載，廢天下之史文，余甚懼焉，汝其念哉！」遷俯首流涕曰：「小子不敏，請悉論先人所次舊聞，弗敢闕。」

【一】集解徐廣曰：「摯虞曰古之周南，今之洛陽。」索隱張晏云：「自陝已東，皆周南之地也。」

【二】正義與音預。

【三】集解駰案：年表魯哀公十四年獲麟，至漢元封元年三百七十一年。

卒三歲而遷爲太史令，【一】紬史記【二】石室金匱之書。【三】五年而當太初元年，【四】十一月甲子朔旦冬至，天曆始改，建於明堂，諸神受紀。【五】

【一】索隱博物志：「太史令茂陵顯武里大夫司馬遷【一六】，年二十八，三年六月乙卯除，六百石。」

【二】集解徐廣曰：「紬音抽。」索隱如淳云：「抽徹舊書故事而次述之。」徐廣音抽。小顏云：「紬謂綴集之也。」

【三】索隱案：石室、金匱皆國家藏書之處。

【四】集解李奇曰：「遷爲太史後五年，適當於武帝太初元年，此時述史記。」正義案：遷年四十二歲〔一七〕。

【五】集解徐廣曰：「封禪序曰『封禪則萬靈罔不禋祀』。」駰案：韋昭曰「告於百神，與天下更始，著紀於是」。索隱虞喜志林云：「改曆於明堂，班之於諸侯。諸侯羣神之主，故曰『諸神受紀』。」孟康云：「句芒、祝融之屬皆受瑞紀。」

太史公曰：「先人有言：【一】『自周公卒五百歲而有孔子。孔子卒後至於今五百歲，【二】有能紹明世，正易傳，繼春秋，本詩書禮樂之際？』意在斯乎！意在斯乎！小子何敢讓焉。」【三】

【一】索隱先人謂先代賢人也。正義太史公，司馬遷也。先人，司馬談也。

【二】索隱按：孟子稱堯舜至湯五百餘歲，湯至文王五百餘歲，文王至孔子五百餘歲。按：太史公略取於孟子，而楊雄、孫盛深所不然，所謂多見不知量也。以爲淳氣育才，豈有常數，五百之期，何異瞬息。是以上皇相次，或有萬齡爲閒，而唐堯、舜、禹比肩並列。降及周室，聖賢盈朝；孔子之没，千載莫嗣，安在於千年五百乎？具述作者，蓋記注之志耳，豈聖人之倫哉。

【三】索隱讓，漢書作「攘」。晉灼云：「此古『讓』字，言己當述先人之業，何敢自嫌值五百歲而讓也。」

上大夫壺遂【一】曰：「昔孔子何爲而作春秋哉？」太史公曰：「余聞董生曰：【二】『周道衰廢，孔子爲魯司寇，諸侯害之，大夫壅之。孔子知言之不用，道之不行也，是非二百四十二年【三】之中，以爲天下儀表，貶天子，退諸侯，討大夫，以達王事而已矣。』子曰：『我欲載之空言，【四】不如見之於行事之深切著明也。』【五】夫春秋，上明三王之道，下辨人事之紀，別嫌疑，明是非，定猶豫，善善惡惡，【六】賢賢賤不肖，存亡國，繼絶世，補敝起廢，王道之大者也。易著天地陰陽四時五行，故長於變；禮經紀人倫，故長於行；書記先王之事，故長於政；詩記山川谿谷禽獸草木牝牡雌雄，故長於風；樂樂所以立，故長於和；春秋辯是非，故長於治人。是故禮以節人，樂以發和，書以道事，詩以達意，易以道化，春秋以道義。撥亂世反之正，莫近於春秋。春秋文成數萬，其指數千。【七】萬物之散聚皆在春秋。春秋之中，弑君三十六，亡國五十二，諸侯奔走不得保其社稷者不可勝數。察其所以，皆失其本已。【八】故易曰『失之豪釐，差以千里』。【九】故曰『臣弑君，子弑父，非一旦一夕之故也，其漸久矣』。故有國者不可以不知春秋，前有讒而弗見，後有賊而不知；爲人臣者不可以不知春秋，守經事而不知其宜，遭變事而不知其權。爲人君父而不通於春秋之義者，必蒙首惡之名；爲人臣子而不通於春秋之義者，必陷簒弑之誅，死罪之名。其實皆以爲善，爲之不知其義，〔一〇〕被之空言而不敢辭。〔一一〕夫不通禮義之旨，至於君不君，臣不臣，父不父，子不子。夫君不君則犯，〔一二〕臣不臣則誅，父不父則無道，子不子則不孝。此四行者，天下之大過也。以天下之大過予之，則受而弗敢辭。故春秋者，禮義之大宗也。夫禮禁未然之前，法施已然之後；法之所爲用者易見，而禮之所爲禁者難知。」

【一】索隱案：遂爲詹事，秩二千石，故爲上大夫也。

【二】集解服虔曰：「仲舒也。」

【三】索隱案：是非謂褒貶諸侯之得失也。

【四】索隱案：孔子之言見春秋緯，太史公引之以成說也。空言謂褒貶是非也。空立此文，而亂臣賊子懼也。

【五】索隱案：孔子言我徒欲立空言，設褒貶，則不如附見於當時所因之事。人臣有僭侈篡逆，因就此筆削以褒貶，深切著明而書之，以爲將來之誡者也。

【六】索隱公羊傳曰善善及其子孫，惡惡止其身也。

【七】集解張晏曰：「春秋萬八千字，當言『減』，而云『成數』，字誤也。」駰謂太史公此辭是述董生之言。董仲舒自治公羊春秋，公羊經傳凡有四萬四千餘字，故云「文成數萬」也。不得如張議，但論經萬八千字，便謂之誤。索隱案：張晏曰「春秋萬八千字，此云『文成數萬』，字誤也」。裴駰以遷述仲舒所論公羊經傳，凡四萬四千，故云「數萬」，又非也。小顏云「史遷豈以公羊傳爲春秋乎」？又春秋經一萬八千，亦足稱數萬，非字之誤也。

【八】索隱案：弒君亡國及奔走者，皆是失仁義之道本耳。已者，語終之辭也。

【九】集解徐廣曰：「一云『差以毫氂』，一云『繆以千里』。」駰案：今易無此語，易緯有之。

【一〇】正義其心實善，爲之不知其義理，則陷於罪咎。

【一一】集解張晏曰：「趙盾不知討賊，而不敢辭其罪也。」

【一二】正義顏云：「爲臣下所干犯也。一云違犯禮義。」

壺遂曰：「孔子之時，上無明君，下不得任用，故作春秋，垂空文以斷禮義，當一王之法。今夫子上遇明天子，下得守職，萬事既具，咸各序其宜，夫子所論，欲以何明？」

太史公曰：「唯唯，否否，【一】不然。余聞之先人曰：『伏羲至純厚，作易八卦。堯舜之盛，尚書載之，禮樂作焉。湯武之隆，詩人歌之。春秋采善貶惡，推三代之德，襃周室，非獨刺譏而已也。』漢興以來，至明天子，獲符瑞，封禪，改正朔，易服色，受命於穆清，【二】澤流罔極，海外殊俗，重譯款塞，【三】請來獻見者，不可勝道。臣下百官力誦聖德，猶不能宣盡其意。且士賢能而不用，有國者之恥；主上明聖而德不布聞，有司之過也。且余嘗掌其官，廢明聖盛德不載，滅功臣世家賢大夫之業不述，墮先人所言，罪莫大焉。余所謂述故事，整齊其世傳，非所謂作也，而君比之於春秋，謬矣。」

【一】集解晉灼曰：「唯唯，謙應也。否否，不通者也。」

【二】集解如淳曰：「受天命清和之氣。」正義於音烏。顏云：「於，歎辭也。穆，美也。言天子有美德而教化清也。」

【三】集解應劭曰：「款，叩也。皆叩塞門來服從也。」如淳曰：「款，寬也。請除守塞者，自保不爲寇害。」正義重譯，更譯其言也。

於是論次其文。七年【一】而太史公遭李陵之禍，【二】幽於縲紲。乃喟然而歎曰：「是余之罪也夫！是余之罪也夫！身毀不用矣。」退而深惟曰：「夫詩書隱約者，【三】欲遂其志之思也。昔西伯拘羑里，【四】演周易；孔子戹陳蔡，作春秋；屈原放逐，著離騷；左丘失明，厥有國語；孫子臏脚，而論兵法；不韋遷蜀，世傳呂覽；【五】韓非囚秦，說難、孤憤；詩三百篇，大抵賢聖發憤之所爲作也。此人皆意有所鬱結，不得通其道也，故述往事，思來者。」於是卒述陶唐以來，至于麟止，【六】自黃帝始。

【一】集解徐廣曰：「天漢三年。」正義案：從太初元年至天漢三年，乃七年也。

【二】正義太史公舉李陵，李陵降也。

【三】索隱案：謂其意隱微而言約也。正義詩書隱微而約省者，遷深惟欲依其隱約而成其志意也。

【四】集解徐廣曰：「在湯陰。」

【五】正義即呂氏春秋也。

【六】集解張晏曰：「武帝獲麟，遷以爲述事之端。上紀黄帝，下至麟止，猶春秋止於獲麟也。」索隱服虔云：「武帝至雍獲白麟，而鑄金作麟足形，故云『麟止』。遷作史記止於此，猶春秋終於獲麟然也。」史記以黄帝爲首，而云「述陶唐者」，案五帝本紀贊云「五帝尚矣，然尚書載堯以來。百家言黄帝，其文不雅馴」，故述黄帝爲本紀之首，而以尚書雅正，故稱「起於陶唐」。

維昔黄帝，法天則地，四聖遵序，【一】各成法度；唐堯遜位，虞舜不台；【二】厥美帝功，萬世載之。作五帝本紀【三】第一。

【一】集解徐廣曰：「顓頊，帝嚳，堯，舜。」

【二】索隱台，音怡，悦也。或音胎，非也。

【三】索隱應劭云：「有本則紀，有家則代，有年則表，有名則傳。」

維禹之功，九州攸同，光唐虞際，德流苗裔；夏桀淫驕，乃放鳴條。作夏本紀第二。

維契【一】作商，爰及成湯；太甲居桐，德盛阿衡；武丁得説，乃稱高宗；帝辛湛湎，諸侯不享。作殷本紀第三。

【一】正義音薛也。

維弃作稷，德盛西伯；武王牧野，實撫天下；幽厲昏亂，既喪酆鎬；陵遲至赧，洛邑不祀。作周本紀第四。

維秦之先，伯翳佐禹；穆公思義，悼豪之旅；【一】以人爲殉，詩歌黄鳥；昭襄業帝。作秦本紀第五。

【一】索隱案：豪即「崤」之異音。旅，師旅也。正義穆公封崤山軍旅之尸。

始皇既立，并兼六國，銷鋒鑄鐻，【一】維偃干革，尊號稱帝，矜武任力；二世受運，子嬰降虜。作始皇本紀第六。

【一】集解徐廣曰：「嚴安上書『銷其兵，鑄以爲鍾鐻』也。」索隱下音巨。鐻，鐘也。

秦失其道，豪桀並擾；項梁業之，子羽接之；殺慶救趙，【一】諸侯立之；誅嬰背懷，天下非之。作項羽本紀第七。

【一】集解徐廣曰：「宋義爲上將，號慶子冠軍。」

子羽暴虐，漢行功德；憤發蜀漢，還定三秦；誅籍業帝，天下惟寧，改制易俗。作高祖本紀第八。

惠之早霣，【一】諸呂不台；【二】崇彊祿、產，諸侯謀之；殺隱幽友，【三】大臣洞疑，【四】遂及宗禍。作呂太后本紀第九。

【一】正義音殞。

【二】集解徐廣曰：「無台輔之德也。一曰怡，懌也，不爲百姓所說。」索隱徐廣音胎，非也。案：一音怡，此贊本韻，則怡懌爲是。

【三】集解徐廣曰：「趙隱王如意，趙幽王友。」

【四】索隱案：洞是洞達爲義，言所共疑也。

漢既初興，繼嗣不明，迎王踐祚，天下歸心；蠲除肉刑，開通關梁，廣恩博施，厥稱太宗。作孝文本紀第十。

諸侯驕恣，吳首爲亂，京師行誅，七國伏辜，天下翕然，大安殷富。作孝景本紀第十一。

漢興五世，隆在建元，外攘夷狄，內脩法度，封禪，改正朔，易服色。作今上本紀第十二。

維三代尚矣，年紀不可考，蓋取之譜牒舊聞，本于茲，於是略推，作三代世表第一。

幽厲之後，周室衰微，諸侯專政，春秋有所不紀；而譜牒經略，五霸更盛衰，欲睹周世相先後之意，作十二諸侯年表第二。

春秋之後，陪臣秉政，彊國相王；以至于秦，卒并諸夏，滅封地，擅其號。作六國年表第三。

秦既暴虐，楚人發難，項氏遂亂，漢乃扶義征伐；八年之閒，天下三嬗，事繁變衆，故詳著秦楚之際月表第四。

漢興已來，至于太初百年，諸侯廢立分削，譜紀不明，有司靡踵，彊弱之原云以世。【一】作漢興已來諸侯年表第五。

【一】集解徐廣曰：「一作『云已』也。漢序傳曰〔一八〕『敞、義依霍，庶幾云已』。」索隱案：踵謂繼也。「以」字當作「已」，「世」當作「也」，並誤耳。云，已，也，皆語助之辭也。正義言漢興已來百年，諸侯廢立分削，譜紀不能明其嗣，有司無所踵繼其後，乃云彊弱之原云以世相代，不能有所録紀也〔一九〕。

維高祖元功〔二〇〕，輔臣股肱，剖符而爵，澤流苗裔，忘其昭穆，或殺身隕國。作高祖功臣侯者年表第六。

惠景之閒，維申功臣宗屬爵邑，作惠景閒侯者年表第七。

北討彊胡，南誅勁越，征伐夷蠻，武功爰列。作建元以來侯者年表第八。

諸侯既彊，七國爲從，子弟衆多，無爵封邑，推恩行義，其埶銷弱，德歸京師。作王子侯者年表第九。

國有賢相良將，民之師表也。維見漢興以來將相名臣年表，賢者記其治，不賢者彰其事。作漢興以來將相名臣年表第十。

維三代之禮，所損益各殊務，然要以近情性，通王道，故禮因人質爲之節文，略協古今之變。作禮書第一。

樂者，所以移風易俗也。自雅頌聲興，則已好鄭衛之音，鄭衛之音所從來久矣。人情之所感，遠俗則懷。【一】比樂書以述來古，【二】作樂書第二。

【一】集解徐廣曰：「樂者所以感和人情。人情既感，則遠方殊俗莫不懷柔向化也。」

【二】索隱案：來古即古來也。言比樂書以述自古已來樂之興衰也。

非兵不彊，【一】非德不昌，黄帝、湯、武以興，【二】桀、紂、二世以崩，可不慎歟？司馬法所從來尚矣，【三】太公、孫、吴、王子【四】能紹而明之，切近世，極人變。作律書第三。

【一】索隱案：此律書之贊而云「非兵不强」者，則此「律書」即「兵書」也。古者師出以律，則凡出軍皆聽律聲，故云「聞聲效勝負，望敵知吉凶」也。

【二】索隱黄帝有版泉之師，湯、武有鳴條、牧野之戰而克桀、紂。

【三】正義古者師出以律，凡軍出皆吹律聽聲。律書云「六律爲萬事根本，其於兵械尤所重。望敵知吉凶，聞聲效勝負」。故云「司馬兵法所從來尚矣〔二〕」乎？

【四】集解徐廣曰：「王子成甫。」

律居陰而治陽，曆居陽而治陰，律曆更相治，閒不容翲忽。【一】五家之文怫異，【二】維太初之元論〔三〕。作曆書第四。【三】

【一】索隱案：忽者，總文之微也。翲者，輕也。言律曆窮陰陽之妙，其閒不容絲忽也。言「翲」，恐衍字耳。正義翲，匹遥反，今音匹沼反。字當作「秒」。秒，禾芒表也。忽，一蠶口出絲也。言律曆相治之閒，不容比微細之物也。

【二】索隱怫音悖，一音扶物反。怫亦悖也。言金木水火土五家之文，各相悖異不同也。正義五家謂黄帝、顓頊、夏、殷、周之曆，其文相戾，乖異不同，維太初之元論曆律爲是，故曆書自太初之元論之也。

【三】集解徐廣曰：「論，一作『編』。」

星氣之書，多雜禨祥，不經；推其文，考其應，不殊。比集論其行事，驗于軌度以次，作天官書第五。

受命而王，封禪之符罕【一】用，用則萬靈罔不禋祀。追本諸神名山大川禮，作封禪書第六。

【一】集解徐廣曰：「一云『答應』。」

維禹浚川，九州攸寧；爰及宣防，決瀆通溝。作河渠書第七。

維幣之行，【一】以通農商；其極則玩巧，【二】并兼茲殖，爭於機利，去本趨末。作平準書以觀事變，第八。

【一】索隱維獘之行。上獘音「幣帛」之「幣」，錢也。

【二】索隱杬巧，上五官反，下苦孝反。

太伯避歷，江蠻是適；文武攸興，古公王跡。闔廬弒僚，賓服荊楚；夫差克齊，子胥鴟夷；信嚭親越，吳國既滅。嘉伯之讓，作吳世家第一。

申、呂肖矣，【一】尚父側微，卒歸西伯，文武是師；功冠羣公，繆權于幽；【二】番番黃髮，【三】爰饗營丘。不背柯盟，桓公以昌，九合諸侯，霸功顯彰。田、闞爭寵，姜姓解亡。【四】嘉父之謀，作齊太公世家第二。

【一】集解徐廣曰：「肖音痟。痟猶衰微。」索隱案：徐廣注肖音痟，痟猶衰微，其音訓不可知從出也。今案：肖謂微弱而省少，所謂「申呂雖衰」也。正義肖音痟。呂尚之祖封於申。申、呂後痟微，故尚父微賤也。

【二】集解徐廣曰：「繆，錯也，猶云纏結也。權智潛謀，幽昧不顯，所謂太公陰謀。」索隱案：繆謂綢繆也，音亡又反。又謂太公綢繆，爲權謀於幽昧不明著，謂太公之陰謀也。正義繆音武彪反。言吕尚綢繆於幽權之策，謂六韜、三略、陰符、七術之屬也。

【三】集解番音婆。毛萇云「番番，威勇武貌」也。案：黄髮，言老人髮白而更黄也。

【四】集解徐廣曰：「闞，一云『監』。解，一作『遷』。」

依之違之，周公綏之；憤發文德，天下和之；輔翼成王，諸侯宗周。隱桓之際，是獨何哉？三桓爭彊，魯乃不昌。嘉旦金縢，作周公世家第三。

武王克紂，天下未協而崩。成王既幼，管蔡疑之，淮夷叛之，於是召公率德，安集王室，以寧東土。燕噲之禪〔二三〕，【一】乃成禍亂。嘉甘棠之詩，作燕世家第四。

【一】索隱謂王噲禪其相子之，後卒危亂也。

管蔡相武庚，將寧舊商；及旦攝政，二叔不饗；殺鮮放度，【一】周公爲盟；大任十子，【二】周以宗彊。嘉仲悔過，【三】作管蔡世家第五。

【一】索隱案：系家云管叔名鮮，蔡叔名度，霍叔名處也。

【二】索隱太任，文王妃〔二四〕。十子，伯邑考、武王、管、蔡、霍、魯、衞、毛、冄、曹是也。

【三】正義蔡叔度之子蔡仲也。

王後不絶，舜禹是説；維德休明，苗裔蒙烈。百世享祀，爰周陳杞，楚實滅之。齊田既起，舜何人哉？作陳杞世家第六。

收殷餘民，叔封始邑，申以商亂，酒材是告，及朔之生，衛頃不寧；【一】南子惡蒯聵，子父易名。周德卑微，戰國既彊，衛以小弱，角獨後亡。嘉彼康誥，作衛世家第七。

【一】索隱 衛頃公也。

嗟箕子乎！嗟箕子乎！正言不用，乃反爲奴。武庚既死，周封微子。襄公傷於泓，【一】君子孰稱。景公謙德，熒惑退行。剔成暴虐，【二】宋乃滅亡。嘉微子問太師，作宋世家第八。

【一】正義 泓，水名。公羊傳云：「宋與楚人期戰於泓之陽，宋師大敗，君子大其不鼓不成列，臨大事而不忘禮，雖文王之戰亦不過此也。」

【二】集解 徐廣曰：「一云『偃』，宋剔成君生偃。」索隱 上音逷成。

武王既崩，叔虞邑唐。君子譏名，【一】卒滅武公。驪姬之愛，亂者五世；重耳不得意，乃能成霸。六卿專權，【二】晉國以秏。嘉文公錫珪鬯，作晉世家第九。

【一】正義 謂晉穆侯太子名仇，少子名成師也。

【二】正義 智伯、范、中行、韓、魏、趙。

重黎業之，吴回接之；殷之季世，粥子牒之。周用熊繹，熊渠是續。莊王之賢，乃復國陳；[一]既赦鄭伯，班師華元。懷王客死，蘭咎屈原；好諛信讒，楚并於秦。嘉莊王之義，作楚世家第十。

[一]正義 楚莊王都陳。

少康之子，實賓南海，[一]文身斷髮，黿鱓[二]與處，既守封、禺，[三]奉禹之祀。句踐困彼，乃用種、蠡。嘉句踐夷蠻能脩其德，滅彊吴以尊周室，作越王句踐世家第十一。

[一]正義 吴越春秋云：「啓使歲時祭禹於越，立宗廟南山之上，封少康庶子無餘於越，使祠禹，至句踐遷都山陰，立禹廟爲始祖廟，越亡遂廢也。」案：今禹廟在會稽山下。

[二]索隱 蚖鱓，元亶二音。

[三]集解 徐廣曰：「封、禺山在武康縣南。」

桓公之東，太史是庸。及侵周禾，王人是議。祭仲要盟，鄭久不昌。子産之仁，紹世稱賢。三晉侵伐，鄭納於韓。嘉厲公納惠王，作鄭世家第十二。

維驥騄耳，乃章造父。趙夙事獻，衰續厥緒。[一]佐文尊王，卒爲晉輔。襄子困辱，乃禽智伯。主父生縛，餓死探爵。王遷辟淫，良將是斥。嘉鞅討周亂，作趙世家第十三。

[一]正義 衰，楚爲反。

畢萬爵魏，卜人知之。及絳戮干，戎翟和之。文侯慕義，子夏師之。惠王自矜，齊秦攻之。既疑信陵，諸侯罷之。卒亡大梁，王假廝之。嘉武佐晉文申霸道，作魏世家第十四。

韓厥陰德，趙武攸興。紹絶立廢，晉人宗之。昭侯顯列，申子庸之。疑非不信，秦人襲之。嘉厥輔晉匡周天子之賦，作韓世家第十五。

完子避難，適齊爲援，陰施五世，齊人歌之。成子得政，田和爲侯。王建動心，乃遷于共。嘉威、宣能撥濁世而獨宗周，作田敬仲完世家第十六。

周室既衰，諸侯恣行。仲尼悼禮廢樂崩，追脩經術，以達王道，匡亂世反之於正，見其文辭，爲天下制儀法，垂六蓺之統紀於後世。作孔子世家第十七。

桀、紂失其道而湯、武作，周失其道而春秋作。〔一〕秦失其政，而陳涉發迹，諸侯作難，風起雲蒸，卒亡秦族。天下之端，自涉發難。作陳涉世家第十八。

〔一〕正義周失其道，至秦之時，諸侯力事乎爭强。

成皋之臺，薄氏始基。詘意適代，厥崇諸竇。栗姬偩貴，王氏乃遂。陳后太驕，卒尊子夫。嘉夫德若斯，作外戚世家第十九。

漢既譎謀，禽信於陳；越荆剽輕，乃封弟交爲楚王，爰都彭城，以彊淮泗，爲漢宗藩。

戊溺於邪，禮復紹之。嘉游輔祖，〔一〕作楚元王世家第二十。

〔一〕正義游，楚王交字也。祖，高祖也。

維祖師旅，劉賈是與；爲布所襲，喪其荆、吳。營陵激呂，乃王琅邪；怵午〔一〕信齊，往而不歸，遂西入關，遭立孝文，獲復王燕。天下未集，賈、澤以族，爲漢藩輔。作荆燕世家第二十一。

〔一〕正義謂祝午也。

天下已平，親屬既寡；悼惠先壯，實鎮東土。哀王擅興，發怒諸呂，駟鈞暴戾，京師弗許。厲之内淫，禍成主父。嘉肥股肱，作齊悼惠王世家第二十二。

楚人圍我滎陽，相守三年；蕭何填撫山西，〔一〕推計踵兵，給糧食不絶，使百姓愛漢，不樂爲楚。作蕭相國世家第二十三。

〔一〕正義謂華山之西也。

與信定魏，破趙拔齊，遂弱楚人。續何相國，不變不革，黎庶攸寧。嘉參不伐功矜能，作曹相國世家第二十四。

運籌帷幄之中，制勝於無形，子房計謀其事，無知名，無勇功，圖難於易，爲大於細。

作留侯世家第二十五。

六奇既用，諸侯賓從於漢；呂氏之事，平爲本謀，終安宗廟，定社稷。作陳丞相世家第二十六。

諸呂爲從，謀弱京師，而勃反經合於權；吳楚之兵，亞夫駐於昌邑，以戹齊趙，而出委以梁。作絳侯世家第二十七。

七國叛逆，蕃屏京師，唯梁爲扞；偩愛矜功，幾獲于禍。嘉其能距吳楚，作梁孝王世家第二十八。

五宗既王，親屬洽和，諸侯大小爲藩，爰得其宜，僭擬之事稍衰貶矣。作五宗世家第二十九。

三子之王，文辭可觀。作三王世家第三十。

末世爭利，維彼奔義；讓國餓死，天下稱之。作伯夷列傳第一。

晏子儉矣，夷吾則奢；齊桓以霸，景公以治。作管晏列傳第二。

李耳無爲自化，清淨自正；韓非揣事情，循埶理。作老子韓非列傳第三。

自古王者而有司馬法，穰苴能申明之。作司馬穰苴列傳第四。

非信廉仁勇不能傳兵論劍〔二五〕，與道同符，內可以治身，外可以應變，君子比德焉。作孫子吳起列傳第五。

維建遇讒，爰及子奢，尚既匡父，伍員奔吳。作伍子胥列傳第六。

孔氏述文，弟子興業，咸爲師傅，崇仁厲義。作仲尼弟子列傳第七。

鞅去衛適秦，能明其術，彊霸孝公，後世遵其法。作商君列傳第八。

天下患衡秦毋饜，而蘇子能存諸侯，約從以抑貪彊。作蘇秦列傳第九。

六國既從親，而張儀能明其說，復散解諸侯。作張儀列傳第十。

秦所以東攘〔一〕雄諸侯，樗里、甘茂之策。作樗里甘茂列傳第十一。

〔一〕集解徐廣曰：「一作『襄』。」

苞河山，〔一〕圍大梁，使諸侯斂手而事秦者，魏冄之功。作穰侯列傳第十二。

〔一〕集解徐廣曰：「苞，一作『施』。」

南拔鄢郢，北摧長平，遂圍邯鄲，武安爲率；破荊滅趙，王翦之計。作白起王翦列傳第十三。

獵儒墨之遺文，明禮義之統紀，絕惠王利端，列往世興衰。〔一〕作孟子荀卿列傳第十四。

【二】集解徐廣曰：「一作『壞』。」

好客喜士，士歸于薛，爲齊扞楚魏。作孟嘗君列傳第十五。

爭馮亭以權，【一】如楚以救邯鄲之圍，使其君復稱於諸侯。作平原君虞卿列傳第十六。

【一】集解徐廣曰：「以，一作『反』。太史公譏平原曰『利令智昏』，故云爭馮亭反權。」

能以富貴下貧賤，賢能詘於不肖，唯信陵君爲能行之。作魏公子列傳第十七。

以身徇君，遂脱彊秦，使馳説之士南鄉走楚者，黄歇之義。作春申君列傳第十八。

能忍詢於魏齊，【一】而信威於彊秦，推賢讓位，二子有之。作范雎蔡澤列傳第十九。

【一】集解徐廣曰：「詢音逅。」索隱詢，火候反。詢，辱也。

率行其謀，連五國兵，爲弱燕報彊齊之讎，雪其先君之恥。作樂毅列傳第二十。

能信意彊秦，而屈體廉子，用徇其君，俱重於諸侯。作廉頗藺相如列傳第二十一。

湣王既失臨淄而奔莒，唯田單用即墨破走騎劫，遂存齊社稷。作田單列傳第二十二。

能設詭説解患於圍城，輕爵禄，樂肆志。作魯仲連鄒陽列傳第二十三。

作辭以諷諫，連類以爭義，離騷有之。作屈原賈生列傳第二十四。

結子楚親，使諸侯之士斐然爭入事秦。作呂不韋列傳第二十五。

曹子匕首，魯獲其田，齊明其信；豫讓義不爲二心。作刺客列傳第二十六。

能明其畫，因時推秦，遂得意於海内，斯爲謀首。作李斯列傳第二十七。

爲秦開地益衆，北靡匈奴，據河爲塞，因山爲固，建榆中。作蒙恬列傳第二十八。

填趙塞常山以廣河内，弱楚權，明漢王之信於天下。作張耳陳餘列傳第二十九。

收西河、上黨之兵，從至彭城；越之侵掠梁地以苦項羽。作魏豹彭越列傳第三十。

以淮南叛楚歸漢，漢用得大司馬殷，卒破子羽于垓下。【一】作黥布列傳第三十一。

【一】集解徐廣曰：「隄塘之名也。」

楚人迫我京索，而信拔魏趙，定燕齊，使漢三分天下有其二，以滅項籍。作淮陰侯列傳第三十二。

楚漢相距鞏洛，而韓信爲填潁川，盧綰絶籍糧餉。作韓信盧綰列傳第三十三。

諸侯畔項王，唯齊連子羽城陽，漢得以閒遂入彭城。作田儋列傳第三十四。

攻城野戰，獲功歸報，噲、商有力焉，非獨鞭策，又與之脱難。作樊酈列傳第三十五。

漢既初定，文理未明，蒼爲主計，整齊度量，序律曆。作張丞相列傳第三十六。

結言通使，約懷諸侯；諸侯咸親，歸漢爲藩輔。作酈生陸賈列傳第三十七。欲詳知秦楚之事，維周緤常從高祖，平定諸侯。作傅靳蒯成【一】列傳第三十八。

【一】索隱 蒯成。上音裴，其字從崩邑〔二六〕，又音浮。

徙彊族，都關中，和約匈奴；明朝廷禮，次宗廟儀法。作劉敬叔孫通列傳第三十九。能摧剛作柔，卒爲列臣；欒公不劫於埶而倍死。作季布欒布列傳第四十。敢犯顏色，以達主義；不顧其身，爲國家樹長畫。作袁盎朝錯列傳第四十一。守法不失大理，言古賢人，增主之明。作張釋之馮唐列傳第四十二。敦厚慈孝，訥於言，敏於行，務在鞠躬，君子長者。作萬石張叔列傳第四十三。守節切直，義足以言廉，行足以厲賢，任重權不可以非理撓。作田叔列傳第四十四。扁鵲言醫，爲方者宗，守數精明；後世循序〔二七〕，弗能易也，而倉公可謂近之矣。作扁鵲倉公列傳第四十五。

維仲之省，【一】厥濞王吳，遭漢初定，以填撫江淮之閒。作吳王濞列傳第四十六。

【一】集解 徐廣曰：「吳王之王由父省。」

吳楚爲亂，宗屬唯嬰賢而喜士，士鄉之，率師抗山東滎陽。作魏其武安列傳第四十七。

智足以應近世之變，寬足用得人。作韓長孺列傳第四十八。

勇於當敵，仁愛士卒，號令不煩，師徒鄉之。作李將軍列傳第四十九。

自三代以來，匈奴常爲中國患害；欲知彊弱之時，設備征討，作匈奴列傳第五十。

直曲塞，廣河南，破祁連，通西國，靡北胡。作衞將軍驃騎列傳第五十一。

大臣宗室以侈靡相高，唯弘用節衣食爲百吏先。作平津侯列傳第五十二。

漢既平中國，而佗能集楊越以保南藩，納貢職。作南越列傳第五十三。

吳之叛逆，甌人斬濞，【一】葆守封、禺【二】爲臣。作東越列傳第五十四。

【一】集解徐廣曰：「今之永寧，是東甌也。」

【二】索隱上音保。言東甌被越攻破之後，保封、禺之山，今在武康縣也。

燕丹散亂遼閒，滿收其亡民，厥聚海東，以集真藩，【一】葆塞爲外臣。作朝鮮列傳第五十五。

【一】集解徐廣曰：「一作『莫』。藩音普寒反。」

唐蒙使略通夜郎，而邛笮之君請爲內臣受吏。作西南夷列傳第五十六。

子虛之事，大人賦說，靡麗多誇，然其指風諫，歸於無爲。作司馬相如列傳第五十七。

黥布叛逆，子長國之，以填江淮之南，安剽楚庶民。作淮南衡山列傳第五十八。

奉法循理之吏，不伐功矜能，百姓無稱，亦無過行。作循吏列傳第五十九。

正衣冠立於朝廷，而羣臣莫敢言浮說，長孺矜焉；好薦人，稱長者，壯有溉。【一】作汲鄭列傳第六十。

【一】集解徐廣曰：「一作『慨』。」

自孔子卒，京師莫崇庠序，唯建元、元狩之閒，文辭粲如也。作儒林列傳第六十一。

民倍本多巧，姦軌弄法，善人不能化，唯一切嚴削爲能齊之。作酷吏列傳第六十二。

漢既通使大夏，而西極遠蠻，引領内鄉，欲觀中國。作大宛列傳第六十三。

救人於戹，振人不贍，仁者有乎；不既信，【一】不倍言，義者有取焉。作游俠列傳第六十四。

【一】集解徐廣曰：「一云『不慨信』。」

夫事人君能說主耳目，和主顏色，而獲親近，非獨色愛，能亦各有所長。作佞幸列傳第六十五。

不流世俗，不爭埶利，上下無所凝滯，人莫之害，以道之用。作滑稽列傳第六十六。

齊、楚、秦、趙爲日者，各有俗【一】所用。欲循【二】觀其大旨，作日者列傳第六十七。

【一】索隱案：日者傳亡〔二八〕，無以知諸國之俗，今褚先生唯記司馬季主之事也。

【二】集解徐廣曰：「一作『總』。」

三王不同龜，四夷各異卜，然各以決吉凶。略闚其要，作龜策列傳【一】第六十八。

【一】索隱三王不同龜，四夷各異卜，其書既亡，無以知其異〔二九〕。今褚少孫唯取太卜占龜之雜說，詞甚煩蕪，不能裁剪，妄加穿鑿〔三〇〕，此篇不才之甚也。

布衣匹夫之人，不害於政，不妨百姓，取與以時而息財富，智者有采焉。作貨殖列傳第六十九。

維我漢繼五帝末流，接三代絶業〔三一〕。周道廢，秦撥去古文，焚滅詩書，故明堂石室金匱玉版【一】圖籍散亂。於是漢興，蕭何次律令，韓信申軍法，張蒼爲章程，【二】叔孫通定禮儀，則文學彬彬稍進，詩書往往閒出矣。自曹參薦蓋公【三】言黃老，而賈生、晁錯明申、商，公孫弘以儒顯，百年之閒，天下遺文古事靡不畢集太史公。太史公仍父子相續纂其職。

曰：「於戲！余維先人嘗掌斯事，顯於唐虞，至于周，復典之，故司馬氏世主天官。【四】至於余乎，欽念哉！欽念哉！」罔羅天下放失舊聞，【五】王迹所興，原始察終，見盛觀衰，論考之行事，略推三代，録秦漢，上記軒轅，下至于茲，著十二本紀，既科條之矣。並時異世，年差不明，【六】作十表。禮樂損益，律曆改易，兵權山川鬼神，【七】天人之際，承敝通變，作八書。二十八宿環北辰，三十輻共一轂，【八】運行無窮，輔拂股肱之臣配焉，忠信行道，以奉主上，作三十世家。扶義俶儻，不令己失時，【九】立功名於天下，作七十列傳。凡百三十篇，五十二萬六千五百字，爲太史公書。【一〇】序略，以拾遺補蓺，【一一】成一家之言，厥協六經異傳，【一二】整齊百家雜語，【一三】藏之名山，副在京師，【一四】俟後世聖人君子。【一五】第七十。【一六】

【一】集解如淳曰：「刻玉版以爲文字。」

【二】集解如淳曰：「章，曆數之章術也。程者，權衡丈尺斛斗之平法也。」瓚曰：「茂陵書『丞相爲工用程數其中』，言百工用材多少之量及制度之程品者是也。」

【三】索隱蓋，姓也，古合反。

【四】索隱案：此天官非周禮冢宰天官，乃謂知天文星曆之事爲天官。且遷實黎之後，而黎氏後亦總稱重黎，以重本司天，故太史公代掌天官，蓋天官統太史之職。言史是歷代之職，恐非實事。然衞宏以爲司馬氏，周史佚之後，故太史談云「予之先人，周之太史」，蓋或得其實也。

【五】索隱案：舊聞有遺失放逸者，網羅而考論之也。

【六】索隱案：並時則年曆差殊，亦略言，難以明辯，故作表也。

【七】索隱案：兵權，即律書也。遷没之後，亡，褚少孫以律書補之，今律書亦略言兵也〔三二〕。山川，即河渠書也；鬼神，即封禪書也〔三三〕，故云山川鬼神也。

【八】集解駰案：漢書音義曰「象黃帝以下三十世家，老子言車三十輻，運行無窮，以象王者如此也」。正義顏云：「此説非也。言衆星共繞北辰，諸輻咸歸車〔三四〕，羣臣尊輔天子也。」

【九】索隱己音紀。言扶義俶儻之士能立功名於當代，不後於時者也。

【一〇】索隱案：桓譚云：「遷所著書成，以示東方朔，朔皆署曰『太史公』」。則謂「太史公」是朔稱也，亦恐其説未盡。蓋遷自尊其父著述，稱之曰「公」。或云遷外孫楊惲所稱，事或當爾也。

【一一】集解李奇曰：「六蓺也。」索隱案：漢書作「補闕」，此云「蓺」，謂補六藝之闕也〔三五〕。

【一二】索隱遷言以所撰取協於六經異傳諸家之説耳，謙不敢比經蓺也。異傳者，如子夏易傳、毛公詩及韓嬰外傳、伏生尚書大傳之流者也。

【一三】正義太史公撰史記，言其協于六經異文，整齊諸子百家雜説之語，謙不敢比經藝也。異傳，謂如丘明春秋外傳國語、子夏易傳、毛公詩傳、韓詩外傳、伏生尚書大傳之流也。

【一四】索隱言正本藏之書府，副本留京師也。穆天子傳云「天子北征，至于羣玉之山，河平無險，四徹中繩，先王所謂策府」。郭璞云「古帝王藏策之府」。則此謂藏之名山是也。

【一五】索隱以俟後聖君子。此語出公羊傳。言夫子制春秋〔三六〕以俟後聖君子〔三七〕，亦有樂乎此也。

【一六】集解駰案：衛宏漢書舊儀注曰「司馬遷作景帝本紀，極言其短及武帝過，武帝怒而削去之。後坐舉李陵，陵降匈奴，故下遷蠶室。有怨言，下獄死」。

太史公曰：余述歷黄帝以來至太初而訖，百三十篇。【一】

【一】集解駰案：漢書音義曰「十篇缺，有録無書」。張晏曰「遷没之後，亡景紀、武紀、禮書、樂書、律書、漢興已來將相年表、日者列傳、三王世家、龜策列傳、傅靳蒯列傳。元成之閒，褚先生補闕，作武帝紀，三王世家，龜策、日者列傳，言辭鄙陋，非遷本意也」。索隱案：漢書曰「十篇有録無書」。張晏曰「遷没之後，亡景紀、武紀、禮書、樂書、兵書，將相表，三王世家，日者、龜策傳，傅靳等列傳也」。案：景紀取班書補之，武紀專取封禪書，禮書取荀卿禮論，樂書取禮樂記〔三八〕，兵書亡，不補，略述律而言兵，遂分曆述以次之。三王系家空取其策文以緝此篇，何率略且重，非當也。日者不能記諸國之同異，而論司馬季主。龜策直太卜所得占龜兆雜説，而無筆削之功，何蕪鄙也。

【索隱述贊】太史良才，寔纂先德。周遊歷覽，東西南北。事覈詞簡，是稱實録。報任投書，中李下獄。惜哉殘缺，非才妄續！

校勘記

〔一〕古文作北字　「北」，殿本作「火」，與索隱合，疑是。按：國語鄭語：「且重、黎之後也，夫黎爲高辛氏火正。」所謂古文指此。

〔二〕後案彪之序　張文虎札記卷五：「『後案』二字疑倒。」按：「後」字疑衍。

〔三〕咸陽西十里　「十里」二字原無，據耿本、黄本、彭本、柯本、凌本、殿本補。按：漢書卷六二司馬遷傳「俱賜死杜郵」顔師古注引李奇有「十里」二字。本書卷七三白起王翦列傳：「武安君既行，出咸陽西門十里，至杜郵。秦昭王與應侯羣臣議曰：『白起之遷，其意尚怏怏不服，有餘言。』秦王乃使使者賜之劍自裁。」

〔四〕李里　疑當作「孝里」。按：文選卷一〇潘岳西征賦「索杜郵其焉在，云孝里之前號」李善注引辛氏三秦記作「孝里」。水經注卷一九渭水：「渭水北有杜郵亭，去咸陽十七里，今名孝里亭，中有白起祠。」

〔五〕各習師書　「師書」，漢書卷六二司馬遷傳「不達其意而師誖」顔師古注作「師法」。

〔六〕注一作大詳　此五字原無，據索隱本補。

〔七〕劉向別録云　原作「案」，據耿本、黄本、彭本、柯本、凌本、殿本改。按：漢書卷六二司馬遷傳「名家使人儉而善失真」顔師古注：「劉向別録云名家者流出於禮官。古者名位不同，禮亦異數。孔子曰『必也正名乎』。」索隱蓋本於漢書注。

〔八〕孔子曰　「曰」字原無，據耿本、黄本、彭本、柯本、凌本、殿本補。參見上條。

〔九〕不先定其神形　「形」字原無。梁玉繩志疑卷三五：「『神』下脱『形』字，漢書有。」今據補。

〔一〇〕聲別名也　「別」，漢書卷六二司馬遷傳「實不中其聲者謂之款」顔師古注引李奇作「則」，疑是。按：則，即也。謂聲即名。

〔一一〕元氣之皃　「之」上原有「神者」二字。張文虎札記卷五：「漢傳注師古曰『元氣之貌也』，疑『神者』二字衍。」今據删。

〔一二〕赤帝左闕之填　吴越春秋越王無余外傳作「赤帝左闕其巖之巔」。

〔一三〕齊於黄帝之岳岩嶽之下　「岩嶽」，原作「岩岩」。張文虎札記卷五：「吴越春秋作『岩嶽』，此誤。」今據改。又，吴越春秋卷六無「之岳」二字，疑此衍。

〔一四〕白褒　原作「田褎」，據黄本、殿本改。按：隋書卷三三經籍志二：「魯國先賢傳二卷，晉大司農白褒撰。」舊唐書卷四六經籍志上：「魯國先賢志十四卷，白褒撰。」新唐書卷五八藝文志二：「白褒魯國先賢傳十四卷。」左傳襄公四年「敗于狐駘」釋文：「白褒魯國記云：『陳子遊爲魯相，番子也。國人爲諱，改曰皮也。』」正義亦誤，今並改正。

〔一五〕嶧山在鄒縣北二十二里　「北」，疑當作「南」。按：本書卷二夏本紀「嶧陽孤桐」正義引括地志：「嶧山在兖州鄒縣南二十二里。」元和志卷一〇河南道六兖州鄒縣：「嶧山，一名鄒山，在縣南二十二里。」

〔一六〕司馬遷　耿本、黄本、彭本、柯本、凌本、殿本作「司馬」。

〔一七〕案遷年四十二歲　「四十二歲」，疑當作「三十二歲」。按：上文「卒三歲而遷爲太史令」索隱引博物志云時遷年二十八，玉海卷四六史記正義引博物志同。

〔一八〕漢序傳　原作「天漢序」。張文虎札記卷五：「下二句見漢書序傳。此『天』字衍，『序』下脱『傳』字。」今據改。

〔一九〕不能有所録紀也　「不能」上原有「相」字。張文虎札記卷五：「『相』字疑衍。」今據删。

〔二〇〕維高祖元功　王念孫雜志史記第六：「文選吴都賦注、漢高祖功臣頌注、弔魏武帝文注三引此文皆作『維祖元功』，則無『高』字明矣。下文述荆燕世家云『維祖師旅，劉賈是與』，又其一證也。」按：王説是。下文「嘉游輔祖」正義：「祖，高祖也。」

〔二一〕司馬兵法　正文無「兵」字，疑此衍。按：正文云「司馬法所從來尚矣」，下文云「自古王者而有司馬法，穰苴能申明之」。漢書卷三〇藝文志：「軍禮司馬法百五十五篇」，又曰「凡禮十三家，五百五十五篇，入司馬法一家，百五十五篇」，則司馬法即軍禮司馬法也。

〔二二〕維太初之元論　本書卷二六曆書「朔旦冬至」集解文穎引此作「推太初之元也」。

〔二三〕噲　原作「易」。梁玉繩志疑卷三五：「禪位致亂者是王噲，非易王也，『易』字必『噲』之誤。」今據改。

〔二四〕太任文王妃　「太任」，疑當作「大姒」。按：本書卷四周本紀：「季歷娶太任，生昌。」卷三五管蔡世家：「武王同母兄弟十人。母曰太姒，文王正妃也。」國語周語中「昔摯、疇之國也由大任，杞、繒由大姒」韋昭注：「大任，王季之妃，文王之母也。大姒，文王之妃，武王之母也。」

〔二五〕非信廉仁勇不能傳兵論劍　上文「以傳劍論顯」集解引晉灼作「非信仁廉勇不能傳劍論兵書」。王念孫雜志史記第六以爲：「信仁爲一類，廉勇爲一類」，「今本『仁』『廉』二字倒轉，『劍』『論』『兵』三字上下錯亂，又脱去『書』字」。

〔二六〕其字從崩邑　「字」下原有「音」字，據耿本、黄本、彭本、柯本、凌本、殿本删。

〔二七〕後世循序　「循」，原作「修」。王念孫雜志史記第六：「『脩』當爲『循』。周頌『閔予小子』傳曰：『序，緒也。』言後世皆循其緒，莫之能易也。隸書『循』『脩』相似，傳寫易譌。」今據改。

〔二八〕日者傳亡　「亡」，原作「云」，據耿本、黄本、彭本、柯本、殿本改。

〔二九〕無以知其異　「知」，原作「紀」，據耿本、黄本、彭本、柯本、殿本改。

〔三〇〕妄加穿鑿　「加」，原作「皆」，據耿本、黄本、彭本、柯本、殿本改。

〔三一〕接三代絶業　「絶業」，原作「統業」。王念孫雜志史記第六：「『統業』當從漢書作『絶業』，字之誤也。『絶業』與『末流』相對爲文。文選頭陀寺碑文『惟齊繼五帝洪名，紐三王絶業』李善注引史記正作『絶業』。」今據改。

〔三二〕律書　耿本、黄本、彭本、柯本、殿本作「兵書」。

〔三三〕即封禪書　「即」字原無，據耿本、黄本、彭本、柯本、殿本補。

〔二四〕諸輻咸歸車　漢書卷六二司馬遷傳「三十輻共一轂」顔師古注「車」下有「轂」字，疑此脱。

〔二五〕六藝　原作「六義」，據耿本、黄本、彭本、柯本、殿本改。

〔二六〕制春秋　耿本、黄本、彭本、柯本、殿本此下有「之義」二字，疑此脱。按：公羊傳哀公十四年：「制春秋之義以俟後聖，以君子之爲，亦有樂乎此也。」

〔二七〕以俟後聖君子　耿本、黄本、彭本、柯本、殿本此下有「以君子之爲」五字，疑此脱。參見上條。

〔二八〕樂書　「書」字原無，據耿本、黄本、彭本、柯本、殿本補。

附録一

史記集解序

裴駰【一】

班固有言曰：【二】「司馬遷【三】據左氏、國語，【四】采世本、戰國策，【五】述楚漢春秋，【六】接其後事，訖于天漢。【七】其言秦漢詳矣。至於采經摭傳，【八】分散數家之事，甚多疏略，或有抵捂。【九】亦其所涉獵者廣博，貫穿經傳，馳騁古今上下數千載閒，斯已勤矣。【一〇】又其是非頗謬於聖人，【一一】論大道則先黄老而後六經，【一二】序游俠則退處士而進姦雄，【一三】述貨殖【一四】則崇勢利【一五】而羞貧賤：此其所蔽也。【一六】然自劉向、揚雄博極羣書，皆稱遷有良史之才，服其善序事理，辯而不華，質而不俚，【一七】其文直，其事核，不虚美，不隱惡，故謂之實録。」駰以爲固之所言，世稱其當。【一八】雖時有紕繆，【一九】實勒成一家，【二〇】總其大較，【二一】信命世之宏才也。【二二】

【一】索隱 駰字龍駒，河東人〔一〕，宋中郎外兵曹參軍〔二〕。父松之〔三〕，太中大夫〔四〕。正義 裴駰採九經諸史并漢書音義及衆書之目而解史記，故題史記集解序。序，緒也。孫炎云，謂端緒也。孔子作易序卦，子夏作詩序，序之義其來尚矣。

【二】索隱固撰漢書，作司馬遷傳，評其作史記所採之書，兼論其得失，故裴駰此序先引之爲説也。案：固字孟堅，扶風人，後漢明帝時仕至中護軍。祖穉，廣川太守〔五〕。父彪，徐令，續太史公書也。

【三】正義字子長，左馮翊人也，漢武帝時爲太史令，撰史記百三十篇。父談，亦爲太史令。

【四】索隱仲尼作春秋經，魯史左丘明作傳，合三十篇，故曰左氏傳。國語亦丘明所撰。上起周穆王，下訖敬王。其諸侯之事，起魯莊公迄春秋末，凡二十一篇。

【五】索隱劉向云：「世本，古史官明於古事者之所記也。録黄帝已來帝王諸侯及卿大夫系謚名號，凡十五篇也。」戰國策，高誘云六國時縱横之説也，一曰短長書，亦曰國事，劉向撰爲三十三篇，名曰戰國策。案：此是班固取其後名而書之，非遷時已名戰國策也。

【六】索隱漢太中大夫楚人陸賈所撰，記項氏與漢高祖初起及説惠文閒事。

【七】索隱武帝年號。言太史公所記迄至武帝天漢之年也。

【八】索隱案字書，摭，拾也，音之赤反。

【九】索隱抵音丁禮反。捂音吾故反〔六〕。抵者，觸也。捂亦斜相抵觸之名。案：今屋梁上斜柱曰「柱捂」是也。直觸横觸皆曰抵，斜觸謂之捂，下觸謂之抵。抵捂，言其參差也。以言彼此二文同出一家，而自相乖舛也。

【一〇】正義言作史記採經傳百家之事上下二千餘年，此其甚勤於撰録也。

【一二】索隱聖人謂周公、孔子也。言周孔之教皆宗儒尚德，今太史公乃先黄老，崇勢利，是謬于聖人也。正義太史公史記各顯六家之宗，黄老道家之宗，六經儒家之首，序游俠則退處士，述貨殖則崇勢利，處士賤貧，原憲非病。夫作史之體，務涉多時，有國之規，備陳臧否，天人地理咸使該通，而遷天縱之才，述作無滯，故異周孔之道。班固詆之，裴駰引序，亦通人之蔽也。而固作漢書，與史記同者五十餘卷，謹寫史記，少加異者，不弱即劣，何更非剥史記，乃是後士妄非前賢。又史記五十二萬六千五百言，敍二千四百一十三年事，漢書八十一萬言，敍二百二十五年事，司馬遷引父致意，班固父修而蔽之，優劣可知矣。

【一三】正義大道者，皆禀乎自然，不可稱道也。道在天地之前，先天地生，不知其名，字之曰「道」。黄帝、老子遵崇斯道，故太史公論大道，須先黄老而後六經。

【一四】索隱游俠，謂輕死重氣，如荆軻、豫讓之輩也。游，從也，行也。俠，挾也，持也。言能相從游行挾持之事。又曰，同是非曰俠也。正義姦雄，姦猾雄豪之人。

【一五】正義殖，生也。言貨物滋生也。

【一六】正義趨利之人。

【一七】正義此三者是司馬遷不達理也。

【一八】索隱俚音里。劉德曰「俚即鄙也」，崔浩云「世有鄙俚之語」，則俚亦野也，俗也。不俚，謂詞不鄙樸也。

【一八】正義 駰音因。當音丁浪反。裴駰以班固所論司馬遷史記是非，世人稱班固之言。

【一九】索隱 紕音匹之反。紕猶錯也。亦作「悂」。字書云織者兩絲同齒曰悂。繆亦與「謬」同。

【二〇】正義 雖有小紕繆，實編勒成一家之書矣。

【二一】索隱 較音角。較猶略也，則大較猶言大略也。正義 較猶明也。

【二二】索隱 案：孟子云「五百年之閒必有名世者」。趙岐曰「名世，次聖之才，物來能名，正一世者，生於聖人之閒也」。此言命者名也，言賢人有名於世也。宏才，大才，謂史遷也。

考較此書，文句不同，有多有少，莫辯其實，而世之惑者，定彼從此，是非相貿，真僞舛雜。【一】故中散大夫東莞徐廣研核衆本，爲作音義，【二】具列異同，兼述訓解，【三】麤有所發明，而殊恨省略。【四】聊以愚管，【五】增演徐氏。【六】采經傳百家并先儒之說，【七】豫是有益，悉皆抄内。【八】删其游辭，取其要實，【九】或義在可疑，則數家兼列。【一〇】漢書音義稱「臣瓚」者，莫知氏姓，【一一】今直云「瓚曰」。又都無姓名者，但云「漢書音義」。【一二】時見微意，有所裨補。【一三】譬嘒星之繼朝陽，【一四】飛塵之集華嶽。【一五】以徐爲本，【一六】號曰集解。未詳則闕，弗敢臆說。【一七】人心不同，【一八】聞見異辭，【一九】班氏所謂「疏略」「抵捂」者，依違不悉辯也。【二〇】愧非胥臣之多聞，【二一】子産之博物，【二二】妄言末學，蕪穢舊史，豈足以關諸畜德，庶賢無所用心而已。【二三】

【一】正義貿音茂。殽音昌轉反。言世之迷惑淺識之人，或定彼從此，本更相貿易，真僞雜亂，不能辯其是非。

【二】正義作音義十三卷，裴駰爲注，散入百三十篇。

【三】正義徐作音義，具列異同之本，兼述訓解釋也。

【四】索隱殊，絶也。左傳曰「斬其木不殊」，言絶恨其所撰大省略也。正義省音山景反。

【五】索隱案：東方朔云「以管窺天，以蠡測海」，皆喻小也。然此語本出莊子文，今云「愚管」者，是駰謙言己愚陋管見，所識不能遠大也。

【六】正義演音羊善反。增，益也。言裴駰更增益演徐氏之説。

【七】正義采，取也。或取傳説，採諸子百家，兼取先儒之義。先儒謂孔安國、鄭玄、服虔、賈逵等是也。言百家，廣其非一。

【八】正義並採經傳之説，有裨益史記，盡抄内其中。抄音楚交反。

【九】正義删音師顔反。删，除也。去經傳諸家浮游之辭，取其精要之實。

【一〇】正義數家之説不同，各有道理，致生疑惑，不敢偏弃，故皆兼列。

【一一】索隱案：即傅瓚，而劉孝標以爲于瓚，非也。據何法盛晉書，于瓚以穆帝時爲大將軍，誅死，不言有注漢書之事。又其注漢書有引禄秩令及茂陵書，然彼二書亡于西晉，非于所見也。必知是傅瓚者，案：穆天子傳目録云傅瓚爲校書郎，與荀勗同校定穆天子傳，即當西晉之朝，在于之前，尚見茂陵等書。又稱「臣」者，以其職典祕書故也。瓚音殘岸反。

【一二】正義 漢書音義中有全無姓名者，裴氏注史記直云「漢書音義」。案：大顏以爲無名義，今有六卷，題云孟康，或云服虔，蓋後所加，皆非其實，未詳指歸也。

【一三】正義 見音賢見反。裨音卑，又音頻移反。裨，益也。裴氏云時見己之微意，亦有所補益也。

【一四】索隱 嘒，微小貌也。詩云：「嘒彼小星，三五在東。」言衆無名微小之星，各隨三心五噣出在東方，亦能繼朝陽之光。嘒音火慧反。朝陽，日也。嘒星繼朝陽，喻己淺薄而注史記也。

【一五】正義 西嶽華山極高大。裴氏自喻才藻輕小，如飛塵之集華嶽，亦能成其高大。管子云：「海不辭水，故能成其大；山不辭土，故能成其高。」華音胡化反，又如字。

【一六】正義 徐廣音義辨諸家異同，故以徐爲本也。

【一七】正義 有未詳審之處則闕而不論，不敢以胸臆之中而妄解説也。

【一八】正義 言人心既不同，所見亦殊別也。

【一九】正義 耳聞目見，心意既乖，其辭所以各異也。

【二〇】索隱 裴氏言今或依違，不敢復更辯明之也。案：周公世家敍傳曰「依之違之，周公綏之」也。

【二一】索隱 晉大夫臼季名曰胥臣。案：國語稱晉文公使趙衰爲卿，辭曰：「欒枝貞慎，先軫有謀，胥臣多聞，皆可以爲輔。」又胥臣對文公黃帝二十五子及屯豫皆八等事，是多聞也。

【二二】索隱 鄭卿公孫僑字子産。案：左氏傳子産聘晉，言晉侯之疾非實沈、臺駘之祟，乃説飲食哀樂及内官不及同姓，則能生疾。晉侯聞子産之言，曰「博物君子也」。

【二三】索隱 闕，預也。畜德，謂積德多學之人也。裴氏謙言己今此集解豈足關預於積學多識之士乎！正是冀望聖賢，勝於飽食終日，無所用心，愈於論語「不有博弈者乎」之人耳。

校勘記

〔一〕河東人　「河東」下黄本、彭本、柯本、凌本、殿本有「聞喜」二字。

〔二〕宋中郎外兵曹參軍　「曹」字原無，據黄本、彭本、柯本、凌本、殿本補。

〔三〕父松之　黄本、彭本、柯本、凌本、殿本此下有「字世期」三字。

〔四〕太中大夫　黄本、彭本、柯本、凌本、殿本此下有「注三國志宋書父子同傳」十字。

〔五〕廣川太守　張文虎札記卷五：「漢書敍傳穉爲廣平相，後漢書班彪傳作『廣平太守』，蓋西漢末以國相行太守事也。單本『廣川太守』，傳寫之誤。各本作『潁川太守』，則更謬矣。」

〔六〕捂音吾故反　「捂」，原作「梧」，據耿本、黄本、彭本、柯本、凌本、殿本改。

附録二

史記索隱序

朝散大夫國子博士弘文館學士河内司馬貞

史記者，漢太史司馬遷父子之所述也。遷自以承五百之運，繼春秋而纂是史，其褒貶覈實頗亞於丘明之書，於是上始軒轅，下訖天漢，作十二本紀，十表，八書，三十系家，七十列傳，凡一百三十篇，始變左氏之體，而年載悠邈，簡册闕遺，勒成一家，其勤至矣。又其屬稾先據左氏、國語、系本、戰國策、楚漢春秋及諸子百家之書，而後貫穿經傳，馳騁古今，錯綜隱括，各使成一國一家之事，故其意難究詳矣。比於班書，微爲古質，故漢晉名賢未知見重，所以魏文侯聽古樂則唯恐卧，良有以也。

逮至晉末，有中散大夫東莞徐廣始考異同，作音義十三卷。宋外兵參軍裴駰又取經傳訓釋作集解，合爲八十卷。雖麤見微意，而未窮討論。南齊輕車録事鄒誕生亦作音義三卷，音則微殊，義乃更略。爾後其學中廢。貞觀中，諫議大夫崇賢館學士劉伯莊達學宏才，鉤深探賾，又作音義二十卷，比於徐、鄒，音則具矣。殘文錯節，異音微義，雖知獨善，不見旁通，欲使後人從何準的。

貞謏聞陋識，頗事鑽研，而家傳是書，不敢失墜。初欲改更舛錯，裨補疏遺，義有未通，兼重注述。然以此書殘缺雖多，實爲古史，忽加穿鑿，難允物情。今止探求異聞，採摭典故，解其所未解，申其所未申者，釋文演注，又重爲述贊，凡三十卷，號曰史記索隱。雖未敢藏之書府，亦欲以貽厥孫謀云。

史記索隱後序

夫太史公紀事，上始軒轅，下訖天漢，雖博采古文及傳記諸子，其閒殘闕蓋多，或旁搜異聞以成其說，然其人好奇而詞省，故事覈而文微，是以後之學者多所未究。其班氏之書，成於後漢。彪既後遷而述，所以條流更明，且又兼采衆賢〔一〕，羣理畢備，故其旨富，其詞文，是以近代諸儒共所鑽仰〔二〕。其訓詁蓋亦多門，蔡謨集解之時已有二十四家之說，所以於文無所滯，於理無所遺。而太史公之書，既上序軒黄，中述戰國，或得之於名山壞壁，或取之以舊俗風謡，故其殘文斷句難究詳矣。

然古今爲注解者絶省，音義亦希。始後漢延篤乃有音義一卷，又別有音隱五卷〔三〕，不記作者何人，近代鮮有二家之本。宋中散大夫徐廣作音義十三卷，唯記諸家本異同，於義少有解釋。又中兵郎裴駰，亦名家之子也，作集解注本，合爲八十卷，見行於代。仍云亦有音義，前代久已散亡。南齊輕車録事鄒誕生亦撰音義三卷，音則尚奇，義則罕說。隋祕書監柳顧言尤善此史。劉伯莊云，其先人曾從彼公受業，或音解隨而記録，凡三十卷。隋季喪亂，遂失此書。伯莊以貞觀之初，奉敕於弘文館講授，遂采鄒、徐二說，兼記憶柳公音旨，遂作音義二十卷。音乃周備，義則更略。惜哉！古史微文，遂由數賢祕寶，故其學殆絶。

前朝吏部侍郎許子儒亦作注義，不覩其書。崇文館學士張嘉會獨善此書，而無注義。貞少從張學，晚更研尋，初以殘闕處多，兼鄙褚少孫誣謬，因憤發而補史記，遂兼注之，然其功殆半。乃自唯曰：「千載古史，良難閒然。」因退撰音義，重作贊述〔四〕，蓋欲以剖盤根之錯節，遵北轅於司南也。凡爲三十卷，號曰史記索隱云。

校勘記

〔一〕且又兼采衆賢　「且又」，原作「是」，據黄本、柯本、凌本、殿本改。

〔二〕所　原作「行」，據黄本、柯本、凌本、殿本改。

〔三〕音隱　原作「章隱」，據黄本、柯本、凌本、殿本改。

〔四〕贊述　疑當作「述贊」。按：索隱序云「又重爲述贊」，史記索隱各篇皆作「述贊」。

補史記序

小司馬氏〔一〕

太史公，古之良史也。家承二正之業，人當五百之運。兼以代爲史官，親掌圖籍，慨春秋之絶筆，傷舊典之闕文。遂乃錯綜古今，囊括記録，本皇王之遺事，採人臣之故實。爰自黄帝，迄于漢武，歷載悠邈，舊章罕補。漁獵則窮於百氏，筆削乃（一多咸字）成於一家。父作子述，其勤至矣。然其敍勸褒貶，頗稱折衷，後之作者，咸取則焉。夫以首創者難爲功，因循者易爲力。自左氏之後，未有體制，而司馬公補立紀傳規模，别爲書表題目。莫不本紀十二象歲星之一周〔二〕，八書有八篇法天時之八節，十表放剛柔十日，三十系家比月有三旬，七十列傳取懸車之暮齒，百三十篇象閏餘而成歲。其間禮樂刑政，君舉必書，福善禍淫，用垂炯戒。事廣而文局，詞質而理暢，斯亦盡美矣。而有未盡善者，具如後論。雖意出當時，而義非經遠。蓋先史之未備，成後學之深疑。借如本紀敍五帝而闕三皇，系家載列國而有外戚。鄀、許春秋次國，畧而不書；張、吴敵國藩王，抑而不載。竝編録有闕，竊所未安。又列傳所著，有管、晏及老子、韓非。管、晏乃齊之賢卿，即如其例，則吴之延陵、鄭之子産、晉之叔向、衛之史魚，盛德不忝〔三〕，何爲蓋闕？伯陽清虚爲教，韓子峻刻制法，靜躁不同，德刑斯舛。今宜柱史共漆園同傳，公子與商君竝列，可不善歟？其中遠近乖張，詞義踳駮，或篇章倒錯，或贊論麤踈，蓋由遭逢非罪，有所未暇，故十篇有録無書是也。然其網絡古今，敍述懲勸，異左氏之微婉，有南史之典實。所以揚雄、班固等咸稱其有良史之才〔四〕，蓋信乎其然也。後褚少孫亦頗加補綴，然猶未能周備。

貞業謝顓門，人非博古，而家傳是學，頗事討論，思欲續成先志，潤色舊史。輒黜陟階降〔五〕，改定篇目。其有不備，竝採諸典籍，以補闕遺。其百三十篇之贊，既非周悉，竝更申而述之，附于衆篇之末，雖曰狂簡，必有可觀。其所改更，具條于後〔六〕。至如徐廣，唯畧出音訓，兼記異同，未能考覈是非，解釋文句。其裴駰實亦後進名家，博採群書，專取經傳訓釋，以爲集解。然則時有冗長，至於盤根錯節，殘缺紕繆，咸拱手而不言，斯未可謂通其學也〔七〕。今輒採按今古〔八〕，仍以裴爲本，兼自見愚管〔九〕，伸爲之注〔一〇〕，號曰「小司馬史記」。然前朝顔師古止注漢史，今竝謂之「顔氏漢書」。貞雖位不逮顔公，既補舊史，兼下新意，亦何讓焉！

校勘記

〔一〕小司馬氏　凌本、殿本作「司馬貞」。

〔二〕莫不　此下疑有脱文。李光縉增補凌本作「觀其」。

〔三〕不忝　黄本、彭本、凌本、殿本作「不闕」。

〔四〕有良史之才　「有」字原無，據黄本、彭本、凌本、殿本補。

〔五〕階降　黄本、彭本、凌本、殿本作「陞降」。

〔六〕具條于後　「具」，原作「且」，據黄本、彭本、凌本、殿本改。

〔七〕通其學　「其」，黄本、彭本、凌本、殿本無。

〔八〕採按今古　「採」，凌本、殿本無。「今古」，殿本作「古今」。

〔九〕兼自見愚管　「見」字原無，據黄本、彭本、凌本、殿本補。

〔一〇〕伸爲之注　「伸」，黄本、彭本、凌本、殿本作「重」。

三皇本紀〔一〕

小司馬氏撰并注〔二〕

太史公作史記，古今君臣宜應上自開闢，下迄當代，以爲一家之首尾。今闕三皇而以五帝爲首者，正以大戴禮有五帝德篇，又帝系皆敍自黃帝已下，故因以五帝本紀爲首。其實三皇已還，載籍罕備。然君臣之始，教化之先，既論古史，不合全闕。近代皇甫謐作帝王代紀，徐整作三五曆，皆論三皇已來事，斯亦近古之一證。今竝採而集之，作三皇本紀。雖復淺近，聊補闕云。〔三〕

太皞庖犧氏，風姓。代燧人氏，繼天而王。母曰華胥，履大人迹於雷澤，而生庖犧於成紀。蛇身人首，按伏犧風姓，出國語。其華胥已下，出帝王代紀。然雷澤，澤名，即舜所漁之地，在濟陰。其成紀，亦地名。按天水有成紀縣。有聖德。仰則觀象於天，俯則觀法於地，旁觀鳥獸之文，與地之宜，近取諸身，遠取諸物，始畫八卦，以通神明之德，以類萬物之情。造書契以代結繩之政。於是始制嫁娶，以儷皮爲禮。按譙周古史考，伏犧制嫁娶，以儷皮爲禮也。結網罟以教佃漁，故曰宓犧氏。按事出漢書曆志。宓，音伏。養犧牲以庖廚，故曰庖犧〔四〕。有龍瑞，以龍紀官，號曰龍師。作三十五絃之瑟〔五〕。木德王。注春令，故易稱「帝出于震」，月令孟春「其帝太皞」是也。按位在東方，像日之明，故稱太皞。皞，明也。都於陳。東封太山。立一百一十一年崩。按皇甫謐，伏犧葬南郡，或曰冢在山陽高平之西也。其後裔，當春秋時有任、宿、須勾、顓臾，皆風姓之胤也。

女媧氏，亦風姓。虵身人首，有神聖之德。代宓犧立，號曰女希氏。無革造，唯作笙簧，按禮明堂位及系本，皆云女媧作笙簧。故易不載，不承五運。一曰女媧亦木德王〔六〕。蓋宓犧之後，已經數世，金木輪環，周而復始。特舉女媧，以其功高而充三皇，故頻木王也〔七〕。當其末年也，諸侯有共工氏，任智刑以强，霸而不王，以水承木。乃與祝融戰，不勝而怒，乃頭觸不周山，崩，天柱折，地維缺。女媧乃鍊五色石以補天，斷鼇足以立四極，聚蘆灰以止滔水，以濟冀州。按其事出淮南子也。於是地平天成，不改舊物。女媧氏没，神農氏作。按三皇説者不同，譙周以燧人爲皇，宋均以祝融爲皇，而鄭玄依春秋緯，以女媧爲皇，承伏犧，皇甫謐亦同，今依之。

炎帝神農氏，姜姓。母曰女登，有蟜氏之女，爲少典妃。感神龍而生炎帝，人身牛首，長於姜水，因以爲姓。按國語，炎帝、黄帝皆少典之子，其母又皆有蟜氏之女〔八〕。據諸子及古史考，炎帝之後，凡八代，五百餘年，軒轅氏代之。豈炎帝、黄帝同是昆弟而同母氏也？皇甫謐以爲少典氏、有蟜氏諸侯國號，然則姜、姬二帝同出少典氏，黄帝之母又是神農母氏之後代女，所同是有蟜氏之女也。火德王，故曰炎帝，以火名官。斲木爲耜，揉木爲耒，耒耨之用，以教萬人。始教耕，故號神農氏。於是作蜡祭。以赭鞭鞭草木，始嘗百草，始有醫藥。又作五絃之瑟。教人日中爲市，交易而退，各得其所。遂重八卦爲六十四爻。初都陳，後居曲阜。按今淮陽有神農井〔九〕。又左傳「魯有大庭氏之庫」是也。立一百二十年崩，葬長沙。神農本起列山，故左氏稱「列山氏之子曰柱」。亦曰厲山氏，禮曰「厲山氏之有天下」是也。按鄭玄云厲山神農所起，亦曰有列〔一〇〕。皇甫謐曰厲山今隨之厲鄉也。

神農納奔水氏之女曰聽詙爲妃，生帝魁。魁生帝承，承生帝明，明生帝直，直生帝氂，氂生帝哀〔一一〕，哀生帝克，克生帝榆罔。凡八代，五百三十年，而軒轅氏興焉。按神農之後凡八代，事見帝王代記及古史考。然古典亡矣，況譙皇二氏〔一二〕，皆前氏傳前聞君子〔一三〕，考按古書而爲此説，豈至今鑿空乎？此紀亦據以爲説。其易稱「神農氏没」，即榆罔，榆罔猶襲神農之號也。其後有州、甫、甘、許、戲、露、齊、紀、怡、向、申、呂，皆姜姓之後，竝爲諸侯，或分掌四岳。當周室，甫侯、申伯爲王賢相，齊、許列爲諸侯，霸於中國。蓋聖人德澤廣大，故其祚胤繁昌久長云。

一説三皇：天皇、地皇、人皇爲三皇。既是開闢之初，君臣之始，圖緯所載，不可全棄，故兼序之。

天地初立，有天皇氏十二頭。澹泊無所施爲〔一四〕，而俗自化。木德王，歲起攝提。兄弟十二人，立各一萬八千歲。蓋天地初立，神人首出行化，故其年世長久也。然言十二頭者，非謂一人之身有十二頭，蓋古質，比之鳥獸頭數故也。地皇十一頭。火德王。姓十一人，興於熊耳、龍門等山，亦各萬八千歲〔一五〕。人皇九頭，乘雲車，駕六羽，出谷口。兄弟九人，分長九州，各立城邑。凡一百五十世，合四萬五千六百年。天皇已下〔一六〕，皆出河圖及三五曆也。

自人皇已後，有五龍氏、五龍氏，兄弟五人，竝乘龍上下，故曰五龍氏也。燧人氏、按其君鑽燧出火，教人熟食，在伏犧氏前，譙周以爲三皇之首也。大庭氏、柏皇氏、中央氏、卷須氏、栗陸氏、驪連氏、赫胥氏、尊盧氏、渾沌氏、昊英氏、有巢氏、朱襄氏、葛天氏、陰康氏、無懷氏，斯蓋三皇已來有天下者之號〔一七〕。按皇甫謐以爲大庭已下一十五君，皆襲庖犧之號。事不經見，難可依從。然按古封太山者，首有無懷氏，乃在太昊之前，豈得如謐所說？但載籍不紀，莫知姓王年代、所都之處。而韓詩以爲自古封太山禪梁甫者，萬有餘家，仲尼觀之，不能盡識。管子亦曰「古封太山七十二家，夷吾所識十有二焉」，首有無懷氏〔一八〕。然則無懷之前，天皇已後，年紀悠邈，皇王何昇而告？但古書亡矣，不可備論〔一九〕，豈得謂無帝王耶？故春秋緯稱自開闢至於獲麟，凡三百二十七萬六千歲，分爲十紀，凡世七萬六百年。一曰九頭紀，二曰五龍紀，三曰攝提紀，四曰合雒紀，五曰連通紀，六曰序命紀，七曰修飛紀〔二〇〕，八曰因提紀，九曰禪通紀，十曰流訖紀〔三二〕。蓋流訖當黄帝時〔三三〕，制九紀之間，是以録於此，補紀之也。

校勘記

〔一〕三皇本紀　原題「三皇本紀第二」，凌本、殿本此上有「補史記」三字。黄本作「三皇本紀補史記」。

〔二〕小司馬氏撰并注　凌本作「唐司馬貞補并註」，殿本作「唐國子博士弘文館學士司馬貞補撰并注」。

〔三〕此段本爲補史記條例，索隱本在補史記序之後。黄本、凌本、殿本移置此，今從之。

〔四〕養犧牲以庖厨故曰庖犧　「庖厨故曰」四字原無，據黄本、凌本、殿本補。

〔五〕作三十五絃之瑟　「三十五」，初學記卷九帝王部引帝王世紀、類聚卷一一帝王部引帝王世紀、御覽卷七八皇王部引皇王世紀作「三十六」。

〔六〕一曰女媧亦木德王　「女」，原作「水」，據黄本、彭本、凌本、殿本改。

〔七〕故頻木王也　「頻」，原作「類」，據黄本、彭本、凌本、殿本改。

〔八〕又皆有蟜氏之女　「有蟜氏」，原作「有媧氏」，據正文及國語改，下文「有女媧氏」亦改。按：國語晉語四：「昔少典娶于有蟜氏，生黄帝、炎帝。」本書卷一五帝本紀「神農氏世衰」正義引帝王世紀：「神農氏，姜姓也。母曰任姒，有蟜氏女。」世本：「少典所娶有蟜氏。」

〔九〕今淮陽有神農井　「淮陽」，原作「淮南陽」，據黄本、彭本、凌本、殿本删正。

〔一〇〕亦曰有列　「有列」，殿本作「有烈氏」，黄本、彭本、凌本作「有烈山」。按：禮記祭法「是故厲山氏之有天下也」鄭玄注：「厲山氏，炎帝也。起於厲山，或曰有烈山氏。」

〔一一〕帝魋魋生帝承承生帝明明生帝直直生帝氂氂生　此二十字黄本、彭本、凌本、殿本無。

〔一二〕況譙皇二氏　「二氏」，原作「二代」，據殿本改。

〔一三〕前氏傳前聞君子　疑當作「前代博聞君子」。黄本、彭本、凌本、殿本無「前氏傳」三字。

〔一四〕澹泊無所施爲　「泊」下原有「自」字，據黄本、彭本、凌本、殿本删。

〔一五〕亦各萬八千歲　「各」，原作「合」，據黄本、彭本、凌本、殿本改。

〔一六〕天皇已下　「已」字原無，據黄本、彭本、凌本、殿本補。

〔一七〕有天下者之號　「天下」，原作「天地」，據黄本、彭本、凌本、殿本改。

〔一八〕首有無懷氏　「無懷氏」，原作「懷氏」，據黄本、彭本、凌本、殿本補正。

〔一九〕不可備論　「論」字原無，據黄本、彭本、凌本、殿本補。

〔二〇〕修飛紀　「修」，黄本、彭本、殿本作「脩」。廣雅釋天作「循」，尚書序孔穎達疏引廣雅同。

〔二一〕流訖紀　廣雅釋天作「疏訖紀」。

〔二二〕蓋流訖當黄帝時　「蓋流訖」三字原無，據黄本、彭本、凌本、殿本補。

附録三

史記正義序

諸王侍讀宣議郎守右清道率府長史張守節上

史記者，漢太史公司馬遷作。遷生龍門，耕牧河山之陽，南遊江淮，講學齊魯之郡〔一〕，紹太史，繼春秋，括文魯史而包左氏、國語，采世本、戰國策而摭楚漢春秋，貫紬經傳，旁搜史子，上起軒轅，下既天漢。作十二本紀，帝王興廢悉詳；三十世家，君國存亡畢著；八書，贊陰陽禮樂；十表，定代系年封；七十列傳，忠臣孝子之誠備矣。筆削冠於史籍，題目足以經邦。裴駰服其善序事理，辯而不華，質而不俚，其文直，其事核，不虚美，不隱惡，故謂之實録。自劉向、楊雄皆稱良史之才。況墳典湮滅，簡册闕遺，比之春秋，言辭古質，方之兩漢，文省理幽。

守節涉學三十餘年，六籍九流地里蒼雅鋭心觀採，評史漢詮衆訓釋而作正義，郡國城邑，委曲申明，古典幽微，竊探其美，索理允愜，次舊書之旨，兼音解注，引致旁通，凡成三十卷，名曰史記正義。發揮膏肓之辭，思濟滄溟之海，未敢侔諸祕府，冀訓詁而齊流，庶貽厥子孫，世疇茲史。

于時歲次丙子，開元二十四年八月，殺青斯竟。

校勘記

〔一〕講學齊魯之郡　「郡」，本書卷一三〇太史公自序作「都」，疑是。

史記正義

諸王侍讀宣議郎守右清道率府長史張守節上

論史例

古者帝王右史記言，左史記事，言爲尚書，事爲春秋。太史公兼之，故名曰史記。并採六家雜説以成一史，備論君臣父子夫妻長幼之序，天地山川國邑名號殊俗物類之品也。

太史公作史記，起黄帝、高陽、高辛、唐堯、虞舜、夏、殷、周、秦，訖于漢武帝天漢四年，合二千四百一十三年。作本紀十二，象歲十二月也。作表十，象天之剛柔十日，以記封建世代終始也。作書八，象一歲八節，以記天地日月山川禮樂也。作世家三十，象一月三十日，三十輻共一轂，以記世禄之家輔弼股肱之臣忠孝得失也。作列傳七十，象一行七十二日，言七十者舉全數也，餘二日象閏餘也，以記王侯將相英賢略立功名於天下，可序列也。合百三十篇，象一歲十二月及閏餘也。而太史公作此五品，廢一不可，以統理天地，勸獎箴誡，爲後之楷模也。

論注例

史記文與古文尚書同者，則取孔安國注。若與伏生尚書同者，則用鄭玄、王肅、馬融所釋。與三傳同者，取杜元凱、服虔、何休、賈逵、范寧等注。與三禮、論語、孝經同者，則取鄭玄、馬融、王肅之注。與韓詩同者，則取毛傳、鄭箋等釋。與周易同者，則依王氏之注。與諸子諸史雜書及先儒解釋善者，而裴駰並引爲注。又徐中散作音訓，校集諸本異同，或義理可通者，稱「一本云」「又一本云」，自是別記異文，裴氏亦引之爲注。

論字例

史漢文字相承已久，若「悦」字作「說」，「閑」字作「閒」，「智」字作「知」，「汝」字作「女」，「早」字作「蚤」，「後」字作「后」，「既」字作「溉」，「勑」字作「飭」，「制」字作「剬」，此之般流，緣古少字通共用之。史漢本有此古字者，乃爲好本。程邈變篆爲隸，楷則有常，後代作文，隨時改易。衛宏官書數體，吕忱或字多奇，鍾王等家以能爲法，致令楷文改變，非復一端，咸著祕書，傳之歷代。又字體乖日久，其「黼黻」之字法從「黹」，丁履反。今之史本則有從「耑」，音端。秦本紀云「天子賜孝公黼黻〔一〕」，鄒誕生音甫弗，而鄒氏之前史本已從「耑」矣。如此之類，並即依行，不可更改。若其「黿鼉」從「黽」，「辭亂」從「舌」，「覺學」從「與」，「泰恭」從「小」，「匱匠」從「走」〔二〕，「巢藻」從「果」，「耕籍」從「禾」，「席」下爲「帶」，「美」下爲「火」，「哀」下爲「衣」，「極」下爲「點」，「析」旁著「片」，「惡」上安「西」，「餐」側出「頭」，「離」邊作「禹」，此之等類例，直是訛字。「寵」勑勇反字爲

「竈」；「錫」字爲「鍚」音陽；以「支」章移反代「文」，問分反；將「旡」混「无」。若茲之流，便成兩失。

論音例

史文與傳諸書同者，劉氏並依舊本爲音。至如太史公改五帝本紀「便章百姓」「便程東作」「便程南譌」「便程西成」「便在伏物」，咸依見字讀之。太史變尚書文者，義理特美，或訓意改其古澀，何煩如劉氏依尚書舊音。斯例蓋多，不可具録，著在正義，隨文音之。君子宜詳其理，庶明太史公之達學也。

然則先儒音字，比方爲音。至魏祕書孫炎始作反音，又未甚切。今並依孫反音，以傳後學。鄭康成云：「其始書之也，倉卒無字，或以音類比方，假借爲之，趣於近之而已。受之者非一邦之人，其鄉同言異，字同音異，於茲遂生輕重訛謬矣。」然方言差別固自不同，河北、江南最爲鉅異，或失在浮清，或滯於重濁。今之取捨，冀除茲弊。

夫質有精麤，謂之「好惡」，並如字；心有愛憎，稱爲「好惡」，並去聲。當體則爲「名譽」，音預；情乖則曰「毁譽」，音餘。自壞乎怪反；壞徹上音怪。自斷徒緩反，自去離也；刀斷端管反，以刀割令相去也。耶也奢反，未審之辭也；也亦且反，助句之語也。復音伏，又扶富反，重也。過古卧反，越度也。解核買反，自散也。閒紀莧反，隙也。畜許又反；畜許六反，養也。先蘇前反；仙屑然反。尤羽求反；侯胡溝反。治、持並音直之反。之止而反；脂、砥、祗並音旨夷反。惟、維、遺、唯並音以隹反；怡、貽、頤、詒並音與之反；夷、寅、彝、姨並音以脂反。私息脂反；綏、雖、睢、荾並音息遺反；偲、司、伺、絲並音巨支反。卮、枝、衹、肢並音章移反；衹、歧並音巨支反。其、期、旗、綦、琪並音渠之反；祈、頎、旂、幾、畿並音渠希反。僖、熙、嬉、嘻並音許其反；希、晞、睎、稀並音虛幾反。霏、妃、菲、騑並音芳非反；飛、非、扉並音匪肥反。尸、屍、蓍並音式脂反；詩書之反。巾居人反；斤、筋舉欣反。篇、偏並音芳連反。穿詳連反。里、李、裏並音良止反。至、贄並脂利反；志之吏反。利、涖並力至反；吏力置反。寺、嗣、飼並辭吏反；字、牸並疾置反；自疾二反。置、致、躓、鷙並陟利反。器去冀反；氣去既反；亟去吏反。冀、穊几利反；既居未反。覆敷救反，又敷福反；副敷救反；富、鍑並府副反。若斯清濁，實亦難分；博學碩材，乃有甄異。此例極廣，不可具言。庶後學士，幸留意焉。

音字例

文或相似，音或有異。一字單録，乃恐致疑。兩字連文，檢尋稍易。若音上字，言「上」別之。所音下字，乃復書「下」。有長句在，文中須音，則題其字。

發字例

古書字少，假借蓋多。字或數音，觀義點發，皆依平上去入。若發平聲，每從寅起。

又一字三四音者，同聲異唤，一處共發，恐難辯別。故略舉四十二字，如字初音者皆爲正字，不須點發。畜許六反，養也。又許救反，六畜也。又他六反，聚也。從訟容反，隨也。又縱容反，南北長也。又但容反，又子勇反，相勸也。又從用反，侍從也。又足用反，恣也。數色具反，曆數、術數也。又色五反，次第也。又色角反，頻也。傳逐戀反，書傳也。又逐全反，相付也。又張戀反，驛也。卒子律反，卒終也。又蒼忽反，急也。尊忽反，兵人也。字體各別不辯，故發之也。辟君也，徵也〔三〕。又頻亦反，罪也，開也。疋亦反，邪也。又疋豉反，諭也。又音避，隱也。又普覓反，辟歷也。施書移反，張也。又式豉反，與也。又羊豉反，延也。閒紀閑反，隟也。又紀莧反，閒也。又莧閒反，靜也。射蛇夜反，射也。又神亦反，音石。夏胡馬反，禹號也。又胡嫁反，春夏也。又格雅反，陽夏縣也。復符富反，重也。又音伏也。又音福，除役也。重直拱反，尊也。直龍反，疊也。又直用反，累也。適聖石反，寬也，之也。又丁歷反，大也。又張革反，責也。又音敵，當也。汜音祀，水在成皋。又音凡，邑名，在襄城。又孚劍反，爲水，在定陶，高帝即位處也。又音夷，楚人呼上爲汜橋。樂音岳，謂音樂也。又音洛，歡也。又音五教反，好也，情願也。覆敷富反，蓋也。又敷福反，再也。恐曲用反，疑也。又丘拱反，懼也。惡烏各反，麤也。又烏路反，憎也。又音烏，謂於何也。斷端管反，有物割截也。又段緩反，自相分也。又端亂反，斷疑事也。解佳買反，除結縛也。又核買反，散也。又佳債反，怠墮也。又核詐反，縫解。幾音機，庶幾也。又音祈，近也。又音記，亦冀望字也。又音紀，録也。

過光臥反，度也，罪過也。又音戈，經過也，度前也。率所律反，平例也，率伏也，又音類也。又音刷，徐廣云率即鍰也。又音色類反，將帥也。屈丘勿反，曲也。又君勿反，姓也。又羣勿反，盡也，强也。上時讓反，位也。元在物之上。又時掌反，自下而上。王于方反，人主也。又于放反，霸王也，又盛也。長直良反，久也。又張丈反，長上也。藉才昔反，名籍也，又薦藉也。又租夜反，即借也。培勃回反，補也。又蒲口反，冢也。勝音升，又式證反。難乃丹反，艱也。乃旦反，危也。使所里反，又所吏反。相息羊反，又息匠反。沈針甚反，又針禁反，又直今反，又沈禁反，厭没也。任入今反，又入禁反。棺音官，又古玩反，又古患反，斂之也。造曹早反，七到反，至也。妻七低反，切帝反。費非味反，用也。又音祕，邑也。扶味反，姓也。

謚法解

惟周公旦、太公望開嗣王業，建功于牧野，終將葬，乃制謚，遂叙謚法。謚者，行之迹；號者，功之表；古者有大功，則賜之善號以爲稱也。車服者，位之章也。是以大行受大名，細行受細名。行出於己，名生於人。名謂號謚。

民無能名曰神。不名一善。

靖民則法曰皇。靖安。

德象天地曰帝。同於天地。

仁義所往曰王。民往歸之。

立志及衆曰公。志無私也。

執應八方曰侯。所執行八方應之。

賞慶刑威曰君。能行四者。

從之成羣曰君。民從之。

揚善賦簡曰聖。所稱得人，所善得實，所賦得簡。

敬賓厚禮曰聖。厚於禮。

照臨四方曰明。以明照之。

譖訴不行曰明。逆知之，故不行。

經緯天地曰文。成其道。

道德博聞曰文。無不知。

學勤好問曰文。不恥下問。

慈惠愛民曰文。惠以成政。

愍民惠禮曰文。惠而有禮。

賜民爵位曰文。與同升。

綏柔士民曰德。安民以居，安士以事。

諫爭不威曰德。不以威拒諫。

剛彊直理曰武。剛無欲，强不屈。懷忠恕，正曲直。

威彊敵德曰武。與有德者敵。

克定禍亂曰武。以兵征，故能定。

刑民克服曰武。法以正民，能使服。

夸志多窮曰武。大志行兵，多所窮極。

安民立政曰成。政以安定。

淵源流通曰康。性無忌。

温柔好樂曰康。好豐年，勤民事。

安樂撫民曰康。無四方之虞。

合民安樂曰康。富而教之。

布德執義曰穆。故穆穆。

中情見貌曰穆。性公露。

容儀恭美曰昭。有儀可象，行恭可美。

昭德有勞曰昭。能勞謙。

聖聞周達曰昭。聖聖通合。

治而無眚曰平。無災罪也。

執事有制曰平。不任意。

布綱治紀曰平。施之政事。

由義而濟曰景。用義而成。

耆意大慮曰景。耆，强也。

布義行剛曰景。以剛行義。

清白守節曰貞。行清白執志固。

大慮克就曰貞。能大慮非正而何。

不隱無屈曰貞。坦然無私。

辟土服遠曰桓。以武正定。

克敬動民曰桓。敬以使之。

辟土兼國曰桓。兼人故啓土。

能思辯衆曰元。別之，使各有次。

行義説民曰元。民説其義。
始建國都曰元。非善之長，何以始之。
主義行德曰元。以義爲主，行德政。
聖善周聞曰宣。聞，謂所聞善事也。
兵甲亟作曰莊。以數征爲嚴。
叡圉克服曰莊。通邊圉，使能服。
勝敵志强曰莊。不撓，故勝。
死於原野曰莊。非嚴何以死難。
屢征殺伐曰莊。以嚴釐之。
武而不遂曰莊。武功不成。
柔質慈民曰惠。知其性。
愛民好與曰惠。與謂施。
夙夜警戒曰敬。敬身思戒。
合善典法曰敬。非敬何以善之。
剛德克就曰肅。成其敬使爲終。

執心決斷曰肅。言嚴果。

不生其國曰聲。生於外家。

愛民好治曰戴。好民治。

典禮不愆曰戴。無過。

未家短折曰傷。未家，未娶。

短折不成曰殤。有知而夭殤。

隱拂不成曰隱。不以隱括改其性。

不顯尸國曰隱。以閒主國。

見美堅長曰隱。美過其令。

官人應實曰知。能官人。

肆行勞祀曰悼。放心勞於淫祀，言不修德。

年中早夭曰悼。年不稱志。

恐懼從處曰悼。從處，言險圮。

凶年無穀曰荒。不務耕稼。

外内從亂曰荒。家不治，官不治。

好樂怠政曰荒。淫於聲樂，怠於政事。
在國遭憂曰愍。仍多大喪。
在國逢薿曰愍。兵寇之事。
禍亂方作曰愍。國無政，動長亂。
使民悲傷曰愍。苛政賊害。
貞心大度曰匡。心正而用察少。
德正應和曰莫。正其德，應其和。
施勤無私曰類。無私，唯義所在。
思慮果遠曰明。自任多，近於專。
嗇於賜與曰愛。言貪悋。
危身奉上曰忠。險不辭難。
克威捷行曰魏。有威而敏行。
克威惠禮曰魏。雖威不逆禮。
教誨不倦曰長。以道教之。
肇敏行成曰直。始疾行成，言不深。

疏遠繼位曰紹。非其弟過得之。
好廉自克曰節。自勝其情欲。
好更改舊曰易。變故改常。
愛民在刑曰克。道之以政，齊之以法。
除殘去虐曰湯。
一德不懈曰簡。一不委曲。
平易不訾曰簡。不信訾毁。
尊賢貴義曰恭。尊事賢人，寵貴義士。
敬事供上曰恭。供奉也。
尊賢敬讓曰恭。敬有德，讓有功。
既過能改曰恭。言自知。
執事堅固曰恭。守正不移。
愛民長弟曰恭。順長接弟。
執禮御賓曰恭。迎待賓也。
芘親之闕曰恭。修德以蓋之。

尊賢讓善曰恭。不專己善，推於人。
威儀悉備曰欽。威則可畏，儀則可象。
大慮靜民曰定。思樹惠。
純行不爽曰定。行一不傷。
安民大慮曰定。以慮安民。
安民法古曰定。不失舊意。
辟地有德曰襄。取之以義。
甲胄有勞曰襄。亟征伐。
小心畏忌曰僖。思所當忌。
質淵受諫曰釐。深故能受。
有罰而還曰釐。知難而退。
温柔賢善曰懿。性純淑。
心能制義曰度。制事得宜。
聰明叡哲曰獻。有通知之聰。
知質有聖曰獻。有所通而無蔽。

五宗安之曰孝。五世之宗。

慈惠愛親曰孝。周愛族親。

秉德不回曰孝。順於德而不違。

協時肇享曰孝。協合肇始。

執心克莊曰齊。能自嚴。

資輔共就曰齊。資輔佐而共成。

甄心動懼曰頃。甄精。

敏以敬慎曰頃。疾於所慎敬。

柔德安衆曰靖。成衆使安。

恭己鮮言曰靖。恭己正身，少言而中。

寬樂令終曰靖。性寬樂義，以善自終。

威德剛武曰圉。禦亂患。

彌年壽考曰胡。久也。

保民耆艾曰胡。六十曰耆，七十曰艾。

追補前過曰剛。勤善以補過。

猛以剛果曰威。猛則少寬。果，敢行。
猛以彊果曰威。强甚於剛。
彊義執正曰威。問正言無邪。
治典不殺曰祁。秉常不衰。
大慮行節曰考。言成其節。
治民克盡曰使。克盡無恩惠。
好和不爭曰安。生而少斷。
道德純一曰思。道大而德一。
大省兆民曰思。大親民而不殺。
外内思索曰思。言求善。
追悔前過曰思。思而能改。
行見中外曰愨。表裏如一。
狀古述今曰譽。立言之稱。
昭功寧民曰商。明有功者。
克殺秉政曰夷。秉政不任賢。

安心好靜曰夷。不爽政。

執義揚善曰懷。稱人之善。

慈仁短折曰懷。短未六十，折未三十。

述義不克曰丁。不能成義。

有功安民曰烈。以武立功。

秉德尊業曰烈。

剛克爲伐曰翼。伐功也。

思慮深遠曰翼。小心翼翼。

外内貞復曰白。正而復，終始一。

不勤成名曰靈。任本性，不見賢思齊。

死而志成曰靈。志事不忝命。

死見神能曰靈。有鬼不爲厲。

亂而不損曰靈。不能以治損亂。

好祭鬼怪曰靈。瀆鬼神不致遠。

極知鬼神曰靈。其智能聰徹。

殺戮無辜曰厲。

愎很遂過曰剌。去諫曰愎，反是曰很。

不思忘愛曰剌。忘其愛己者。

蚤孤短折曰哀。早未知人事。

恭仁短折曰哀。體恭質仁，功未施。

好變動民曰躁。數移徙。

不悔前過曰戾。知而不改。

怙威肆行曰醜。肆意行威。

壅遏不通曰幽。弱損不淩。

蚤孤鋪位曰幽。鋪位即位而卒。

動祭亂常曰幽。易神之班。

柔質受諫曰慧。以虚受人。

名實不爽曰質。不爽言相應。

温良好樂曰良。言其人可好可樂。

慈和徧服曰順。能使人皆服其慈和。

博聞多能曰憲。雖多能，不至於大道。

滿志多窮曰惑。自足者必不惑。

思慮不爽曰厚。不差所思而得。

好内遠禮曰煬。朋淫於家，不奉禮。

去禮遠衆曰煬。不率禮，不親長。

内外賓服曰正。言以正服之。

彰義揜過曰堅。明義以蓋前過。

華言無實曰夸。恢誕。

逆天虐民曰抗。背尊大而逆之。

名與實爽曰繆。言名美而實傷。

擇善而從曰比。比方善而從之。

隱，哀也。景，武也。施德爲文。除惡爲武。辟地爲襄。服遠爲桓。剛克爲僖。施而不成爲宣。惠無内德爲平。亂而不損爲靈。由義而濟爲景。餘皆象也。以其所爲謚象其事行。和，會也。勤，勞也。遵，循也。爽，傷也。肇，始也。怙，恃也。享，祀也。胡，大也。秉，順也。就，會也。錫，與也。典，常也。肆，放也。康，虚也。叡，聖也。惠，愛也。綏，安也。堅，長也。耆，彊也。考，成也。周，至也。懷，思也。式，法也。布，施也。敏，疾也，速也。載，事也。彌，久也。

以前周書謚法。周代君王並取作謚，故全寫一篇，以傳後學。

列國分野〔四〕

漢書地理志云：「本秦京師爲内史。」顏師古云：「京師，天子所居畿内也。秦并天下，改立郡縣，而京畿所統，特號内史〔五〕，言其在内，以別於諸郡守也。」百官表云：「内史，周官，秦因之，掌治京師。景帝二年，分置左内史、右内史。武帝太初元年，更名京兆尹，左内史名馮翊〔六〕。主爵中尉，秦官，掌列侯。景帝六年，更名都尉，武帝太初元年，更名右扶風，治内史，與左馮翊、京兆尹，是爲三輔也。」

秦地於天官東井、輿鬼之分壄。其界自弘農故關以西，京兆、扶風、馮翊、北地、上郡、西河、安定、天水、隴西；南有巴、蜀、廣漢、犍爲、武都；西有金城、武威、張掖、酒泉、敦煌；又西南有牂柯、越嶲、益州。

魏地觜觿、參之分壄。其界自高陵以東，盡河東、河内；南有陳留及汝南之召陵、濦彊、新汲、西華、長平，潁川之舞陽、郾、許、傿陵〔七〕，河南之開封、中牟、陽武、酸棗、卷。卷，去權反。

周地柳、七星、張之分壄。今之河南洛陽、穀城、平陰、偃師、鞏、緱氏。

韓地角、亢、氐之分壄。韓分晉，得南陽郡及潁川之父城、定陵、襄城、潁陽、潁陰、長社、陽翟、郟；東接汝南，西接弘農，得新安、宜陽、鄭，今河南之新鄭及成皋、滎陽，潁川之崇高、陽城。

趙地昴、畢之分壄。趙分晉，得趙國，北有信都、真定、常山〔八〕，又得涿郡之高陽、莫、州鄉；東有廣平、鉅鹿、清河、河閒，又得渤海郡之東平舒、中邑、文安、東州〔九〕、成平、章武，河以北也；南至浮水、繁陽、内黄、斥丘；西有太原、定襄、雲中、五原、上黨。

燕地尾、箕之分壄。召公封於燕，後三十六世與六國俱稱王。東有漁陽、右北平、遼西、遼東；西有上谷、代郡、鴈門；南有涿郡之易、容城、范陽；北有新成、故安、涿縣、良鄉、新昌及渤海之安次，樂浪、玄菟亦宜屬焉。

齊地虚、危之分壄。東有菑川、東萊、琅邪、高密、膠東；南有泰山、城陽；北有千乘、清河以南，渤海之高樂、高城、重合、陽信；西有濟南、平原。

魯地奎、婁之分壄。東至東海；南有泗水，至淮得臨淮之下相、睢陵、僮、取慮。

宋地房、心之分壄。今之沛、梁、楚、山陽、濟陰、東平及東郡之須昌、壽張，今之睢陽。

衛地營室、東壁之分壄。今之東郡及魏郡之黎陽，河内之野王、朝歌。

楚地翼、軫之分壄。今之南郡、江夏、零陵、桂陽、武陵、長沙及漢中、汝南郡，後陳、魯屬焉。

吴地斗、牛之分壄〔一〇〕。今之會稽、九江、丹陽、豫章、廬江、廣陵、六安、臨淮郡。

粤地牽牛、婺女之分壄。今蒼梧、鬱林、合浦、交阯、九真、南海、日南。

以前是戰國時諸國界域，及相侵伐，犬牙深入，然亦不能委細，故略記之，用知大略。

校勘記

〔一〕孝公　疑當作「獻公」。按：本書卷五秦本紀：「（獻公）二十一年，與晉戰於石門，斬首六萬，天子賀以黼黻。」孝公時無天子賀黼黻事。

〔二〕匱匠從走　張文虎札記卷五：「『走』疑『辵』。唐玄宗御書道德經『匠』作『近』。」

〔三〕辟君也徵也　張文虎札記卷五：「上脱『必亦反』一音。」

〔四〕列國分野　此四字原無，據殿本、會注本補。凌本標「史記正義列國分野」。

〔五〕特號内史　「特」，原作「時」，據會注本改。按：漢書卷二八下地理志下「本秦京師爲内史」顔師古注作「特」。

〔六〕名馮翊　張文虎札記卷五：「當依百官表作『更名右馮翊』。」

〔七〕潁川之舞陽郾許傿陵　「許傿」二字原無。張文虎札記卷五：「依志當作『舞陽郾許傿陵』。」今據補。

〔八〕北有信都真定常山　「常山」下漢書卷二八下地理志下有「中山」二字。

〔九〕東州　原作「東州」，據漢書卷二八下地理志下改。

〔一〇〕斗牛之分壄　漢書卷二八下地理志下：「吴地，斗分壄也。」

附録四

史記點校後記

史記版本甚多，史文及注文往往各本大有出入。我們不用比較古的如黄善夫本，也不用比較通行的如武英殿本，而用清朝同治年間金陵書局刊行的史記集解索隱正義合刻本（簡稱金陵局本）作爲底本，分段標點，因爲這是一個比較完善的本子。現在把關於點校方面應當向讀者交代的分别説明如下。

一

張文虎校刊史記的時候，不主一本，擇善而從，兼採諸家意見，應當改正的他就給改正了，所以金陵局本有許多地方跟各本不同。例如老子韓非列傳「始秦與周合，合五百歲而離，離七十歲而霸王者出焉」，各本作「始秦與周合而離，離五百歲而復合，合七十歲而霸王者出焉」。這是張文虎依據單刻索隱本所標出的史記原文並參照王念孫説改的。又如魏其武安侯列傳「跪起如子姓」，各本作「跪起如子侄」。這是張文虎對照漢書並據王念孫説改的。凡有改動，張文虎都在他的校刊史記集解索隱正義札記中加以説明。

但有些地方明明有脱誤或者有衍文，而張文虎未加改動，只在札記中説明疑脱某字，疑衍某字，或某字疑某字之譌。現在我們爲便利讀者起見，認爲應删的就把它删了，可是並不删去原字，只給加上個圓括弧，用小一號字排；認爲應增的就給增上了，增上的字加上個方括弧，以便識别。例如五帝本紀

帝摯立不善崩，

單刻索隱本出「不善」二字，無「崩」字。索隱及正義注都説帝摯在位九年而禪位給堯，正義還説堯受禪以後，封摯於高辛。可見這個「崩」字乃後人妄增，我們就給它加上圓括弧，標點作

帝摯立，不善（崩）。

又如高祖本紀

與杠里秦軍夾壁破魏二軍，

「破魏二軍」漢書作「破其二軍」，「其」指秦軍，那麼這裏的「魏」字明明是「秦」字之誤，我們就標點作

與杠里秦軍夾壁，破（魏）〔秦〕二軍。

又如楚世家

於是靈王使弃疾殺之，

左傳作「王使速殺之」。疾速同義，「疾殺之」就是「速殺之」，只因下文有「公子弃疾」，就衍了一個「弃」字，如果不删去，「弃疾」二字連讀，那就變成人名了，所以我們標點作

於是靈王使(弃)疾殺之。

又如陳丞相世家

平爲人長美色，

漢書作「長大美色」，可見脱一「大」字。王念孫説：「下文人謂陳平何食而肥，肥與大同義，若無『大』字，則與下文義不相屬。」太平御覽飲食部引史記正作「長大美色」。因此我們就給加上個「大」字，標點作

平爲人長〔大〕美色。

又如孫子吴起列傳

即封吴起爲西河守甚有聲名，

梁玉繩認爲「守」不可以説「封」，「即封」二字是衍文。我們以爲即使「守」也可以説「封」，但是吴起在魏文侯時已做西河守，何以要魏武侯重新「封」他？而況下文緊接「魏

置相，相田文，吴起不悦，謂田文曰」云云，可見史公原意明明是説吴起做西河守名聲很好，可是魏置相卻相田文而不相吴起，所以吴起不高興，要跟田文討論誰的功勞大。現在衍了「即封」二字，文意就不連貫了。因此，我們標點作

(即封)吴起爲西河守，甚有聲名。

並把這一句擱在下一段的開頭。

有幾處文字前後倒置，把它移正比較方便的，我們就移正了。例如夏本紀

予辛壬娶塗山癸甲生啓予不子，

尚書作「娶于塗山，辛壬癸甲，啓呱呱而泣，予弗子」。裴駰集解引僞孔傳只增一「四」字，説「辛日娶妻，至于甲四日，復往治水」，張守節正義也只據集解爲説，可見他們所見的本子都作「予娶塗山，辛壬癸甲」，而別本傳寫偶誤，把「辛壬」錯在「塗山」上了。我們把它移正，標點作

予(辛壬)娶塗山，〔辛壬〕癸甲，生啓予不子。

這一移正很重要，否則就得讀爲「予辛壬娶塗山，癸甲生啓，予不子」，那就講不通了。司馬貞也説「豈有辛壬娶妻，經二日生子？不經之甚」。但一般所謂「錯簡」，我們沒有一一移正，因爲這樣做改動太大，只好讓作史記新注或補注的人去解決了。

凡注裏已經注明某字當作某字，或某字衍，或下脱某字的，我們都不再加增删符號。還有一種情形，原來脱去某一字，注文中已經指出，後人把脱去的字給補上了，卻還保留着原注。如秦本紀「晉滅霍魏耿」，索隱説「春秋魯閔公元年左傳云晉滅耿，滅魏，滅霍，此不言魏，史闕文耳」，可知司馬貞見到的本子脱一「魏」字，但後人已經給補上了，我們就没有必要再在「魏」字上加方括弧。其他可改可不改的我們也不改，好在張文虎的札記中大都有説明，讀者可以隨時參考。

我們發見金陵局本有兩處是删得不妥當的。一處是周本紀「夫獸三爲羣，人三爲衆，女三爲粲。王田不取羣，公行不下衆，王御不參一族」。張文虎據國語韋昭注及曹大家説，删去「公行不下衆」的「不」字。其實按上下的語氣，這個「不」字是不應該删的。國語無「不」字，顯然是脱誤，正好據史記來校正國語。朱駿聲也認爲應作「公行不下衆」。他説：「蓋公行則人宜下車以避，有三人則下車較緩，且恐仍不及避以致罪也，此曲體人情也。」（經史答問卷二）一處是高祖本紀「卒聞漢軍之楚歌」，張文虎據梁玉繩説删去「之」字。其實有個「之」也講得通，吴汝綸更認爲删去了倒反「失史文之神理」。這兩處我們都把它改回來了。

以上所舉的例子都是史記正文。三家注中應增應删之處更多，跟正文作同樣處理，這兒不再舉例。

二

史記一向有斷句的本子，如凌稚隆的史記評林，吴見思的史記論文，張裕釗校刊的歸方評點本和吴汝綸的點勘本，我們都取作參考。各家句讀往往大有出入，我們擇善而從，有時也不得不自作主張。現在分别舉例説明如下。

一、三家注句讀往往有錯誤，未可盡從。例如秦本紀

丹犂臣蜀相壯殺蜀侯來降，

張守節正義讀「丹犂臣蜀」爲句。方苞説：「言丹、犂二國臣屬於秦也。與下『蜀相壯殺蜀侯來降』，『韓、魏、齊、楚、越皆賓從』，立文正相類。據正義『丹犂臣蜀』爲句，則下文『相壯』不知何國之相，且二國臣蜀，亦無爲載於秦史。」我們認爲方苞説的對，標點作

丹、犂臣，蜀相壯殺蜀侯來降。

又如禮書

莊蹻起楚分而爲四參是豈無堅革利兵哉，

索隱注説「參者，驗也。言驗是，楚豈無堅甲利兵哉」。「參是」連讀。正義「參」字音七含反。其實「參」即「三」字。「分而爲四參」猶言「四分五裂」。這段文字出於荀子議兵篇，

議兵篇正作「楚分而爲三四」。因此我們標點作

莊蹻起，楚分而爲四參。是豈無堅革利兵哉？

又如秦始皇本紀

出雞頭山過回中焉作信宮渭南，

各本的集解和正義都在「焉」字下，是以「焉」字斷句的。據王念孫説，「焉」字應下屬爲句。「焉」猶「於是」，「焉作信宮渭南」就是「於是作信宮渭南」。因此，我們標點作

出雞頭山，過回中。焉作信宮渭南。

又刺客列傳

然願請君之衣而擊之焉以致報讎之意，

王念孫説「焉猶於也，於以志報讎之意也」。我們點作

然願請君之衣而擊之，焉以致報讎之意。

又如魯仲連鄒陽列傳

彼即肆然而爲帝過而爲政於天下則連有蹈東海而死耳吾不忍爲之民也，

索隱解「過而爲政」爲「以過惡而爲政」，正義説「至『過』字爲絶句」。王念孫説：「過猶甚也。言秦若肆然而爲帝，甚而遂爲政於天下，則吾有死而已，不忍爲之民也。」我們依照

王念孫的説法，標點作

彼即肆然而爲帝，過而爲政於天下，則連有蹈東海而死耳，吾不忍爲之民也。

又同篇

亡意亦捐燕弃世東游於齊乎，

如果依照索隱、正義的解釋，「亡意」下應當用逗號。其實「亡意」（或「無意」）、「亡其」（或「無其」）、「意亦」、「抑亦」等都是轉語詞，司馬貞等望文生訓，顯然錯誤，我們標點作

亡意亦捐燕弃世，東游於齊乎？

又如袁盎鼂錯列傳

乃以刀決張道從醉卒直隧出，

集解引如淳曰「決開當所從亡者之道」，是讀「道」爲「道路」之「道」，上屬爲句。王念孫説：「道讀曰導，下屬爲句。『隧』當在『直』字上，『醉卒隧』三字連讀，『直出』兩字連讀。醉卒隧者，當醉卒之道也。謂決開軍帳，導之從醉卒道直出也。」我們據王念孫的説法，標點作

乃以刀決張，道從醉卒（直）隧〔直〕出。

又如扁鵲倉公列傳

臣意家貧欲爲人治病誠恐吏以除拘臣意也故移名數左右不脩家生出行游國中，

正義以「故移名數左右」爲句，解釋作「以名籍屬左右之人」。其實本傳開頭説「爲人治病，決死生多驗，然左右游行諸侯，不以家爲家」，可見這裏的「左右」二字也應該下屬爲句。所以我們不採取正義的説法，標點作

臣意家貧，欲爲人治病，誠恐吏以除拘臣意也，故移名數，左右不脩家生，出行游國中。

又如匈奴列傳贊

以便偏指不參彼己將率席中國廣大氣奮，

集解引詩云「彼己之子」，司馬貞又誤解這一段意思，説「彼己者猶詩人譏詞云『彼己之子』是也。將率則指樊噲、衞、霍等也」。他把「彼己」同「將率」連起來讀。其實「彼己」應上屬爲句，不參彼己猶言不能知彼知己，司馬貞誤解文意，失其句讀。我們點作

以便偏指，不參彼己。

又如貨殖列傳

及秦文孝繆居雍隙隴蜀之貨物而多賈，

集解、索隱都以爲「居雍隙」連讀，近人朱師轍説：「『隙』當屬下讀。『隙』借爲『郤』，儀

禮士昏禮『啓會卻于敦』，疏『仰也，謂仰于地也』。隙隴蜀之貨物謂仰賴隴蜀之貨物。或謂隙，閒也。謂通隴蜀之貨物。」（史記補注）無論「隙借爲卻」也好，「隙，閒也」也好，「隙」字當屬下讀是無疑的，所以我們標點作

及秦文、孝、繆居雍，隙隴蜀之貨物而多賈。

二、有些文句可以這樣讀也可以那樣讀，我們擇善而從。也有一向都這樣讀而我們卻認爲應該那樣讀的，就照我們的意思標點。例如夏本紀

冀州既載壺口治梁及岐，

一向都以「冀州既載」爲句，我們採用陳仁錫的意見，標點作

冀州：既載壺口，治梁及岐。

又如項羽本紀

項氏世世將家有名於楚今欲舉大事將非其人不可，

漢書項籍傳顏師古注「言以不材之人爲將，不可求勝也」。劉敞説「言欲舉大事，爲將者非此人不可」。依顏説，「將非其人」下應用逗號，依劉説，「將非其人不可」應連讀。王先謙漢書補注認爲「『其』不訓『此』，顏説爲優」。我們就點作

今欲舉大事，將非其人，不可。

又如吳太伯世家

大而寬儉而易行以德輔此則盟主也，

左傳「寬」作「婉」，「儉」作「險」，「盟」作「明」。一向「儉而易行」連讀，我們認爲「大而寬」，「儉而易」，相對成文，「行」字當屬下讀，「行以德輔」爲句。行以德輔猶言以德輔行。「此則」連讀，例如「此則寡人之罪也」，「此則滑釐所不識也」（均見孟子）。意思是説「如能以德輔行，那就是明主了」。所以我們打破傳統的讀法，點作

大而寬，儉而易，行以德輔，此則盟主也。

又如商君列傳

明尊卑爵秩等級各以差次名田宅臣妾衣服以家次，

一般都以「明尊卑爵秩等級各以差次」斷句，「名田宅臣妾衣服以家次」斷句，乍一看似乎並無錯誤，細加推考就覺得不對了。差次猶等級，「明尊卑爵秩等級各以差次」語意重複。並且「明尊卑爵秩等級」是一回事，「各以差次名田宅」又是一回事。各以等級佔有土地，即所謂「差次名田」，是商君新法令中最重要的一條。各以差次名田宅猶言各以等級佔有田宅，史公特變文以避複而已。所以資治通鑑删「以家次」三字，作「明尊卑爵秩等級，各以差次名田宅臣妾衣服」。因此，我們點作

明尊卑爵秩等級，各以差次名田宅，臣妾衣服以家次。

又同篇

令既具未布恐民之不信已乃立三丈之木於國都市南門，

歷來都誤讀「已」爲「己」，以「不信己」連讀。其實「恐民之不信己」是講不通的。試問是秦孝公怕人民不相信自己呢，還是商鞅怕人民不相信自己呢？「已乃」當連讀，古人自有這樣的複語，例如周本紀「武王已乃復出軍」。通鑑删「已」字，作「令既具，未布，恐民之不信，乃立三丈之木於國都市南門」，更足以證明不能讀爲「恐民之不信己」。所以我們點作

令既具，未布，恐民之不信，已乃立三丈之木於國都市南門。

又如張釋之馮唐列傳

虎圈嗇夫從旁代尉對上所問禽獸簿甚悉欲以觀其能口對響應無窮者，

一向多以「欲以觀其能」爲句，「口對響應無窮者」爲句。近人楊樹達以爲這兒的「觀」字跟國語「先王耀德不觀兵」的「觀」字相同，含有顯示或誇耀的意思。我們就點作

虎圈嗇夫從旁代尉對上所問禽獸簿甚悉，欲以觀其能口對響應無窮者。

三、有些文句有省略。例如秦始皇本紀「樂遂斬衛令直將吏入行射郎宦者大驚或走

或格」，應作「樂遂斬衞令，直將吏入，行射郎宦者，郎宦者大驚，或走或格」，省「郎宦者」三字。高祖本紀「聞聲爭開門而待足下通行無所累」，應作「聞聲爭開門而待足下，足下通行無所累」，省「足下」二字。晉世家「及期而往復見申生告之曰」，應作「及期而往，復見申生，申生告之曰」，省「申生」二字。田單列傳「所過城邑皆畔燕而歸田單兵日益多」，應作「所過城邑皆畔燕而歸田單，田單兵日益多」，省「田單」二字。吴王濞列傳「吾據滎陽以東無足憂者」，應作「吾據滎陽，滎陽以東無足憂者」，省「滎陽」二字。這類省略句的點法不能太機械，前三條我們是這樣點的：

樂遂斬衞令，直將吏入，行射，郎宦者大驚，或走或格。

聞聲爭開門而待，足下通行無所累。

及期而往，復見，申生告之曰。

但後面兩條的點法又是一種式樣了：

所過城邑皆畔燕而歸田單，兵日益多。

吾據滎陽，以東無足憂者。

因爲如果也照上面三條的點法，「田單」二字應屬下讀，那麽「畔燕而歸」的「歸」字就無所屬了。「滎陽」二字如果下屬爲句，那麽上面「吾據」二字就落空了。

四、有的文句究竟應該怎麼樣讀，聚訟未決，我們只好根據舊注斷句。有的文句本來有脱誤，我們也只好勉强標點。例如五帝本紀

時播百穀草木淳化鳥獸蟲蛾旁羅日月星辰水波土石金玉勞勤心力耳目節用水火材物，

在並列的許多名詞上分别冠以「時播」、「淳化」、「旁羅」、「勞勤」、「節用」等動詞，就前後文語氣看，「水波」也該是個動詞，應點作「水波土石金玉」，但「水波」究竟不是個動詞，這樣斷句講不通。這段文字採自大戴記五帝德篇，今本大戴記「水波」作「極畋」，「極畋」是什麼意思也難懂，只好勉强點作

時播百穀草木，淳化鳥獸蟲蛾，旁羅日月星辰水波土石金玉，勞勤心力耳目，節用水火材物。

又如秦始皇本紀

將軍壁死卒屯留蒲鶮反戮其屍，

究竟是怎麼回事，歷來注家都没搞清楚，其間必有脱誤，我們只好依集解引徐廣説，標點作

將軍壁死，卒屯留、蒲鶮反，戮其屍。

又如田敬仲完世家

秦韓欲地而兵有案聲威發於魏魏氏之欲不失齊楚者有資矣，

文義難解，定有脱誤，只好勉强標點作

秦韓欲地而兵有案，聲威發於魏，魏氏之欲不失齊楚者有資矣。

又如張丞相傳贊

張蒼文學律曆爲漢名相而絀賈生公孫臣等言正朔服色事而不遵明用秦之顓頊曆

何哉，

梁玉繩説「此句不可解」，我們只好依照歸方評點本標點作

張蒼文學律曆，爲漢名相，而絀賈生、公孫臣等言正朔服色事而不遵，明用秦之顓

頊曆，何哉？

脱誤的例子在三家注中更多，尤其是正義。略舉數例。如項羽本紀「故立芮爲衡山

王都邾」下正義引括地志云

故邾城在黄州黄岡縣東南二十里本春秋時邾國邾子曹姓俠居至魯隱公徙蘄。

「俠居」下有脱簡，只好標點作

故邾城在黄州黄岡縣東南二十里，本春秋時邾國。邾子，曹姓。俠居。至魯隱公

徙蘄。

又如留侯世家「放牛桃林之陰」索隱

應劭十三州記弘農有桃丘聚古桃林也，

作十三州記的是後魏的闞駰，不是後漢的應劭，「應劭」下有脱文，只好標點作

應劭。十三州記「弘農有桃丘聚，古桃林也」。

又如仲尼弟子列傳「其母爲取室」下正義「世外生象」以下一大段文字脱誤難讀，雖然錢大昕曾經在他寫的廿二史考異中以意推測，作過一番説明，還是難以句讀，我們也只好以意推測，强爲句讀。

五、我國人讀古書習慣於四個字一讀，有些文句我們就按照習慣讀法點。例如周本紀

尚桓桓如虎如羆如豺如離于商郊，

其中「如虎如羆如豺如離」可以兩個字一讀，但我們照習慣讀法，點作

尚桓桓，如虎如羆，如豺如離，于商郊。

又如禮書

故大路越席皮弁布裳朱絃洞越大羹玄酒所以防其淫侈救其彫敝，

其中大路、越席、皮弁、布裳、朱紘、洞越、大羹、玄酒是並列的幾個名詞，都可以用頓號，但我們照習慣讀法，點作

故大路越席，皮弁布裳，朱紘洞越，大羹玄酒，所以防其淫侈，救其彫敝。

又如蘇秦傳「其民無不吹竽鼓瑟，彈琴擊筑，鬬雞走狗，六博蹹鞠者」，也是照習慣讀法點的。

六、張文虎校刊金陵局本的時候，依據單刻索隱本校正了其他刻本的不少錯誤。單刻索隱本全書三十卷，不録史記全文，只把需要加注的那一句史文或者一句中的幾個字標出來，而它所標出來的史文往往比通行本的正確，所以爲歷來校讀史記者所重視。張文虎把單刻索隱本所出史文跟其他刻本不一樣的，都給納入索隱注文中。例如短短的一篇秦楚之際月表序就有兩處。一處是「其後乃放弑」下的索隱注中比通行本多出「後乃放殺」四個字。這四個字就是單刻索隱本所標出的史文。因爲司馬貞用來做索隱注的那個本子不作「其後乃放弑」而作「後乃放殺」，所以他注道「殺音弑」。一處是「鄉秦之禁適足以資賢者」下的索隱注比通行本多出「鄉秦之禁適足資賢者」九個字。這九個字也是單刻索隱本所標出的史文。可見司馬貞所用的本子比現在通行本少了一個「以」字。這種例子很多，我們標點的時候没有辦法用某種符號來表明，只給加上個句號就算了。這

是金陵局本的特殊情况，張文虎也没有在他的札記中交代過，所以我們附帶在這兒説明一下。

三

標點符號照一般用法，有幾點還得説明一下。

一、頓號限定用在並列的名詞而容易引起誤會的場合。例如而禹、皋陶、契、后稷、伯夷、夔、龍、倕、益、彭祖自堯時而皆舉用，未有分職（五帝本紀）。發諸嘗逋亡人、贅壻、賈人略取陸梁地，爲桂林、象郡、南海，以適遣戍（秦始皇本紀）。凡並列關係較爲明確，不致引起誤會的就不用頓號。例如前面所引的「時播百穀草木，淳化鳥獸蟲蛾，旁羅日月星辰」，裏面有許多並列的名詞，但都不用頓號。習慣上往往連稱的，地名如「巴蜀」「崤函」，朝代名、帝王名、人名如「虞夏」「堯舜」「文武」「湯武」「桀紂」「黄老」，以及説「晉楚之戰」的「晉楚」，説「吴楚七國反」的「吴楚」，説「隙隴蜀之貨物」的「隴蜀」等，兩名之間都不用頓號。此外如孔子世家「孔子以四教文行忠信」，是説孔子以文行忠信四者教弟子，文行忠信並非四個並列的名詞，所以不用頓號而用逗號，點作「孔子以四教：文，行，忠，信」。「所慎齊戰疾」也同樣點作「所慎：齊，戰，疾」。又如説「東西周」「東西秦」之類，「東」「西」之間也不用頓號。

二、人名跟職位或身份連在一起的，如「王赧」「王子比干」「太子丹」「師尚父」「太史儋」「太宰嚭」「司馬穰苴」「令尹子文」等等，都連起來用標號。人名跟封號或地名連在一起的，如「周公旦」「韓王信」「絳侯勃」「落下閎」之類，也都連起來用標號；但如果封號下姓名俱全，如「淮陰侯韓信」「武安侯田蚡」之類，分别在封號和姓名旁用標號。侯爵名都用標號；將軍名號如「貳師將軍」以至「文成將軍」等等，一律不用標號。時代專名如「三代」「六國」等都用標號；不指時代的，如「秦滅六國」的「六國」當然不用標號。地名不論所指區域大小，從「山東」「淮南」以至「中陽里」等等都用標號。「江」如果指長江，「河」如果指黄河，一律用標號；泛稱江河的就不用標號。民族專名如「西南夷」「東越」以及專指匈奴的「胡」都用標號；一般泛稱如「蠻」「夷」「戎」「狄」不用標號。星名、神名以及樂舞名都用標號；但星名如「日」「月」，都不用標號。

標號的用或不用以及怎麼樣用，對於如何了解原文大有關係。例如項羽本紀「諸侯罷戲下，各就國」的「戲下」，依索隱注應當作爲地名，用標號，但我們採取「戲下」即「麾下」的説法，不用標號。又如孝武本紀「而使黄錘史寬舒受其方」，照索隱注的説法，「黄鍾」和「史寬舒」都是人名，但我們採取别家的説法，認爲「黄」和「鍾」都是地名，「寬舒」是人名，「黄鍾史寬舒」就是黄鍾之史名叫寬舒的，所以標作「黄鍾史寬舒受其方」。又如趙世家「吾有所見子晰也」，索隱注以「子晰」爲人名，但我們採取别家的説法，認爲「晰」是分明的意思，就是説「我分明見過你」，所以没有在「子晰」二字旁邊用標號。又如司馬相如傳「激楚結風」，索隱引文穎説，解釋爲「激結之急風」，我們卻採取别家的説法，認爲「激楚」和「結風」都是舞曲名，就分别用了標號。

三、我們没有用破折號，因爲可以用破折號的地方也可以用句號。例如五帝本紀「正月上日舜受終於文祖文祖者堯大祖也」，可以用破折號點作「正月上日，舜受終於文祖——文祖者，堯大祖也」，但也可以不用破折號，點作「正月上日，舜受終於文祖。文祖者，堯大祖也」。意義同樣是明瞭的。删節號也不用，凡是下面有脱文的地方，只在那裏用句號圈斷。因爲用删節號容易引起讀者誤會，以爲是删節了史記原文。一向用作夾注號的圓括弧和方括弧，我們只用在應該删去和應該補上的字句上。

四

爲了讓讀者易於掌握史事的内容，每篇都給分段。分段避免過於瑣碎，凡是敍述幾椿事情而比較簡短的就不分段。例如秦本紀敍昭襄王一代的事情都非常簡短，而且主要是調兵遣將，攻取山東各國，差不多是一篇流水帳，没有必要給它逐事分段。但如果從昭襄王元年到他去世的五十六年一貫連下去，又顯得太長了，我們就把中間十三年到五十年分成一段。因爲這三十多年當中，主要有個大將白起領兵攻取山東各國，我們就從昭襄王十三年白起攻新城到五十年白起得罪而死作爲一段。有時候雖然只敍一樁事情，可是文字較長，就按事情的發展和文章的段落分成若干段。例如項羽本紀中敍述「鴻門宴」一段故事，就給它分成四小段。

大段之間都空一行，以清眉目。例如項羽本紀中敍「鴻門宴」是由四小段組成的一大段，這一大段前面敍述項羽在新安城南阬秦卒二十餘萬，後面接着敍述項羽分封諸侯王，都是另外的事情，所以前後都給空一行。幾個人的合傳，如果他們之間並無密切關聯，在敍完一個人的事蹟接敍另一個人的事蹟的時候，給空上兩行。如果幾個人互有關聯，如魏其武安侯列傳中的竇嬰和田蚡那樣，就只空一行，不空兩行。刺客列傳、循吏列傳等篇既然有了個總題目，那就不必在敍完一個人接敍另一個人的地方空上兩行了。

篇中比較重要的大段引文，如秦始皇本紀中的泰山刻石文和贊語後面引的賈誼過秦論，屈原賈生列傳中的懷沙賦、服鳥賦，魯仲連鄒陽列傳中的鄒陽獄中上梁王書等等，都給提行，並低兩個字排。後人補綴的文字，如秦始皇本紀最後附的班固秦紀論和三代世表後面附的「張夫子問褚先生曰」云云的大段文字，也都給提行，並低兩個字排。

五

最後還要説明兩點。

一、史記經過一千多年的抄寫，又經過近一千年的翻刻，而各個時代有各個時代的字體，所以往往幾個本子字體不同，一個本子裏也往往異同雜出。例如「伍員」或「伍子胥」，從左傳以來都寫作「伍」，可是舊刻本裏有簡寫作「五」的，金陵局本爲了尊重古本，有幾處都照古本改了，古本字體不一致，金陵局本的字體也就跟着不一致。張文虎又特別喜歡保存古字，逢到「以」作「㠯」，「齊」作「亝」，「島」作「㠀」的，一一都給它保存下來。我們認爲這個標點本是給現在人讀的，不必保存這些古字，所以都改成了今體字。

也有不能改和不必改的。如秦本紀「天子賀以黼黻」，「黼黻」二字明明是「黼黻」的變體，别處都作「黼黻」，這兒當然可以改。但張守節的史記正義「論字例」中已經提到，並且説「如此之類，並即依行，不可更改」，如果也給它更改，那麽張守節的話就變得没有着落了。又如周本紀「乃命伯臩」和「作臩命」的「臩」字，各本都没有給它改成「囧」字，並且注解中已説明就是「囧」字，那就不必給它改回來了。此外如「乃」作「迺」，「早」作「蚤」，「倪」作「兒」，「貌」作「皃」，「棄」作「弃」等等，其他古書也大都如此，稍微讀過一點古書的人都會辨認，那就不必改了。

今本史記中多避諱字，如唐朝人避李世民（唐太宗）名諱，改「世」爲「系」或「代」（例如稱世本爲系本，稱帝王世紀爲帝王代紀），改「民」爲「人」（例如禮書引易兑彖辭「悦以使民，民忘其死」作「悦以使人，人忘其死」），又如避李治（唐高宗）名諱，改「治」爲「理」等，因爲由來已久，早成爲習慣，我們就不給它改回來了。避清朝皇帝名諱的缺筆字如「胤」作「𦙍」，「寧」作「寍」，以及避孔子名諱，「丘」作「𠀉」等等，我們都給它改回來了。此外版刻異體字如「敖」作「𢾕」，「卒」作「𡚬」，「肓」作「盲」，「匄」作「匃」，「罕」作「罕」，「莫」作「𦱳」等等，也都給改作現在通行的字體。

二、爲了便利讀者查考年代，我們特在十二諸侯年表、六國年表、秦楚之際月表、漢興以來諸侯王年表和漢興以來將相名臣年表的眉端印了公曆紀元。又在十二諸侯年表、六國年表和漢興以來諸侯王年表的雙頁碼的左邊加上國名的標尺，以便查檢。

關於點校方面所要説明的，大致如上。因爲已經把張文虎的「札記」重新整理，另刊發行，所以不再做詳細的校記。

中華書局編輯部　一九五九年七月

主要參考文獻

一

史記集解河渠書殘卷、張丞相列傳殘卷、酈生陸賈列傳一卷，古寫本史記殘卷，羅振玉編，南京圖書館藏，一九一八年影印本。

史記集解燕召公世家殘卷、管蔡世家殘卷、伯夷列傳殘卷，法國國家圖書館藏伯二六二七號，法國國家圖書館藏敦煌西域文獻第十六册，上海古籍出版社，二〇〇一年。

史記秦本紀殘卷、李斯列傳殘卷，俄羅斯科學院東方研究所聖彼得堡分所藏Дх.02663、Дх.02724、Дх.05341、Дх.05784、Дх.02670、Дх.04666號，俄藏敦煌文獻第九册、第十一册，上海古籍出版社，一九九八、一九九九年。

史記集解夏本紀一卷、秦本紀一卷，日本高山寺舊藏、東洋文庫藏鈔本。

史記殷本紀一卷、周本紀（殘卷），日本高山寺藏鈔本。

史記集解呂后本紀一卷，日本毛利元昭氏家藏鈔本。
史記集解孝文本紀一卷，日本東北大學圖書館藏鈔本。
史記集解孝景本紀一卷，日本野村氏久原文庫舊藏、大東急記念文庫藏鈔本。
史記集解一百三十卷（有配補），北宋景祐監本，二十五史編刊館影印臺北傅斯年圖書館藏本，一九五五年。
史記集解一百三十卷（有配補），南宋紹興初杭州刻本，文學古籍刊行社影印北京圖書館藏本，一九五五年。
史記一百三十卷（有配補），中華再造善本影印中國國家圖書館藏南宋乾道七年蔡夢弼東塾刻本，國家圖書館出版社，二〇〇四年。
史記集解索隱一百三十卷，中華再造善本影印中國國家圖書館藏南宋淳熙三年張杅桐川郡齋刻八年耿秉重修本，國家圖書館出版社，二〇〇四年。
史記一百三十卷，南宋慶元建安黄善夫家塾刻本，日本汲古書院影印日本國立歷史民俗博物館藏本，一九九六—一九九八年。
史記六十九卷，中華再造善本影印中國國家圖書館藏南宋慶元建安黄善夫家塾刻本，國家圖書館出版社，二〇〇〇年。

史記一百三十卷（有配補），中華再造善本影印中國國家圖書館藏蒙古中統二年段子成刻明修本，國家圖書館出版社，二〇〇四年。
史記一百三十卷，元至元二十五年彭寅翁崇道精舍刻本，日本宮内廳書陵部藏日本楓山文庫舊藏本，綫裝書局，二〇〇二年。
史記集解索隱正義一百三十卷，明嘉靖四年莆田柯維熊校，金臺汪諒刊本，中國國家圖書館藏本。
史記評林一百三十卷，明萬曆年間刊本，明凌稚隆輯，李光縉增補，天津古籍出版社，一九九八年。
史記索隱三十卷，明崇禎毛晉汲古閣刊本，清華大學圖書館藏本。
史記一百三十卷，清乾隆四年武英殿刊本，中華書局圖書館藏本。
史記附考證一百三十卷，文淵閣四庫全書本，上海古籍出版社，一九八七年。
史記集解索隱正義一百三十卷，清同治五年至九年金陵書局校刊，南京大學圖書館藏本。
史記集解索隱正義一百三十卷，清同治五年至九年金陵書局校刊，中華書局圖書館藏本。
史記一百三十卷，上海涵芬樓百衲本，商務印書館，一九三六年。
史記會注考證，日本瀧川資言撰，日本史記會注考證校補刊行會，一九五六年至一九六〇年。

史記會注考證校補，日本水澤利忠著，日本史記會注考證校補刊行會，一九五七年至一九七〇年。
史記會注考證附校補，日本瀧川資言考證，水澤利忠校補，上海古籍出版社，一九八六年。

二

尚書校釋譯論，顧頡剛、劉起釪著，中華書局，二〇〇五年。
南宋刊單疏本毛詩正義，唐孔穎達撰，人民文學出版社，二〇一二年。
詩考詩地理考，宋王應麟著，中華書局，二〇一一年。
大戴禮記解詁，清王聘珍撰，王文錦點校，中華書局，一九八三年。
大戴禮記匯校集解，方向東撰，中華書局，二〇〇八年。
十三經注疏，清阮元校刻，中華書局，一九八〇年。
十三經注疏，清阮元校刻，臺灣藝文印書館，二〇〇七年。
經義述聞，清王引之撰，江蘇古籍出版社，二〇〇〇年。
説文解字繫傳，南唐徐鍇撰，中華書局，一九八七年。

說文解字注，漢許慎撰，清段玉裁注，上海古籍出版社，二〇〇〇年。
方言校箋，周祖謨校箋，中華書局，二〇〇四年。
廣雅疏證，清王念孫撰，江蘇古籍出版社，二〇〇〇年。
玉篇殘卷，南朝梁顧野王撰，續修四庫全書本，上海古籍出版社，二〇〇二年。
大廣益會玉篇，南朝梁顧野王著，中華書局，一九八七年。
經典釋文彙校，唐陸德明撰，黄焯彙校，中華書局，二〇〇六年。
干禄字書，唐顔元孫撰，叢書集成初編本，中華書局，一九八五年。
篆隸萬象名義，日本空海編，中華書局，一九九五年。
宋本廣韻，宋陳彭年等編，江蘇教育出版社，二〇〇八年。
宋刻集韻，宋丁度等編，中華書局，二〇〇五年。
類篇，宋司馬光等編，上海古籍出版社，一九八八年。
汗簡，宋郭忠恕編，中華書局，一九八三年。
緯書集成，日本安居香山、中村璋八輯，河北人民出版社，一九九四年。
緯書集成，上海古籍出版社，一九九四年。

漢書，漢班固撰，唐顔師古注，中華再造善本影印中國國家圖書館藏北宋刻本，國家圖書館出版社，二〇〇三年。
漢書，漢班固撰，唐顔師古注，中華書局，一九六二年。
漢書補注，清王先謙補注，中華書局，一九八三年。
班馬異同，宋倪思撰，劉辰翁評，齊魯書社，一九九六年。
後漢書，南朝宋范曄撰，唐李賢等注，中華書局，一九六五年。
三國志，晉陳壽撰，南朝宋裴松之注，中華書局，一九八二年。
晉書，唐房玄齡等撰，中華書局，一九七四年。
宋書，南朝梁沈約撰，中華書局，一九七四年。
南齊書，南朝梁蕭子顯撰，中華書局，一九七二年。
魏書，北齊魏收撰，中華書局，一九七四年。
隋書，唐魏徵等撰，中華書局，一九七三年。
舊唐書，後晉劉昫等撰，中華書局，一九七五年。
新唐書，宋歐陽修、宋祁撰，中華書局，一九七五年。
宋史，元脱脱等撰，中華書局，一九七七年。

逸周書彙校集注，黄懷信、張懋鎔、田旭東撰，黄懷信修訂，李學勤審定，上海古籍出版社，二〇〇七年。
世本八種，漢宋衷注，清秦嘉謨等輯，商務印書館，一九五七年。
古本竹書紀年輯證，方詩銘、王修齡著，上海古籍出版社，一九八一年。
兩漢紀，漢荀悅、晉袁宏撰，張烈點校，中華書局，二〇〇五年。
資治通鑑，宋司馬光編著、元胡三省音注，中華書局，一九七六年。
西漢年紀，宋王益之撰，王根林點校，中州古籍出版社，一九九三年。
路史，宋羅泌撰，四部備要本，中華書局，一九八九年。
國語，上海師範大學古籍整理研究所校點，上海古籍出版社，一九九八年。
戰國策集注匯考，諸祖耿編撰，鳳凰出版社，二〇〇八年。
諸史提要，宋錢端禮撰，四庫存目叢書本，齊魯書社，一九九六年。
吴越春秋輯校匯考，周生春著，上海古籍出版社，一九九七年。
越絶書校釋，李步嘉校釋，中華書局，二〇一三年。
華陽國志校補圖注，晉常璩撰，任乃强校注，上海古籍出版社，一九八七年。
史通通釋，唐劉知幾著，清浦起龍通釋，上海古籍出版社，一九八二年。

水經注疏，北魏酈道元注，清楊守敬、熊會貞疏，段熙仲點校，陳橋驛復校，江蘇古籍出版社，一九八九年。
水經注校證，北魏酈道元注，陳橋驛校證，中華書局，二〇〇七年。
括地志輯校，唐李泰撰，賀次君輯校，中華書局，一九八〇年。
元和郡縣圖志，唐李吉甫撰，賀次君點校，中華書局，一九八三年。
太平寰宇記，宋樂史撰，王文楚等點校，中華書局，二〇〇七年。
三輔黄圖校證，陳直校證，陝西人民出版社，一九八〇年。
三輔黄圖校釋，何清谷校釋，中華書局，二〇〇五年。
長安志，宋宋敏求撰，宋元方志叢刊本，中華書局，一九九〇年。
漢官六種，清孫星衍等輯，周天游點校，中華書局，一九九〇年。
通典，唐杜佑撰，中華書局，一九八四年。
通典，唐杜佑撰，王文錦等點校，中華書局，一九八八年。
通志，宋鄭樵撰，中華書局，一九八七年。
文獻通考，元馬端臨撰，中華書局，一九八六年。
文獻通考，元馬端臨撰，上海師範大學古籍研究所、華東師範大學古籍研究所點校，中華書局，二〇一一年。
秦泰山刻石，歷代碑帖法書選編輯組編，文物出版社，二〇〇〇年。
金石録校證，宋趙明誠撰，金文明校證，廣西師範大學出版社，二〇〇五年。
殷周金文集成，中國社會科學院考古研究所編，中華書局，一九八八年。
戰國縱横家書，馬王堆漢墓帛書整理小組編，文物出版社，一九七六年。
馬王堆漢墓帛書（叁），國家文物局古文獻研究室編，文物出版社，一九八三年。
睡虎地秦墓竹簡，睡虎地秦墓竹簡整理小組編，文物出版社，一九九〇年。
居延漢簡釋文合校，謝桂華、李均明、朱國炤編，文物出版社，一九八七年。
西漢南越王墓，廣州市文物管理委員會、中國社會科學院考古研究所、廣東省博物館編，文物出版社，一九九一年。
上海博物館藏戰國楚竹書（肆），馬承源主編，上海古籍出版社，二〇〇四年。
上海博物館藏戰國楚竹書（伍），馬承源主編，上海古籍出版社，二〇〇五年。
上海博物館藏戰國楚竹書（陸），馬承源主編，上海古籍出版社，二〇〇六年。
清華大學藏戰國竹簡（壹），清華大學出土文獻研究與保護中心編，中西書局，二〇一〇年。

漢印文字徵，羅福頤編，文物出版社，一九七八年。
古璽彙編，羅福頤主編，文物出版社，一九八一年。
秦漢南北朝官印徵存，羅福頤主編，文物出版社，一九八七年。
二十世紀出土璽印集成，周曉陸主編，中華書局，二〇一〇年。
敦煌類書，王三慶著，臺灣麗文文化事業股份有限公司，一九九三年。

孔子家語，三國魏王肅注，上海古籍出版社，一九九〇年。
荀子集解，清王先謙撰，沈嘯寰、王星賢點校，中華書局，一九八八年。
說苑校證，漢劉向撰，向宗魯校證，中華書局，二〇〇〇年。
新序疏證，漢劉向撰，趙善詒疏證，華東師範大學出版社，一九八九年。
新序校釋，漢劉向編著，石光瑛校釋、陳新整理，中華書局，二〇〇一年。
潛夫論箋校正，漢王符撰，清汪繼培箋，彭鐸校正，中華書局，一九八五年。
老子道德經注校釋，三國魏王弼注，樓宇烈校釋，中華書局，二〇〇八年。
帛書老子校注，高明著，中華書局，一九九六年。
莊子集釋，清郭慶藩撰，王孝魚點校，中華書局，二〇〇四年。

文子疏義，王利器撰，中華書局，二〇〇〇年。
孫子十三篇綜合研究，李零著，中華書局，二〇〇六年。
管子校注，黎翔鳳撰，梁運華整理，中華書局，二〇〇四年。
商君書錐指，蔣禮鴻撰，中華書局，一九九六年。
韓非子新校注，陳奇猷校注，上海古籍出版社，二〇〇〇年。
韓非子集解，清王先慎撰，鍾哲點校，中華書局，一九九八年。
重廣補注黃帝内經素問，四部叢刊(初編)本，商務印書館，一九二九年。
黃帝内經素問，人民衛生出版社，一九六三年。
難經本義，元滑壽著，文淵閣四庫全書本，上海古籍出版社，一九八七年。
王翰林集注黃帝八十一難經，叢書集成新編本，新文豐出版股份有限公司，一九八五年。
唐開元占經，唐瞿曇悉達撰，文淵閣四庫全書本，上海古籍出版社，一九八七年。
太玄集注，漢揚雄撰，宋司馬光集注，劉韶軍點校，中華書局，一九九八年。
墨子閒詁，清孫詒讓著，孫啟治點校，中華書局，二〇〇一年。
鶡冠子彙校集注，黃懷信撰，中華書局，二〇〇四年。
吕氏春秋注疏，王利器著，巴蜀書社，二〇〇二年。

晏子春秋集釋，吴則虞撰，中華書局，一九六二年。
淮南子集釋，何寧撰，中華書局，二〇〇六年。
風俗通義校注，漢應劭撰，王利器校注，中華書局，二〇一〇年。
白虎通疏證，清陳立撰，吴則虞點校，中華書局，一九九四年。
論衡校釋，漢王充撰，黄暉校釋、劉盼遂集解，中華書局，一九九〇年。
山海經校注，袁珂校注，上海古籍出版社，一九八〇年。
西京雜記（外五種），漢劉歆等撰，王根林校點，上海古籍出版社，二〇一二年。
古今注，晉崔豹著，四部叢刊（三編）本，商務印書館，一九三六年。
金樓子校箋，南朝梁蕭繹撰，許逸民校箋，中華書局，二〇一一年。
顔氏家訓集解，王利器集解，中華書局，二〇〇二年。
長短經，唐趙蕤撰，文物出版社，一九九六年。
封氏聞見記校注，唐封演撰，趙貞信校注，中華書局，二〇〇五年。
塵史，宋王得臣撰，俞宗憲點校，上海古籍出版社，一九八六年。
石林燕語，宋葉夢得撰、宇文紹奕考異，侯忠義點校，中華書局，一九九七年。
野客叢書，宋王楙撰，王文錦點校，中華書局，一九八七年。

困學紀聞，宋王應麟著，清翁元圻等注，欒保群、田松青、吕宗力點校，上海古籍出版社，二〇〇八年。
緯略，宋高似孫撰，叢書集成初編本，中華書局，二〇一一年。
老學庵筆記，宋陸游撰，李劍雄、劉德權點校，中華書局，一九七九年。
義門讀書記，清何焯著，崔高維點校，中華書局，二〇〇六年。
管城碩記，清徐文靖著，范祥雍點校，中華書局，一九九八年。
十七史商榷，清王鳴盛著，上海書店出版社，二〇〇五年。
廿二史劄記校證，清趙翼著，王樹民校證，中華書局，一九八四年。
廿二史考異，清錢大昕撰，嘉定錢大昕全集，陳文和主編，江蘇古籍出版社，一九九七年。
潛研堂金石文跋尾，清錢大昕撰，嘉定錢大昕全集，陳文和主編，江蘇古籍出版社，一九九七年。
十駕齋養新録，清錢大昕撰，嘉定錢大昕全集，陳文和主編，江蘇古籍出版社，一九九七年。
讀書雜志，清王念孫撰，江蘇古籍出版社，二〇〇〇年。
越縵堂讀書記，清李慈銘撰，由雲龍輯，中華書局，二〇〇六年。
越縵堂讀史札記全編，清李慈銘著，北京圖書館出版社，二〇〇三年。

札迻，清孫詒讓撰，梁運華點校，中華書局，一九八九年。
群書治要，唐魏徵等編，四部叢刊（初編）影印日本天明七年刊本，商務印書館，一九二九年。
群書治要，唐魏徵等編，金澤文庫本，日本古典研究會編，汲古書院，一九八九—一九九一年。
藝文類聚，唐歐陽詢撰，汪紹楹校，上海古籍出版社，一九八五年。
北堂書鈔，唐虞世南輯，續修四庫全書本，上海古籍出版社，二〇〇二年。
初學記，唐徐堅等著，中華書局，二〇〇四年。
初學記，唐徐堅等著，日本宮内廳書陵部藏宋紹興十七年東陽崇川余四十三郎宅刻本，綫裝書局，二〇〇二年。
元和姓纂（附四校記），唐林寶撰，岑仲勉校記，郁賢皓、陶敏整理，孫望審訂，中華書局，一九九四年。
白氏六帖事類集，唐白居易撰，文物出版社，一九八七年。
白孔六帖，唐白居易、宋孔傳撰，文淵閣四庫全書本，上海古籍出版社，一九八七年。
太平御覽，宋李昉等撰，中華書局，一九九五年。

宋本册府元龜，宋王欽若等編，中華書局，一九八九年。
册府元龜，宋王欽若等編，中華書局，一九六〇年。
重廣會史，中華書局，一九八六年。
玉海，宋王應麟纂，江蘇古籍出版社、上海書店，一九八七年。
博物志校證，晉張華撰，范寧校證，中華書局，一九八〇年。
佛説百喻經，中華大藏經本，中華書局，一九九一年。
一切經音義三種校本合刊，徐時儀校注，上海古籍出版社，二〇〇八年。
楚辭補注，宋洪興祖撰，白化文等點校，中華書局，一九八三年。
六臣注文選，南朝梁蕭統選編，唐李善、吕延濟、劉良、張銑、吕向、李周翰注，中華書局，一九八七年。
六臣注文選，南朝梁蕭統選編，唐吕延濟、劉良、張銑、吕向、李周翰、李善注，日本足利學校藏宋刊明州本，人民文學出版社，二〇〇八年。
文選，南朝梁蕭統選編，唐李善注，中華書局，一九七七年。
文選，南朝梁蕭統選編，唐李善注，上海古籍出版社，二〇〇七年。

三

史記志疑，清梁玉繩撰，中華書局，一九八一年。
史記漢書諸表訂補十種，清梁玉繩等撰，吴樹平等整理，中華書局，一九八二年。
史記三書正譌，清王元啓撰，臺灣新文豐出版股份有限公司，一九八四年。
校刊史記集解索隱正義札記，清張文虎撰，中華書局，一九七七年。
舒藝室隨筆續筆餘筆，清張文虎撰，續修四庫全書本，上海古籍出版社，二〇〇二年。
張文虎日記，清張文虎著，陳大康整理，上海書店出版社，二〇〇一年。
史記札記，清郭嵩燾著，商務印書館，一九五七年。
史記探源，清崔適撰，張烈點校，中華書局，一九八六年。
史記三家注補正，清瞿方梅著，臺灣廣文書局，一九七三年。
百衲本二十四史校勘記史記校勘記，張元濟著，王紹曾、杜澤遜、趙統等整理，顧廷龍審定，商務印書館，一九九七年。
校史隨筆，張元濟撰，上海古籍出版社，一九九八年。

廣史記訂補，李笠著，李繼芬整理，復旦大學出版社，二〇〇一年。
史記校詁，蔣禮鴻著，蔣禮鴻集第六卷，浙江教育出版社，二〇〇一年。
史記新證，陳直著，中華書局，二〇〇六年。
史記會注考證斠訂，嚴一萍斠訂，臺灣藝文印書館，一九七六年。
史記會注考證駁議，魯實先著，岳麓書社，一九八六年。
史記會注考證訂補，施之勉著，臺北華岡出版有限公司，一九七六年。
史記斠證，王叔岷撰，中華書局，二〇〇七年。
太史公書校讀記，李人鑒著，甘肅人民出版社，一九九八年。
史記十二本紀疑詁，張家英著，黑龍江教育出版社，一九九七年。
史記校勘研究，王華寶著，臺灣花木蘭文化出版社，二〇一三年。
史記訂補文獻彙編，徐蜀編，北京圖書館出版社，二〇〇四年。
古籍點校疑誤彙録，國務院古籍整理出版規劃小組編，中華書局，二〇〇二年。
史記索隱引書考實，程金造編著，中華書局，一九九八年。
史記正義佚文輯校，張衍田輯校，北京大學出版社，一九八五年。
史記地名考，錢穆著，商務印書館，二〇〇一年。

史記考索，朱東潤著，華東師範大學出版社，一九九六年。
司馬遷所見書考，金德建著，上海人民出版社，一九六三年。
史記管窺，程金造著，陝西人民出版社，一九八五年。
史記五帝本紀講稿，李學勤著，生活·讀書·新知三聯書店，二〇一二年。
史記文獻學叢稿，趙生群著，江蘇古籍出版社，二〇〇〇年。
史記編纂學導論，趙生群著，鳳凰出版社，二〇〇六年。
史記學概論，張新科著，商務印書館，二〇〇三年。
史記戰國史料研究，日本藤田勝久著，曹峰、日本廣瀨薰雄譯，上海古籍出版社，二〇〇八年。
史記書録，賀次君著，商務印書館，一九五八年。
正史宋元版の研究，日本尾崎康著，日本汲古書院，一九八九年。
以正史爲中心的宋元版本研究，日本尾崎康著，陳捷譯，北京大學出版社，一九九三年。
史記版本研究，張玉春著，商務印書館，二〇〇一年。
元刻史記彭寅翁本研究，張興吉著，鳳凰出版社，二〇〇六年。
史記全譯，安平秋主編，二十四史全譯，漢語大詞典出版社，二〇〇四年。

史記箋證，韓兆琦編著，江西人民出版社，二〇〇四年。
文白對照史記，吴樹平、林小安、李解民等譯，三秦出版社，二〇〇四年。
史記研究資料索引和論文專著提要，楊燕起、俞樟華編，蘭州大學出版社，一九八八年。
司馬遷與史記研究論著專題索引，徐興海編，陝西人民教育出版社，一九九五年。
二十五史補編，二十五史刊行委員會編，中華書局，一九五五年。
二十五史三編，張舜徽主編，岳麓書社，一九九四年。
史記研究集成，張大可、安平秋、俞樟華主編，華文出版社，二〇〇五年。
漢書窺管，楊樹達著，上海古籍出版社，一九八四年。
漢書新證，陳直著，中華書局，二〇〇八年。
漢書古今人表疏證，王利器、王貞珉著，齊魯書社，一九八八年。
漢書注商，吴恂著，上海古籍出版社，一九八三年。
羅振玉學術論著集，羅繼祖主編，上海古籍出版社，二〇一〇年。
觀堂集林，王國維著，中華書局，一九八四年。
余嘉錫論學雜著，余嘉錫著，中華書局，二〇〇七年。
顧頡剛日記，顧頡剛著，中華書局，二〇一一年。

文獻學論著輯要，張舜徽選編，陝西人民出版社，一九八六年。
裘錫圭學術文集，裘錫圭著，復旦大學出版社，二〇一二年。
秦漢政區與邊界地理研究，辛德勇著，中華書局，二〇〇九年。
舊史輿地文録，辛德勇著，中華書局，二〇一三年。
古佚書輯本目録，孫啟治、陳建華編，中華書局，一九九七年。
藏園群書經眼録，傅增湘撰，中華書局，一九八三年。
藏園群書題記，傅增湘撰，上海古籍出版社，一九八九年。
日藏漢籍善本書録，嚴紹璗編著，中華書局，二〇〇七年。
中國古籍總目，中國古籍總目編纂委員會編，中華書局、上海古籍出版社，二〇〇九—二〇一二年。
二十四史月日考，清汪曰楨撰，北京圖書館出版社，二〇〇五年。
二十史朔閏表，陳垣編著，中華書局，一九六二年。
中國先秦史曆表，張培瑜編著，齊魯書社，一九八七年。
三千五百年曆日天象，張培瑜著，大象出版社，一九九七年。
顓頊日曆表，朱桂昌編著，中華書局，二〇一二年。

修訂後記

點校本史記的修訂工作歷時八年。二〇〇七年十二月發凡起例，確定修訂方案。二〇一二年初修訂組提交了全部初稿。中華書局先後組織召開了六次審稿定稿會，並吸收了數十位專家的意見，以求完善。二〇一三年八月，印製了「徵求意見本」，再次徵求意見；九月，精裝本正式出版，嗣後又發行了二次印刷本；二〇一四年八月，平裝本面世。自「徵求意見本」以來，我們綜合各方意見，遞有修訂。在此將修訂工作的總體情況作一說明。

一

這次修訂，仍以清代同治年間金陵書局張文虎、唐仁壽校刊的史記集解索隱正義合刻本（簡稱金陵書局本）爲底本。我們認爲金陵書局本是一個後出轉精的本子，彙集了錢泰吉、張文虎、唐仁壽等人長期積纍的校勘成果，原點校本以此爲底本是合適的，修訂工作也最大限度地繼承了原點校工作的成果。此外，我們還選取了十種版本作爲校本，相關情況在本書修訂前言中已有說明。

原點校本主要依據張文虎校刊史記集解索隱正義札記（簡稱札記），將疑誤、疑衍、疑脱之字，認爲應當删改增補的，用方圓括號的方式加以校改，也有少數逕移、逕改、逕增、逕删的。這次修訂，按照修訂工作總則，原文中的訛衍脱倒，不再使用方圓括號，校改的理由則在校勘記中說明。爲此我們逐條覆核了張文虎札記及原點校本的校改之處，從嚴把握對底本的校改。

有些地方，我們認爲不應當校改，就直接恢復底本原貌。例如五帝本紀「淳化鳥獸蟲蛾」索隱：

> 一作「豸」。豸。

張文虎說「此下失音」。原點校本用圓括號删去了下「豸」字。我們也認爲張文虎是對的，並且從本書司馬相如列傳中找到了集解、索隱爲「豸」字注音的材料。但在這裏諸本皆同，没有版本依據，因此我們没有補字，更没有删字，因爲不是多了一個「豸」字，而是脱漏了「豸」後面的文字。我們把下「豸」字單獨標作一句，雖然讀不通，但讀者對看校勘記就能明白。

又如同篇：

帝摯立，不善，崩，而弟放勛立，是爲帝堯。

張文虎説索隱本無「崩」字，據注及正義，蓋後人妄增，原點校本據删。但孔穎達尚書正義説史記及諸書皆言「摯崩乃傳位於堯」，説明唐初孔穎達等人所見的史記本子已有「崩」字。而索隱本是標字列注，此條注文又主要在説明古本「不善」作「不著」，因此索隱本標字無「崩」字不能説明他本有「崩」字是衍文。如果删去「崩」字，則孔穎達尚書正義就没有依據了，何況版本的依據並不充分。因此從保存史記古本面貌的角度，我們恢復了原點校本删除的「崩」字。

有些地方，我們遵循原點校本的校改，而在校勘記中補充版本依據或其他理由。例如夏本紀：

又歌曰：「元首叢脞哉，股肱惰哉，萬事墮哉！」

底本句首有「舜」字。張文虎札記引梁玉繩史記志疑云一本無「舜」字，當衍。原點校本據此删「舜」字。我們對校衆本，發現清武英殿本即無「舜」字，在校勘記中補充了删字的版本依據。

又如陳丞相世家：

平爲人長大美色。

底本没有「大」字。張文虎札記引王念孫讀書雜志認爲應作「長大美色」。原點校本據此補「大」字。我們保留原來的校補，在校勘記中列出了王念孫的意見，並補充宋代倪思班馬異同卷六引史記也有「大」字作爲證據。

有些地方，雖然没有版本依據，但我們認爲張文虎的説法有道理，原點校本也已經校改了，我們就保留舊校，繼承下來。例如楚世家：

於是靈王使疾殺之。

底本「疾」上原有「弃」字。張文虎札記引王念孫讀書雜志説「弃」字是因下文「公子弃疾」而誤衍，左傳作「速殺」可證。這是完全正確的。原點校本據此改了，我們認爲是可以保留的，不便改回底本，就在校勘記中列出王念孫的意見，使讀者明白校改的原因。

我們還發現原點校本有逕改而未加括號的，对此也做了相應處理。例如衛康叔世家：

以戈擊之，割纓。子路曰：「君子死，冠不免。」結纓而死。

底本脱漏了「割纓子路曰君子死冠不免」十一字，並且連句中集解「服虔曰不使冠在地」一整條注文也脱漏了。原點校本逕補這十一個字和集解注，没有加方括號。我們加了校勘記，注明了補字的版本依據。

二

修訂本共撰寫校勘記三千四百餘條。此次修訂校改，我們較爲嚴格地貫徹了「無版本不改字」的原則。

有版本異文作爲依據，並且有充分理由證明其優於底本的，我們作了校改處理。例如秦本紀：

始皇帝立十一年而崩，

底本作「五十一年而崩」。秦始皇一共活了五十歲，不可能有「五十一年」。錢大昕説「『五』當爲『立』，『秦王政二十六年始稱皇帝，至三十七年而崩，計爲帝十一年耳』」（三史拾遺卷一）。錢大昕的判斷是正確的，我們發現日本高山寺藏舊鈔本秦本紀正作「立十一年」，這就有了版本依據，因此把史文「五」改爲「立」。

又如秦始皇本紀：

維二十六年，皇帝作始。

底本作「二十八年」，然而各本皆作「二十六年」。張文虎札記説他是根據吴春照校柯維熊本改的。我們認爲各本作「二十六年」是對的。史文云「維二十六年，皇帝作始。端平法度，萬物之紀」，「東撫東土，以省卒士。事已大畢，乃臨于海」，這是記述秦始皇出遊的背景，説明刻石的緣起。這和上文始皇二十八年泰山刻石「二十有六年，初并天下，罔不賓服。親巡遠方黎民，登茲泰山，周覽東極。從臣思迹，本原事業，祗誦功德」是同一文例：「皇帝作始」和「初并天下」，語意也很相近；這兩篇刻辭開頭的標年，不是指刻石之年。因此我們按照其他本子改爲「二十六年」。

又如史記有范睢蔡澤列傳，「范睢」之名，底本作「睢」，而景祐本、紹興本、耿本、彭本、柯本、索隱本、凌本、殿本、會注本均作「雎」。錢大昕説：「戰國、秦、漢人多以『且』爲名，讀子余切。如穰且、豫且、夏無且、龍且皆是。『且』旁或加『隹』，如范雎、唐雎，文殊而音不殊也。」（武梁石室畫像跋尾）錢大昕的説法是有道理的。因此我們將「范睢」改爲「范雎」，全書同類情況凡百餘處，都統一改正。

有時明知底本有訛誤，但諸本皆同，没有版本可以依憑，我們衹好在校勘記中説明意見，而不加校改。例如匈奴列傳：

是時漢兵與項羽相距，中國罷於兵革，

「漢兵」兩字諸本皆同，但漢書匈奴傳上作「漢方」，史記外戚世家説「是時項羽方與漢王相距滎陽，天下未有所定」，句式相似。「兵」與「方」字形又接近，因此我們懷疑「兵」是「方」的形近訛字。但由於没有直接的版本依據，所以我們祇在校勘記中説明「作『方』疑是」，而没有校改原文。

又如淮南衡山列傳「徐福得平原廣澤，止王不來」正義引括地志：

「其上人有至會稽市易者。」闕文。

又下文「守武關」正義：

故武關在商州商洛縣東九十里。春秋時。闕文。

兩處「闕文」，諸本皆同。張文虎札記認爲是後人所記。我們通過本校，發現兩條注解又見於秦始皇本紀正義注，兩相比對，這裏所闕文字分别疑爲「吴人外國圖云亶洲去琅邪萬里」十三字和「少習也杜預云少習商縣武關也」十三字。以上兩處闕文，没有版本可以參考，我們没有補字，祇在校勘記中列出本校的成果，供讀者參考。類似的例子很多，不備舉。

也有少數地方雖然没有版本依據，但我們認爲他校、本校和理校的理由充分，結論可靠，因而校改底本的，這種情況很少。例如秦本紀「魏入南陽以和」正義引括地志：

懷州獲嘉縣即古之南陽。

底本没有「州」字，諸本皆同。殿本史記考證説「懷」下宜有「州」字。檢本書魏世家「秦固有懷、茅、邢丘」正義引括地志稱「懷州獲嘉縣」，又曹相國世家「下脩武」正義也稱「懷州獲嘉縣」。由此我們判定這裏底本「懷」下脱「州」字，就在原文中補上了，並出校記説明。

這次修訂將史記與尚書、左傳、國語、戰國策、漢書等書的相關内容作了較爲系統的比對，對三家注引書也作了較爲全面的核對，發現了不少版本校勘没有發現的問題。例如：管晏列傳「管仲既用，任政於齊」正義引管子「九惠之教」，九句話，每句各脱一字，或缺動詞，或缺賓語，難以理解。我們在校勘記中引了管子的原文，方便讀者對照閲讀。又如天官書「雲氣各象其山川人民所聚積」正義引淮南子之文脱誤多達二十餘字，難以讀通。我們也在校勘記中引了淮南子原文，並説明校改意見。

關於索隱的校勘，有兩點需要加以説明。

一是關於索隱標字的校補。毛晉汲古閣刻本史記索隱（簡稱索隱本）是現存唯一的索隱單刻本，其中有不少與合刻本不同的異文。其形式是標字列注，將需要注解的文字用大字標出，用小字刻注文。所標的字，有的是史記正文，有的是集解中的文字，後者則在標字前面加「注」字以相區別。

張文虎很看重索隱本，金陵書局本的索隱注文多據此本而與其他合刻本不同。索隱本的史文標字異文，張文虎將其用小字刻在當條注文之前。而索隱注集解的大量條目，張文虎多將標字「注某某」删去，甚至將注文與其他索隱注合併，完整保留標字的祇有十餘條。這樣一來，讀者便不容易明白索隱作注的對象。例如孝文本紀「誹謗之木」索隱：

按：尸子云「堯立誹謗之木」。誹音非，亦音沸。韋昭云「慮政有闕失，使書於木，此堯時然也，後代因以爲飾。今宮外橋梁頭四植木是也」。鄭玄注禮云「一縱一横爲午」，謂以木貫表柱四出，即今之華表。崔浩以爲木貫表柱四出名「桓」，陳楚俗桓聲近和，又云「和表」，則「華」與「和」又相訛耳。

此段索隱，自「按尸子云」至「四植木是也」是注史文「誹謗之木」，「鄭玄注禮云」以下是爲集解「交午柱」作注。金陵書局本删去索隱本標字「注交午柱」四字，又將兩條注文合爲一條，使「鄭玄注禮云」以下文字顯得突兀。

我們全面核查了索隱本的標字，把張文虎删除的而又可能影響文意理解的標字「注某某」補進索隱注文中，並出校説明。

二是關於三皇本紀和補史記條例的校補。史記索隱原本三十卷，前二十八卷注史記，第二十九、三十卷補史記。根據索隱前後序，司馬貞並没有完成補史記的工作。據汲古閣索隱本，補史記包括索隱述贊、補史記序、補史記條例和三皇本紀。其中，補史記條例反映了司馬貞的史學觀點和對史記體例的批評，對史記研究很有價值。

張文虎在校刊金陵書局本時，有意删去了司馬貞補史記的内容，僅保留了述贊，造成史記索隱内容上的缺失，成爲金陵書局本的一大缺憾。這種處理方式也與歷代合刻本不合。

我們認爲補史記序、補史記條例和三皇本紀是史記索隱的重要組成部分。爲了保存文獻和方便讀者，修訂本將補史記條例根據别的版本補入相應篇目，將補史記序和三皇本紀收入附録，便於閲讀參考。

三

古書標點，似易實難。史記内容豐富，記事跨度二千餘年；三家注網羅群書，徵引廣博；加之語言變遷，文獻散佚，流傳失真，因此本書的標點尤非易事。上世紀五十年代，顧頡剛、宋雲彬等先生點校史記，導夫先路，厥功甚偉。但千慮一失，在所難免。這次標點修訂，以拾遺補闕爲主。

有的標點改動關係到史實的認定。例如六國年表秦表：

桓齮擊平陽，殺趙扈輒，斬首十萬，因東擊。趙王之河南。

按秦始皇本紀：「十三年，桓齮攻趙平陽，殺趙將扈輒，斬首十萬。王之河南。」表謂桓齮東擊趙，秦王之河南。因在秦表，所以省略了「秦」字。應標點作：

因東擊趙。王之河南。

又如曹相國世家：

參自漢中爲將軍中尉，從擊諸侯，及項羽敗，還至滎陽，凡二歲。

舊讀以「及項羽敗」爲句。其實敗指的是漢王，不是項羽。前文云「參以將軍引兵圍章邯於廢丘」，「以中尉從漢王出臨晉關」，「擊項籍軍，漢軍大敗走」，「參以中尉圍取雍丘」，其後轉戰各地，「因至滎陽」。「參自漢中爲將軍、中尉」以下數句是總括前文。因此應標點作：

參自漢中爲將軍、中尉，從擊諸侯及項羽，敗，還至滎陽，凡二歲。

有的牽涉到人物關係。例如三代世表：

帝外丙，湯太子。太丁蚤卒，故立次弟外丙。

按殷本紀：「湯崩，太子太丁未立而卒，於是迺立太丁之弟外丙，是爲帝外丙。」可知湯之太子爲太丁，非外丙。應標點作：

帝外丙。湯太子太丁蚤卒，故立次弟外丙。

又如六國年表：

趙高反，二世自殺，高立二世兄子嬰。

按秦始皇本紀：「立二世之兄子公子嬰爲秦王。」漢書高帝紀上：「九月，趙高立二世兄子子嬰爲秦王。」這裏「嬰」實爲子嬰之省稱，或是脱一「子」字。公子嬰是秦二世之侄，而非其兄，「兄子」要連讀。應標作：

高立二世兄子嬰。

有的關係到歷史地理的考察。例如高祖功臣侯者年表：

以中涓從起宛、朐。

舊讀將「宛朐」分爲二地。按：「宛朐」爲縣名，或作「冤句」，屬濟陰。漢書地理志上濟陰郡：「冤句，莽改定陶曰濟平，冤句縣曰濟平亭。」本書韓信盧綰列傳：「陳豨者，宛朐人也。」傅靳蒯成列傳：「信武侯靳歙，以中涓從，起宛朐。」下文陽夏侯陳豨欄内「前元年從起宛朐」，舊讀亦誤爲兩地。應標點作：

以中涓從起宛朐。

有的關係到書名或篇名的認定。例如高祖功臣侯者年表離侯侯功格索隱：

成帝時光禄大夫滑堪日旁占驗，曰「鄧弱以長沙將兵侯」，

按：古人以日旁氣爲占。天官書：「王朔所候，決於日旁。日旁雲氣，人主象。皆如其形以占。」漢書藝文志有漢日旁氣行事占驗三卷、漢日旁氣行占驗十三卷。此處「日旁占驗」也應是書名。應標點作：

成帝時光禄大夫滑堪日旁占驗曰「鄧弱以長沙將兵侯」，

又如魏世家「得垣雍」正義：

釋例：「地名卷縣，理或垣城也。」

按：「地名」是「釋地名」的簡稱，乃杜預春秋釋例中的篇名。絳侯周勃世家「其先卷人」正義：「釋例地名云：『卷縣所理垣雍城也。』」白起王翦列傳「割韓垣雍」正義：「釋地名云：『卷縣所理垣雍城。』」原點校本均不誤。此處應標點作：

釋例地名：「卷縣理或垣城也。」

有的關係到詞義的理解。例如鄭世家：

而周武王克紂後，成王封叔虞于唐，其地阻險，以此有德與周衰並，亦必興矣。

按：「與周衰」，國語鄭語作「若周衰」。與猶若，表示假設，訓見經傳釋詞引廣雅。上文桓公問「周衰，何國興者」，太史伯對以「齊、秦、晉、楚」。此文先言齊、秦、楚三國將興，次及晉，故言「並亦必興」。應標點作：

而周武王克紂後，成王封叔虞于唐，其地阻險，以此有德。與周衰，並亦必興矣。

又如衛將軍驃騎列傳：

生捕季父羅姑比，再冠軍。

按漢書衛青霍去病傳顏師古注：「亦單于之季父也，羅姑，其名也。比，頻也。」顏注是正確的。「比再」是多次、一再的意思，應當連讀，史記、漢書屢見。如漢書五行志上：「是時，比再遣公主配單于。」漢書五行志中之下：「後比再如齊，謀伐萊。」漢書五行志下之下：「日比再食。」漢書景十三王傳：「有司比再請，削其國，去太半。」漢書衛青霍去病傳點校本讀作「捕季父羅姑比，再冠軍」，同誤。應標點作：

生捕季父羅姑，比再冠軍。

有的牽涉語法文例。例如高祖功臣侯者年表棘蒲侯：

以將軍前元年率將二千五百人起薛，別救東阿，至霸上，二歲十月入漢，擊齊歷下軍田既，功侯。

按：「二歲十月」當屬上讀，這裏是總計前述行事歷時長短。絳侯周勃世家：「自初起沛還至碭，一歲二月。」索隱：「謂初起沛及還至碭，得一歲又更二月也。」史記中這樣的語例很多，如本表下云辟陽侯：「以舍人初起，侍呂后、孝惠沛三歲十月。呂后入楚，食其從一歲，侯。」樊酈滕灌列傳：「以梁相國將從擊項羽二歲三月」，「以將軍爲太上皇衛一歲七月」。此類句式，不可屬下爲讀。史記、漢書舊讀多誤。此處應標點作：

以將軍前元年率將二千五百人起薛，別救東阿，至霸上，二歲十月。入漢，擊齊歷下軍田既，功侯。

又如酷吏列傳：

乃交私諸侯如此，弗誅，後不可治。

按：「如此弗誅」表示假設語氣，當連讀。史記、漢書中類似句式還有「如此弗禁」、「如此不取」、「如此不去」等。例如秦始皇本紀：「如此弗禁，則主勢降乎上，黨與成乎下。」朝鮮列傳：「今如此不取，恐爲大害。」漢書疏廣傳：「如此不去，懼有後悔。」此處應標點作：

乃交私諸侯，如此弗誅，後不可治。

有時校勘問題也直接影響標點。例如留侯世家「放牛桃林之陰」索隱：

應劭。十三州記「弘農有桃丘聚，古桃林也」。

先前認爲「作十三州記的是後魏的闞駰，不是後漢的應劭，『應劭』下有脱文」，衹好在「應劭」下點句號。我們發現水經注屢引「應劭十三州記」，而引闞駰的著作雖然也稱「十三州記」，但多稱十三州志。隋書經籍志、舊唐書經籍志、新唐書藝文志著録闞駰所撰均作十三州志，蓋唐時通名。可見應劭確實著有十三州記。既然這裏没有脱文，標點也就改作：

應劭十三州記「弘農有桃丘聚，古桃林也」。

我們覆核了三家注引文，在比對文字異同之外，還修正了原點校本使用引號不當而造成的引文不足和引文外衍的問題。另外，對專有名詞的標注，根據現今的理解和通行規範加以訂正，並儘可能做到全書統一。

此次修訂，共改動標點六千多處。重要的改動，有的已經以論文形式發表（史記標點芻議，載文史二〇一五年第三、四期，二〇一六年第一、二期），這裏不一一舉例。

修訂本的「徵求意見本」印行以後，不少專家提出了意見和建議，我們逐一研究，適當採納。精裝本一印、二印及平裝本出版之後，仍有專家及讀者反饋意見，同時我們新獲了較爲重要的版本，本着精益求精和爲讀者負責的精神，我們增補了部分校勘記，少數校勘記做了改寫或改正文字上的訛誤，標點也有小的改動，這是要跟讀者説明的。

四

史記修訂組共有八人：趙生群、方向東、王華寶、王鍔、吴新江、曹紅軍、王永吉、蘇芃。趙生群全面負責修訂工作，並對校了景祐本，撰寫了校勘記、標點暨校勘長編、前言、凡例等。方向東主要對校了景祐本、耿秉本，並對底本作了覆核；王華寶對校了金陵書局本；王鍔對校了史記會注考證本；曹紅軍對校了柯維熊本；吴新江對校了彭寅翁本，並協助主持人修改標點；王永吉對校了武英殿本、索隱本；蘇芃對校了黄善夫本、紹興本，編製了主要參考文獻。王永吉、蘇芃同時擔任校勘記的核對和修改工作，並承擔了其他相關事務。

多年以來，南京師範大學古典文獻專業的博士、碩士研究生圍繞史記校點撰寫了數十篇學位論文，許多同學曾與我們討論過史記校點問題，也爲修訂工作貢獻了力量。

史記修訂得到了各級主管部門和海内外諸多專家學者的關心和幫助，南京師範大學社科處、文學院爲修訂工作提供了許多切實的支持，一些熱心讀者也爲我們提供了不少有價值的修訂意見，在此併致謝忱。

校書如掃落葉，旋掃旋有，實難盡善。張文虎嘗言：「古書本難校，而莫難於史記。」史記版本衆多，史料複雜，研究成果和相關文獻汗牛充棟，史記的點校整理，自然也不可能畢其功於一役。加之我們學識有限，時間倉促，修訂本的疏失乃至於錯誤在所難免。史記點校還有不少可以提升的空間：昔賢時彦研究的成果，面廣量大，非急切之間可以窮盡吸收；一些重要資料，如日本所藏若干古鈔本和杏雨書屋藏北宋刻本史記集解，至今無緣得見；類書、古注等相關資料，有待繼續發掘；校勘、標點方面還有不少問題需要深入研究。衷心希望各界讀者不吝賜教，以便我們繼續改進。

趙生群

二〇一五年十二月

點校本二十四史及清史稿修訂工程組織機構

總　修　纂　任繼愈

學術顧問　王元化　王永興　王鍾翰　何兹全　季羨林　馮其庸　蔡尚思　戴　逸　饒宗頤（以姓氏筆畫爲序）

修纂委員會　丁福林　王小盾　王　素　朱　雷　吴玉貴　吴金華　吴麗娱　汪桂海　辛德勇　周天游　武秀成　孟彦弘　南炳文　施新榮　烏　蘭　凍國棟　陳尚君　陳高華　徐　俊　張　帆　張金龍　程妮娜　景蜀慧　趙生群　裴汝誠　鄭小容　劉次沅　劉浦江　戴建國　羅　新（以姓氏筆畫爲序）

審定委員會　王天有　王文楚　王春瑜　王　堯　王曾瑜　王繼如　白化文

田餘慶　安平秋　安作璋　何英芳　何齡修　吴宗國　吴榮曾
宋德金　李學勤　周良霄　周振鶴　周清澍　周偉洲　來新夏
祝總斌　陳允吉　陳祖武　陳智超　袁行霈　高　敏　陶　敏
徐蘋芳　張大可　張文强　張忱石　崔文印　梁太濟　許逸民
黄留珠　鄒逸麟　程毅中　傅璇琮　傅熹年　裘錫圭　蔡美彪
熊國禎　樓宇烈　劉鳳翥　龔延明　（以姓氏筆畫爲序）